3819

Schriftenreihe

Innovative Betriebswirtschaftliche
Forschung und Praxis

Band 110

ISSN 1437-787X

In der Schriftenreihe *Innovative Betriebswirtschaftliche Forschung und Praxis* werden neue wissenschaftliche Arbeiten aus dem Bereich der Betriebswirtschaft veröffentlicht.

Verlag Dr. Kovač

Ariane Kruse

Antragsprüfung und Kartenüberwachung von privaten Kreditkartenkunden mit Künstlichen Neuronalen Netzen

Verlag Dr. Kovač

VERLAG DR. KOVAČ

Arnoldstraße 49 · 22763 Hamburg · Tel. 040 - 39 88 80-0 · Fax 040 - 39 88 80-55

D 6 (1999)

Die Deutsche Bibliothek - CIP-Einheitsaufnahme

Kruse, Ariane:
Antragsprüfung und Kartenüberwachung von privaten Kreditkartenkunden mit künstlichen neuronalen Netzen /
Ariane Kruse. – Hamburg : Kovač, 2000
(Schriftenreihe innovative betriebswirtschaftliche Forschung und Praxis ; Bd. 110)
Zugl.: Münster (Westfalen), Univ., Diss., 1999

ISSN 1437-787X
ISBN 3-8300-0066-9

© VERLAG DR. KOVAČ in Hamburg 1999

Printed in Germany
Ohne schriftliche Genehmigung des Verlages ist es nicht gestattet, das Buch oder Teile daraus auf jedwedem Wege zu vervielfältigen, zu veröffentlichen oder zu speichern.

Geleitwort

Der Kreditkartenmarkt in Deutschland hat sich seit dem Ende der achtziger Jahre von einem relativ kleinen Markt zu einem Massenmarkt entwickelt. Dies stellt neue Anforderungen an die von Kreditkartenemittenten vorgenommene Bonitätsprüfung ihrer Kunden, denn die Prüfung muß aufgrund der Vielzahl von Kunden schnell aber dennoch zuverlässig sein. Bei der Kreditwürdigkeitsprüfung im Firmen- und Privatkundengeschäft der Kreditinstitute werden zur Bonitätsprüfung bereits Künstliche Neuronale Netze verwendet. Für das Kreditkartengeschäft werden Künstliche Neuronale Netze bislang vorwiegend zur Erkennung von Kreditkartenbetrug eingesetzt. Die Verfasserin verwendet die Künstliche Neuronale Netzanalyse erstmalig für die Bonitätsprüfung im Kreditkartengeschäft sowohl bei der Antragstellung als auch bei der laufenden Überwachung der Kreditkartenumsätze auf einer Datenbasis, die neben originären Kundendaten aus Kreditkartenanträgen und -transaktionen auch mikrogeografische Daten umfaßt. Die Arbeit entstand aus einem gemeinsamen Projekt der Lufthansa Air Plus Servicekarten GmbH mit der Baetge & Partner GmbH & Co. KG. Insgesamt wurden für die Untersuchung Daten von 38.733 solventen und 1.025 insolventen privaten Kreditkartenkunden verwendet.

Die Verfasserin gliedert ihre Arbeit in fünf Kapitel. Nach dem einleitenden ersten Kapitel stellt die Verfasserin im zweiten Kapitel die besondere Situation des Kreditkartenmarktes in Deutschland dar, erläutert die Grundlagen des Kreditkartengeschäfts und grenzt das für die Entwicklung von Klassifikatoren zur Bonitätsprüfung relevante Bonitätsrisiko von den übrigen Risiken des Kreditkartengeschäftes - Mißbrauchsrisiko und Fälschungsrisiko - ab. Die Einflußfaktoren auf die personelle und materielle Kundenbonität werden systematisiert und mögliche Informationsquellen für die Antragsprüfung und die Kartenüberwachung identifiziert. Anschließend stellt die Verfasserin die zwei möglichen Verfahren zur Bonitätsprüfung Scoring und Künstliche Neuronale Netzanalyse vor.

Im dritten Kapitel beschreibt die Verfasserin die drei Phasen der Untersuchung, die Datenerhebung, die Datenaufbereitung und die Datenanalyse. In der Phase der Datenerhebung wurde festgelegt, von welchen Kunden in welchem Zeitraum die Daten erhoben und wie solvente von insolvenzgefährdeten Kunden abgegrenzt werden sollen. In dieser Untersuchung gilt ein Kunde als insolvent, wenn er im Untersuchungszeitraum nachhaltig zahlungsunfähig geworden ist. Das Kriterium für die nachhaltige Zahlungsunfähigkeit ist eine Rücklastschrift, deren Betrag auch nach mehrmaliger Mahnung nicht beglichen worden ist.

In der Phase der Datenaufbereitung werden u. a. die Antragsdaten abhängig von ihrer Skalierung kodiert. Die Verfasserin stellt Thesen über das Verhalten insolventer Kreditkartenkunden auf und bildet aufgrund dieser Thesen aus Transaktionsdaten Kennzahlen, die Unterschiede zwischen solventen und insolventen Kreditkartenkunden zeigen sollen.

Für die Datenanalyse mit Künstlichen Neuronalen Netzen verwendet die Verfasserin den Resilient Propagation Algorithmus, da dieser Algorithmus einige der Probleme des sonst häufig verwendeten Backpropagation-Algorithmus löst. Als Zielkriterium für die Entwicklung und Validierung der Künstlichen Neuronalen Netze wählt die Verfasserin die Minimierung der Fehlerfläche, da dieses Zielkriterium unabhängig von einem bestimmten Trennwert zwischen solventen und insolvenzgefährdeten Kunden die Leistung eines Klassifikators beurteilt.

Für die Auswahl der relevanten Merkmale setzt die Verfasserin neben bekannten Pruning-Algorithmen auch neu entwickelten Insertion- und Shake-Algorithmen ein. Im Gegensatz zu Pruning-Algorithmen, mit denen ein großer Merkmalsvektor reduziert wird, wird bei Insertion-Algorithmen ein kleiner Merkmalsvektor erweitert. Beim Shake-Algorithmus wird der Merkmalsvektor in einem Schritt um Merkmale erweitert und reduziert. Die Merkmalsauswahl mit verschiedenen Heuristiken hat insbesondere bei dem Klassifikator zur Antragsprüfung den Vorteil, daß die Fehlerflächen an der Teststichprobe und an der Validierungsstichprobe weniger voneinander abweichen, als bei einer alleinigen Merkmalsauswahl mit Pruning-Algorithmen.

Der Klassifikator zur Antragsprüfung wird in einem ersten Versuchsaufbau nur mit originären Kundeninformationen aus den Kreditkartenanträgen entwickelt. Das beste

Netz nur auf Basis von Antragsdaten hat eine Fehlerfläche an der Validierungsstichprobe von 15,25 %. In dieses Netz gehen zehn Antragsmerkmale ein.

In einem zweiten Versuchsaufbau wird ein Klassifikator zur Antragsprüfung mit Antragsdaten und mikrogeografischen Daten entwickelt. Mit dieser Datengrundlage konnte die Fehlerfläche an der Validierungsstichprobe auf 13,94 % reduziert werden. In diesen Klassifikator gehen acht Antragsmerkmale und zwei mikrogeografische Merkmale ein.

Anschließend führt die Verfasserin einen Benchmark-Test der beiden Antragsklassifikatoren mit dem Scoring-System durch, das bisher bei Lufthansa Air Plus zur Antragsprüfung verwendet wurde. Die Fehlerfläche des Scoring-Systems an der Validierungsstichprobe beträgt 34,36 % und liegt damit deutlich über den Fehlerflächen der beiden Antragsklassifikatoren. Bei diesem Vergleich wirft die Verfasserin die Frage auf, ob die Vorklassifizierung des Datenbestandes durch das Scoring-System einen Einfluß auf die Berechnung der Fehlerfläche hat. Theoretisch weist die Verfasserin nach, daß die Fehlerfläche größer ausfällt, wenn sie an einem Datenbestand berechnet wird, der um Kunden mit Bonitätswerten unter einem bestimmten Cut-Off verkleinert wurde, als wenn sie an dem gesamten Datenbestand berechnet wird. In einem Versuch, bei dem die Fehlerfläche des entwickelten Antragsklassifikators nur auf Basis von Antragsdaten an der gesamten Validierungsstichprobe mit der Fehlerfläche desselben Klassifikators an der um alle Kunden mit Bonitätswerten unter einem bestimmten Netzwert verkleinerten Validierungsstichprobe verglichen wird, wird das theoretische Ergebnis empirisch bestätigt. Die Verfasserin geht dennoch begründet davon aus, daß die Fehlerfläche des Antragsscorings deutlich über den Fehlerflächen der Künstlichen Neuronalen Netze liegt, da bei dem bisherigen Antragsprüfungsprozeß von Lufthansa Air Plus die Anträge der Kunden unter dem Cut-Off des Scoring-Systems nicht sofort abgelehnt, sondern noch einer genauen Prüfung unterzogen wurden. Nach dieser Prüfung wurden die meisten dieser Anträge angenommen, so daß auch diese Anträge im Datenbestand enthalten sind.

Der Klassifikator zur Kartenüberwachung wird in einem ersten Versuchsaufbau nur mit Kennzahlen aus Transaktionsdaten entwickelt. Der beste Klassifikator hat eine Fehlerfläche an der gesamten Validierungsstichprobe (Datensätze ein bis drei Perioden vor der Insolvenz) von 13,50 %. In diesen Klassifikator gehen elf Kennzahlen ein.

In weiteren Versuchsaufbauten werden Klassifikatoren entwickelt, denen neben Kennzahlen auch Antragsmerkmale präsentiert werden. Die Antragsmerkmale werden dem Netz a) aggregiert als vorgewichtetes Urteil des Antragsklassifikators nur auf Basis von Antragsdaten, b) aggregiert als ungewichtetes Urteil des Antragsklassifikators, c) aggregiert als ungewichtetes Urteil des Antragsklassifikators mit weiteren Umsatzkennzahlen und d) unaggregiert und zusätzlich aggregiert als ungewichtetes Urteil des Antragsklassifikators mit weiteren Umsatzkennzahlen hinzugefügt. Das beste Netz ergibt sich aus Versuch c) mit einer Fehlerfläche an der gesamten Validierungsstichprobe von 9,16 %. In dieses Netz gehen 13 Kennzahlen ein.

Im vierten Kapitel erläutert die Verfasserin, wie die Ausgabewerte der Klassifikatoren für die praktische Anwendung transformiert, Bonitätsklassen gebildet und Ausfallwahrscheinlichkeiten mit Hilfe des Bayes-Theorems berechnet werden können. Für die Festlegung eines Trennwertes zwischen als solvent und als insolvenzgefährdet beurteilten Kunden schlägt die Verfasserin das Kriterium der Kostenminimierung vor. D. h. der Trennwert soll so gelegt werden, daß die Kosten der Prozesse der Antragsprüfung bzw. der Kartenüberwachung unter Einsatz der Klassifikatoren möglichst gering sind. Um diesen Trennwert zu ermitteln, werden die Prozesse der Antragsprüfung und der Kartenüberwachung zunächst als Ereignisgesteuerte Prozeßketten dargestellt und dann in Ereignisbäume überführt. In den Ereignisbäumen werden sämtliche für diese Prozesse möglichen Ereignisalternativen samt Eintrittswahrscheinlichkeiten und resultierenden Kosten abgebildet. Anschließend wird erläutert, wie der Erwartungswert der Kosten für einen Prozeß mit Hilfe der Ereignisbäume ermittelt werden kann, und wie der kostenminimale Trennwert durch die Minimierung dieses Erwartungswertes unter der Nebenbedingung der Alpha-Beta-Fehlerfunktion eines Klassifikators bestimmt werden kann.

Im fünften Kapitel faßt die Verfasserin die wesentlichen Inhalte und Ergebnisse ihrer Arbeit zusammen.

Die Arbeit zeigt, daß mit Hilfe der Künstlichen Neuronalen Netzanalyse bereits auf der Basis von Antragsdaten, also von Selbstauskünften, sehr gute Klassifikationsergebnisse erzielt werden können, die durch mikrogeografische Daten noch verbessert werden können. Die Ergebnisse kommen denen der Analysen mit Jahresabschlußdaten sehr nahe. Zudem zeigt die Arbeit, daß aus dem Umsatzverhalten von Kreditkartenkunden eine drohende Insolvenz sogar mit noch deutlich höherer Zuverlässigkeit erkannt werden kann.

Die Arbeit stellt einen wertvollen Beitrag zur empirischen Insolvenzforschung im Privatkundensektor dar. Sie ist vor allem für Kreditkartenemittenten und Processinggesellschaften interessant, richtet sich aber auch an Kreditinstitute im Segment Privatkundenkredite, da sie die Eignung der Künstlichen Neuronalen Netzanalyse zur Kreditwürdigkeitsprüfung im Privatkundengeschäft deutlich herausarbeitet.

An dieser Stelle ist der Lufthansa Air Plus Servicekarten GmbH, die Frau Kruse die Gelegenheit zu dieser empirischen Arbeit gegeben hat, sowie der microm Micromarketing-Systeme und Consult GmbH, die die mikrogeografischen Daten zur Verfügung gestellt hat, besonders zu danken.

Münster, im September 1999   Prof. Dr. Dr. h. c. Jörg Baetge

Vorwort

Die vorliegende Arbeit entstand während meiner Tätigkeit als Mitarbeiterin der Baetge & Partner GmbH & Co. KG in Münster. Die Arbeit wurde im Mai 1999 von der Wirtschaftswissenschaftlichen Fakultät der Westfälischen Wilhelms-Universität Münster als betriebswirtschaftliche Dissertation angenommen.

Meinem verehrten akademischen Lehrer, Herrn Prof. Dr. Dr. h. c. Jörg Baetge, danke ich sehr für sein großes Interesse an meiner Arbeit und seine konstruktiven Anregungen und Verbesserungsvorschläge, die ich gerne aufgenommen habe. Seine ständige Diskussionsbereitschaft und die mir von ihm eingeräumte Möglichkeit, mich eine Zeitlang nur meiner Arbeit fernab vom Tagesgeschäft bei Baetge & Partner widmen zu können, haben wesentlich zum Gelingen meiner Arbeit beigetragen. Herrn Prof. Dr. Jörg Becker danke ich für die freundliche Übernahme des Zweitgutachtens.

Meinen Kolleginnen und Kollegen bei Baetge & Partner und am Institut für Revisionswesen der Westfälischen Wilhelms-Universität Münster danke ich für ihre fachliche und persönliche Unterstützung. Hervorheben möchte ich dabei die Herren Dipl.-Kfm. Kai Baetge, Dipl.-Geophysiker Gerald Boyne, Dipl.-Wirt. Math. Frank Glormann und Math.-techn. Ass. Ralf Imming, die durch ihre Mitarbeit im Projektteam erheblich zum Gelingen der Arbeit beigetragen haben. Ebenfalls großen Dank schulde ich meinen Kollegen Herrn Dipl.-Kfm. Thomas Beermann und Herrn Dipl.-Kfm. Christian Thun für ihre konstruktive Kritik in der Endphase der Arbeit.

Mein Dank gilt ferner unseren Kooperationspartnern, der Lufthansa AirPlus Sevicekarten GmbH und der microm Micromarketing-Systeme und Consult GmbH, ohne die diese Arbeit nicht möglich gewesen wäre.

Ganz besonders danken möchte ich meinem lieben Freund Gundolf für seine Unterstützung und sein Verständnis, das mir stets den nötigen Rückhalt gegeben hat. Nicht zuletzt danke ich meinen lieben Eltern, die mich während meiner gesamten Ausbildung in jeglicher Weise gefördert haben. Ihnen ist diese Arbeit gewidmet.

Münster, im September 1999   Ariane Kruse

Inhaltsverzeichnis

Geleitwort V
Vorwort XI
Inhaltsverzeichnis XIII
Abbildungsverzeichnis XIX
Tabellenverzeichnis XXIII
Abkürzungsverzeichnis XXV

1 Einleitung 1
   11 Problemstellung 1
   12 Gang der Untersuchung 6
2 Grundlagen der Bonitätsprüfung von privaten Kreditkartenkunden 9
   21 Grundlagen des Kreditkartengeschäftes 9
      211. Historische Entwicklung 9
         211.1 Entwicklung in den USA 9
         211.2 Entwicklung in Europa 11
         211.3 Entwicklung in Deutschland 13
      212. Das Kreditkartenverfahren 16
         212.1 Kartenarten 16
            212.11 Kreditkarten 17
            212.12 Sonstige Zahlungskarten 20
               212.121. Debitkarten 20
               212.122. Prepaid-Karten 23
         212.2 Funktionen von Kreditkarten 24
         212.3 Teilnehmer am Kreditkartenverfahren 29
            212.31 Übersicht 29
            212.32 Kartenemittenten 30
            212.33 Lizenzgeber bzw. Kooperationspartner 37

	212.34	Processinggesellschaften	40
	212.35	Kartenakzeptanten	42
	212.36	Kreditkarteninhaber	45
	212.4	Organisationsformen von Kreditkartengeschäften	48
22	Risiken des Kreditkartengeschäftes	50
23	Die Problematik der Bonitätsprüfung im Kreditkartengeschäft	55
	231. Antragsprüfung	55
	232. Kartenüberwachung	64
24	Verfahren zur Bonitätsprüfung	67
	241. Scoring	67
	242. Künstliche Neuronale Netzanalyse	68

3 Empirische Analyse mit Künstlichen Neuronalen Netzen zur Identifikation von Bonitätsrisiken bei privaten Kreditkartenkunden ... 77

   31 Ziele des Einsatzes der Künstlichen Neuronalen Netzanalyse bei der Antragsprüfung und der Kartenüberwachung von privaten Kreditkartenkunden ... 77

   32 Ablauf der Untersuchung ... 79

   33 Erhebung des Datenmaterials ... 82

      331. Abgrenzung der in die Untersuchung einzubeziehenden Kunden ... 82

         331.1 Festlegung des Untersuchungszeitraumes ... 82

         331.2 Auswahlkriterien für die einzubeziehenden Kunden und Karten ... 83

         331.3 Abgrenzung von solventen und später insolventen Kunden ... 83

      332. Ermittlung der zur Verfügung stehenden Kundeninformationen ... 86

         332.1 Informationen für die Entwicklung eines Klassifikators zur Antragsprüfung ... 86

         332.2 Informationen für die Entwicklung eines Klassifikators zur Kartenüberwachung ... 94

333. Beschreibung des Datenbestandes 96

    333.1 Datenbestand für die Entwicklung eines Klassifikators zur Antragsprüfung 96

    333.2 Datenbestand für die Entwicklung eines Klassifikators zur Kartenüberwachung 99

34 Aufbereitung des Datenmaterials 101

    341. Aufbereitung der Kundeninformationen 101

        341.1 Die Problematik der Missing Values 101

            341.11 Möglichkeiten der Behandlung von Missing Values 101

            341.12 Missing Values bei Antragsdaten 105

            341.13 Missing Values bei Kennzahlen aus Transaktionsdaten 107

        341.2 Kodierung der Antragsdaten 107

            341.21 Vorbemerkung 107

            341.22 Formen der Kodierung von Antragsdaten 108

                341.221. One-of-n Kodierung 108

                341.222. Binäre Kodierung 109

            341.23 Kodierungen der Antragsdaten der vorliegenden Untersuchung 110

        341.3 Die Entwicklung von Kennzahlen aus Transaktionsdaten 114

            341.31 Grundsätze der Kennzahlenbildung 114

            341.32 Konzeption des Kennzahlenkataloges für die Analyse 118

    342. Ziehung der Stichproben für die Künstliche Neuronale Netzanalyse 122

        342.1 Stichprobenziehung für die Entwicklung eines Klassifikators zur Antragsprüfung 122

        342.2 Stichprobenziehung für die Entwicklung eines Klassifikators zur Kartenüberwachung 127

35 Datenanalyse mit Künstlichen Neuronalen Netzen 129

    351. Grundlagen der Künstlichen Neuronalen Netzanalyse 129

XV

351.1 Informationsfluß und Informationsverarbeitung in einem Künstlichen Neuronalen Netz 129
351.2 Lernen in einem Künstlichen Neuronalen Netz 135
   351.21 Der Backpropagation-Algorithmus 135
   351.22 Probleme des Backpropagation-Algorithmus 143
   351.23 Resilient Propagation 150
352. Festlegung des Zielkriteriums 154
  352.1 Vorbemerkung 154
  352.2 Mögliche Zielkriterien 159
   352.21 Kostenminimierung 159
   352.22 Minimierung des Gesamtfehlers 163
   352.23 Minimierung des Beta-Fehlers bei einem konstanten Alpha-Fehler 165
   352.24 Minimierung der Fehlerfläche 168
  352.3 Das Zielkriterium in der vorliegenden Untersuchung 169
353. Datenanalyse für die Antragsprüfung 170
  353.1 Entwicklung eines Klassifikators zur Antragsprüfung 170
   353.11 Entwicklung eines Klassifikators zur Antragsprüfung nur mit originären Kundeninformationen 170
    353.111. Einstellung der Netzparameter 170
    353.112. Auswahl der Antragsmerkmale 172
    353.113. Optimierung des Klassifikators 180
    353.114. Darstellung der Ergebnisse 181
   353.12 Entwicklung eines Klassifikators zur Antragsprüfung mit originären Kundeninformationen und mikrogeografischen Daten 185
    353.121. Einstellung der Netzparameter 185
    353.122. Auswahl der Antragsmerkmale und der mikrogeografischen Informationen 185
    353.123. Optimierung des Klassifikators 187

353.124. Darstellung der Ergebnisse................................187

353.2 Vergleich mit dem Benchmarkobjekt bisheriges Antragsscoring 189

354. Datenanalyse für die Kartenüberwachung 201

354.1 Statistische Voranalysen der Kennzahlen 201

354.2 Entwicklung eines Klassifikators zur Kartenüberwachung...........203

354.21 Entwicklung eines Klassifikators zur Kartenüberwachung nur mit Kennzahlen aus Transaktionsdaten......203

354.211. Einstellung der Netzparameter......................203

354.212. Auswahl der Kennzahlen................................204

354.213. Optimierung des Klassifikators.....................205

354.214. Darstellung der Ergebnisse............................205

354.22 Entwicklung eines Klassifikators zur Kartenüberwachung mit Kennzahlen aus Transaktionsdaten und mit Antragsmerkmalen 207

354.221. Einstellung der Netzparameter......................207

354.222. Auswahl der Kennzahlen und der Antragsmerkmale 207

354.223. Optimierung der Klassifikatoren..................209

354.224. Darstellung der Ergebnisse............................209

4 Einbindung der Klassifikatoren in die Prozesse zur Antragsprüfung und zur Kartenüberwachung 213

41 Umsetzung der Ergebnisse der Klassifikatoren für ihre praktische Anwendung 213

411. Transformation der Ausgabewerte......................................213

411.1 Transformation der Ausgabewerte des Klassifikators zur Antragsprüfung 213

411.2 Transformation der Ausgabewerte des Klassifikators zur Kartenüberwachung..214

412. Bildung von Bonitätsklassen und Berechnung von Ausfallwahrscheinlichkeiten 215

412.1 Möglichkeit der Bildung von Bonitätsklassen und Ausfallwahrscheinlichkeiten 215

412.2 Bonitätsklassen und Ausfallwahrscheinlichkeiten für den Klassifikator zur Antragsprüfung 218

412.3 Bonitätsklassen und Ausfallwahrscheinlichkeiten für den Klassifikator zur Kartenüberwachung 221

42 Theoretische Kostenmodelle für die Prozesse der Antragsprüfung und der Kartenüberwachung unter Einsatz von Künstlichen Neuronalen Netzen 223

421. Vorbemerkung 223

422. Das Kostenmodell für die Antragsprüfung 224

422.1 Der Prozeß der Antragsprüfung 224

422.2 Das Entscheidungsmodell für die Antragsprüfung 227

422.3 Die Wahl des kostenminimalen Trennwertes für die Antragsprüfung 230

423. Das Kostenmodell für die Kartenüberwachung 235

423.1 Der Prozeß der Kartenüberwachung 235

423.2 Das Entscheidungsmodell für die Kartenüberwachung 241

423.3 Die Wahl des kostenminimalen Trennwertes für die Kartenüberwachung 243

5 Schlußbetrachtung 247

6 Anhang 253

61 Antragsformular für die Lufthansa AirPlus EUROCARD und VISA Karte 253

62 Verwendete Symbole für Ereignisgesteuerte Prozeßketten 254

Literaturverzeichnis 255

Stichwortverzeichnis 277

Abbildungsverzeichnis

Abb. 1: Kartenarten 17
Abb. 2: Funktionen von Kreditkarten 24
Abb. 3: Teilnehmer am Kreditkartenverfahren 29
Abb. 4: Zahl der Akzeptanzstellen von Kreditkarten in Deutschland 45
Abb. 5: Zahl der Kreditkarteninhaber in Deutschland 46
Abb. 6: Organisationsformen von Kreditkartengeschäften 48
Abb. 7: Risiken im Kreditkartengeschäft 51
Abb. 8: Einflußfaktoren auf die personelle und materielle Bonität. 57
Abb. 9: Informationsquellen für die Antragsprüfung 58
Abb. 10: Informationsquellen für die Kartenüberwachung 65
Abb. 11: Ablauf der Untersuchung 80
Abb. 12: Verteilung der Erstanträge bzw. Kunden nach ihrem Status „solvent" oder „später insolvent" 96
Abb. 13: Verteilung der solventen, insolventen und kritischen Kunden nach dem Jahr, in dem sie ihren ersten Antrag gestellt haben 97
Abb. 14: Verteilung der insolventen Kunden nach dem Jahr, in dem sie insolvent geworden sind 98
Abb. 15: Verteilung der **solventen** Kunden auf die Analyse-, Test- und Validierungsstichprobe nach dem Merkmal „Karten‚ec" 124
Abb. 16: Verteilung der **insolventen** Kunden auf die Analyse-, Test- und Validierungsstichprobe nach dem Merkmal „Karten‚ec" 124
Abb. 17: Verteilung der **solventen** Kunden auf die Analyse-, Test- und Validierungsstichprobe nach dem Merkmal „Familienstand" 125
Abb. 18: Verteilung der **insolventen** Kunden auf die Analyse-, Test- und Validierungsstichprobe nach dem Merkmal „Familienstand" 125
Abb. 19: Verteilung der Datensätze der Grundgesamtheit auf die Stichproben zur Entwicklung des Klassifikators zur **Antragsprüfung** 127

Abb. 20: Verteilung der Datensätze der Grundgesamtheit auf die Stichproben zur Entwicklung des Klassifikators zur **Kartenüberwachung** 129

Abb. 21: Aufbau eines Künstlichen Neuronalen Netzes 130

Abb. 22: Biologische Neuronen 131

Abb. 23: Lineare Aktivierungsfunktion 132

Abb. 24: Logistische Aktivierungsfunktion 133

Abb. 25: Aktivierungsfunktion Tangens hyperbolicus 134

Abb. 26: Künstliches Neuron 135

Abb. 27: Informationsverarbeitung beim BP-Algorithmus 140

Abb. 28: Stagnation des BP-Algorithmus auf flachen Plateaus 144

Abb. 29: Oszillation des BP-Algorithmus in steilen Schluchten 145

Abb. 30: Beendigung des BP-Algorithmus in einem lokalen Minimum 146

Abb. 31: Dichtefunktionen der N-Werte der solventen und insolventen Kunden 157

Abb. 32: Dichtefunktionen der N-Werte der solventen und insolventen Kunden bei einer Verschiebung des Trennwertes nach links 157

Abb. 33: Dichtefunktionen der N-Werte der solventen und insolventen Kunden bei einer Verschiebung des Trennwertes nach rechts 158

Abb. 34: Alpha-Beta-Fehlerfunktion und Iso-Kostengeraden 163

Abb. 35: Alpha-Beta-Fehlerfunktionen des Klassifikators K_B und des dominanten Klassifikators K_A 166

Abb. 36: Alpha-Beta-Fehlerfunktionen der wechselnd dominanten Klassifikatoren K_A und K_B 167

Abb. 37: Fehlerflächen der Klassifikatoren K_A und K_B 169

Abb. 38: Schritte bei der Wahl der Antragsmerkmale mit der Künstlichen Neuronalen Netzanalyse 173

Abb. 39: Alpha-Beta-Fehlerkurven der Klassifikatoren AP1 und AP2 gemessen an der Validierungsstichprobe 182

Abb. 40: Relative Häufigkeiten der N-Werte der solventen und insolventen Kunden der Validierungsstichprobe mit dem Klassifikator AP1 183

Abb. 41: Relative Häufigkeiten der N-Werte der solventen und insolventen Kunden der Validierungsstichprobe mit dem Klassifikator AP2 184

Abb. 42: Alpha-Beta-Fehlerkurven der Klassifikatoren AP2 und AP3 gemessen an der Validierungsstichprobe 188

Abb. 43: Relative Häufigkeiten der N-Werte der solventen und insolventen Kunden der Validierungsstichprobe mit dem Klassifikator AP3 188

Abb. 44: Alpha-Beta-Fehlerkurven und Fehlerflächen des bisherigen Antragsscorings und der KNN AP2 und AP3 gemessen an der Validierungsstichprobe 190

Abb. 45: Dichtefunktionen der Scoringwerte der solventen und insolventen Kunden 192

Abb. 46: Dichtefunktionen der Scoringwerte der solventen und insolventen Kunden ohne Kunden mit Werten unter dem Trennwert S_K 192

Abb. 47: Vergleich der Fehlerflächen des KNN AP2 an der vollständigen und an der reduzierten Validierungsstichprobe 199

Abb. 48: Grafischer Mittelwertvergleich der Kennzahl Bargeldquote 202

Abb. 49: Alpha-Beta-Fehlerkurven des Klassifikators KÜ1 gemessen an der Validierungsstichprobe 206

Abb. 50: Fehlerflächen der Klassifikatoren KÜ1, KÜ2, KÜ3 und KÜ4 gemessen an der Validierungsstichprobe 211

Abb. 51: Relative Häufigkeiten der N-Werte der solventen und insolventen Kunden der Validierungsstichprobe in t-2 mit dem Klassifikator KÜ4 212

Abb. 52: A-posteriori Insolvenzwahrscheinlichkeiten für das KNN AP3 bei zehn Bonitätsklassen 220

Abb. 53: A-posteriori Insolvenzwahrscheinlichkeiten für das KNN KÜ4 bei zehn Bonitätsklassen 223

Abb. 54: Antragsprüfungsprozeß mit den Beurteilungsstufen K.O.-Kriterien, KNN-Urteil und Antragsprüferurteil als EPK 226

Abb. 55: Ereignisbaum für den Antragsprüfungsprozeß mit den drei Beurteilungsstufen K.O.-Kriterien, KNN und Antragsprüfer 229

Abb. 56: Kosten an den Ästen des Ereignisbaumes für den Antragsprüfungsprozeß 233

Abb. 57: Wahrscheinlichkeiten an den Ästen des Ereignisbaumes für den Antragsprüfungsprozeß 234

Abb. 58: N-Wert-Verlauf eines insolventen Kreditkartenkunden 237

Abb. 59: Verlauf der Kennzahl Jahreseinkommensausschöpfungsquote 238

Abb. 60: Verlauf der Kennzahl Limitausschöpfungsquote 238

Abb. 61: Kartenüberwachungsprozeß mit den Beurteilungsstufen KNN-Urteil und Mitarbeiterurteil als EPK 241

Abb. 62: Ereignisbaum für den Kartenüberwachungsprozeß mit den zwei Beurteilungsstufen KNN und Kartenüberwacher 242

Abb. 63: Kosten an den Ästen des Ereignisbaumes für den Kartenüberwachungsprozeß 245

Abb. 64: Wahrscheinlichkeiten an den Ästen des Ereignisbaumes für den Kartenüberwachungsprozeß 245

Tabellenverzeichnis

Tab. 1: Merkmale für die Entwicklung des Klassifikators zur Antragsprüfung 87

Tab. 2: Mikrogeografische Merkmale (MOSAIC-Variablen) 92

Tab. 3: Transaktionsdaten 95

Tab. 4: Vom Skalenniveau abhängige mögliche Mittelwerte als Schätzer 105

Tab. 5: One-of-n Kodierung des Merkmals „Berufsgruppe" 109

Tab. 6: Binäre Kodierung des Merkmals „Berufsgruppe" 110

Tab. 7: Kodierung der Antragsmerkmale 112

Tab. 8: Kennzahlen für den Klassifikator zur Kartenüberwachung 120

Tab. 9: Mögliche Kombinationen von Eingabemerkmalen bei der ersten Iteration des Shake-Algorithmus 178

Tab. 10: Mögliche Kombinationen von Eingabemerkmalen bei der zweiten Iteration des Shake-Algorithmus 178

Tab. 11: Klassenverteilung und a-posteriori Wahrscheinlichkeiten der Kunden der Validierungsstichprobe mit dem KNN AP3 219

Tab. 12: Klassenverteilung und a-posteriori Wahrscheinlichkeiten der Kunden der Validierungsstichprobe für t-2 mit dem KNN KÜ4 222

Tab. 13: Ergebnisse der Entwicklung von Klassifikatoren aus Umsatzkennzahlen und Antragsdaten gemessen an der Validierungsstichprobe 251

Tab. 14: Symbole für Ereignisgesteuerte Prozeßketten 254

Abkürzungsverzeichnis

Abb.	Abbildung
ADAC	Allgemeiner Deutscher Automobilclub
AI	Artificial Intelligence
a. M.	am Main
AP	Antragsprüfung
AQ	Auslandsquote
Aufl.	Auflage
B.Bl.	Betriebswirtschaftliche Blätter (Zeitschrift)
Bd.	Band
BFuP	Betriebswirtschaftliche Forschung und Praxis (Zeitschrift)
BLZ	Bankleitzahl
BP	Backpropagation
BQ	Bargeldquote
bzw.	beziehungsweise
ca.	circa
CART	Classifikation and Regression Trees
CR	Computer und Recht (Zeitschrift)
DB	Der Betrieb (Zeitschrift)
DBW	Die Betriebswirtschaft (Zeitschrift)
DGOR	Deutsche Gesellschaft für Operations Research
d. h.	das heißt
DM	Deutsche Mark
DStR	Deutsches Steuerrecht (Zeitschrift)
DTB	Deutscher Tennisbund
ec	eurocheque
edc	electronic debit card
EIU	The Economist Intelligence Unit Limited

ELV	Elektronisches Lastschriftverfahren
EPK	Ereignisgesteuerte Prozeßkette
e. V.	eingetragener Verein
f.	folgende
FAZ	Frankfurter Allgemeine Zeitung
FB/IE	Fortschrittliche Betriebsführung und Industrial Engineering (Zeitschrift)
FLF	Finanzierung, Leasing, Factoring (Zeitschrift)
GAA	Geldausgabeautomat
GmbH	Gesellschaft mit beschränkter Haftung
GZS	GZS Gesellschaft für Zahlungssysteme mbH
HGB	Handelsgesetzbuch
Hrsg.	Herausgeber
hrsg. v.	herausgegeben von
Hyp.	Hypothese
i	insolvent
IEEE	Institute of Electrical and Electronics Engineers
i. e. S.	im engeren Sinne
io	Industrielle Organisation
i. w. S.	im weiteren Sinne
JEAQ	Jahreseinkommensausschöpfungsquote
KG	Kommanditgesellschaft
KI	Künstliche Intelligenz
KNN	Künstliche(s) Neuronale(s) Netz(e)
KNNA	Künstliche Neuronale Netzanalyse
Knz.	Kennzahl
K. O.	Knock Out
KÜ	Kartenüberwachung

KW	Kilowatt
LAQ	Limitausschöpfungsquote
Mass.	Massachusetts
MDA	Multivariate Diskriminanzanalyse
Mio.	Million
m. w. N.	mit weiteren Nachweisen
Nr.	Nummer
ÖBA	Österreichisches Bankarchiv (Zeitschrift)
OLV	Online-Lastschriftverfahren
OR	Operations Research
o. V.	ohne Verfasser
PIN	Personal Identification Number
PKW	Personenkraftwagen
PLZ	Postleitzahl
POS	Point of Sale
POZ	Point of Sale ohne Zahlungsgarantie
s	solvent
S.	Seite
SCHUFA	Schutzgemeinschaft für allgemeine Kreditsicherung
SET	Secure Electronic Transaction
sgn	signum
SNNS	Stuttgarter Neuronaler Netzwerk Simulator
Sp.	Spalte
StGB	Strafgesetzbuch
Tab.	Tabelle
tanh	Tangens hyperbolicus
T&E	Travel and Entertainment
u. a.	unter anderem

XXVII

u. a. O.	und andere Orte
UDV	Umsatzdurchschnittsveränderung
UV	Umsatzveränderung
Vgl.	vergleiche
Vol.	Volume
WI	Wirtschaftsinformatik (Zeitschrift)
WiSt	Wirtschaftswissenschaftliches Studium (Zeitschrift)
WISU	Das Wirtschaftsstudium (Zeitschrift)
WPg	Die Wirtschaftsprüfung (Zeitschrift)
www	world wide web
z. B.	zum Beispiel
ZBB	Zeitschrift für Bankrecht und Bankwirtschaft (Zeitschrift)
ZfB	Zeitschrift für Betriebswirtschaft (Zeitschrift)
ZfbF	Zeitschrift für betriebswirtschaftliche Forschung (Zeitschrift)
ZfgK	Zeitschrift für das gesamte Kreditwesen (Zeitschrift)
ZHR	Zeitschrift für das gesamte Handelsrecht und Wirtschaftsrecht (Zeitschrift)

1 Einleitung

11 Problemstellung

Der Kreditkartenmarkt in Deutschland hat sich seit dem Ende der achtziger Jahre von einem relativ kleinen Markt - hauptsächlich für privat oder geschäftlich Reisende gehobener Einkommensschichten - zu einem Massenmarkt entwickelt.[1] Im Zuge des zunehmenden Wettbewerbs versuchten die Kartenanbieter, eine möglichst breite Verbraucherschicht anzusprechen, indem sie die Jahresgebühren für Kreditkarten erheblich senkten.[2] Zwar machen die Kartenzahlungen verglichen mit den Bargeldzahlungen noch immer nur einen geringen Teil der Umsätze der privaten Haushalte aus,[3] doch anhand der Entwicklung der Zahl der ausgegebenen Kreditkarten in Deutschland wird das starke Wachstum des Kreditkartenmarktes deutlich. Die Zahl der ausgegebenen Kreditkarten in Deutschland ist seit 1985 von gut einer Mio. Karten auf über 14 Mio. Karten im Jahr 1997 gestiegen.[4] Für die kommenden Jahre wird ein weiterer Rückgang der Bargeldzahlungen zugunsten der Kartenzahlungen[5] erwartet.[6]

Dieses Wachstum des Kreditkartenmarktes stellt an die Kreditkarten-emittenten neue Anforderungen bezüglich der Bonitätsprüfung zur Vermeidung von Zahlungsausfällen ihrer Kunden. Denn mit der zunehmenden Zahl an Kreditkartenanträgen und Kunden entsteht die Notwendigkeit, die Bonitätsprüfung zu rationalisieren, um zu verhindern, daß die Durchlaufzeiten der Anträge und die Prüfungskosten steigen. Dabei ist von

---

[1] Vgl. O. V., Was wünscht sich Diners Club für 1994?, S. 16 f.

[2] Vgl. JOBST, P., Die Preise purzeln, S. 133; BUCHAL, D., Wettbewerb und Preispolitik im Kartengeschäft, S. 6.

[3] Vgl. HENDRIKX, J., Debit- und Kreditkarte: Funktionen neu abgrenzen, S. 11; O. V., Der Siegeszug des EC-Lastschriftverfahrens erfreut nicht jeden, S. 24.

[4] Vgl. EUROCARD/MASTERCARD, Entwicklung des Kreditkartenmarktes in Deutschland, S. 1.

[5] Hier sind neben Zahlungen mit Kreditkarte auch Zahlungen mit Debitkarte gemeint.

[6] Vgl. EURO KARTENSYSTEME, Geschäftsbericht 1997, S. 11; HENDRIKX, J., Debit- und Kreditkarte: Funktionen neu abgrenzen, S. 11 f.

entscheidender Bedeutung, daß die Qualität der Prüfung nicht leidet und so das Risiko von Zahlungsausfällen zunimmt.[7] Daher benötigen die Kreditkartenemittenten ein schnelles und gleichzeitig sicheres Instrument für ihre Bonitätsprüfung.

Eine Bonitätsprüfung wird zum einen vorgenommen, wenn der Kunde einen Kreditkartenantrag stellt (Antragsprüfung). Hier gilt es zu untersuchen, ob der Kunde später in der Lage sein wird, seine Zahlungsverpflichtungen aus der Kreditkartennutzung zu begleichen. Der Kreditkartenemittent kann dabei z. B. auf die persönlichen Angaben des Kunden auf dem Antragsformular zurückgreifen und eine SCHUFA-Auskunft[8] und eine Bankauskunft einholen. Zum anderen wird die Bonität des Kunden laufend geprüft, indem sein Umsatzverhalten beobachtet wird (Kartenüberwachung).

Alle Unternehmen, die ihren Kunden einen Zahlungsaufschub oder einen Kredit mit Ratenzahlung gewähren, wie Kreditinstitute, Kreditkartengesellschaften und Versandhäuser, prüfen sowohl bei der Antragstellung als auch laufend die Bonität ihrer Kunden. Diese Unternehmen stehen vor den gleichen grundsätzlichen Schwierigkeiten bei der Bonitätsprüfung. Bei der traditionellen Bonitätsprüfung muß der Prüfer allein aufgrund seiner Erfahrung entscheiden, welche Informationen des Kunden bonitätsrelevant sind und wie diese Informationen zu gewichten und zu einem Bonitätsurteil zusammenzufassen sind. Dieses traditionelle Verfahren ist daher zeitaufwendig und subjektiv. So kann es dazu kommen, daß ein Kunde von zwei Prüfern unterschiedlich beurteilt wird.[9]

Um die Bonitätsprüfung zu rationalisieren, werden Scoring-Systeme[10] eingesetzt. Unter Scoring werden Verfahren verstanden, die Merkmalswerte in Punktwerte bzw. Nut-

---

[7] Mögliche Gründe für steigende Ausfälle im Kreditkartengeschäft in den USA haben MORGAN und TOLL untersucht; vgl. MORGAN, D. P./TOLL, I., Bad Debt Rising, S. 1-5.

[8] SCHUFA ist die Abkürzung für Schutzgemeinschaft für allgemeine Kreditsicherung.

[9] Vgl. BRAATZ, F., Scoring zum Anfassen, S. 7; für den Fall der Bonitätsprüfung von Unternehmen vgl. BAETGE, J./SIERINGHAUS, I., Bilanzbonitäts-Rating von Unternehmen, S. 225.

[10] Der Begriff Scoring wird in Literatur und Praxis nicht einheitlich verwendet. Unter Credit-Scoring werden häufig auch mathematisch-statistische Verfahren verstanden; vgl. WILBERT, R., Kreditwürdigkeitsanalyse im Konsumentenkreditgeschäft auf der Basis Neuronaler Netze,

zenwerte transformieren, wie dies bei der Nutzwertanalyse der Fall ist.[11] Diese Systeme haben gegenüber einer traditionellen Antragsbearbeitung den Vorteil, daß mit ihnen die Bonität des Kunden schnell beurteilt werden kann und daß jeder Antragsprüfer mit einem solchen System denselben Kunden gleich beurteilt. Dennoch sind diese Systeme nur quasi-objektiv, da die ihrem Urteil zugrundeliegenden Informationen für jeden zu beurteilenden Kunden zwar gleich aber auf der Basis subjektiver Erfahrungen - wenn auch von einem Experten(team) - ausgewählt, zusammengefaßt und gewichtet werden.[12]

Diese Subjektivität kann vermieden werden, wenn zur Bonitätsprüfung mathematisch-statistische Verfahren, wie die Multivariate Diskriminanzanalyse und die Künstliche Neuronale Netzanalyse, eingesetzt werden. Mit diesen Verfahren können die für die Bonitätsprüfung relevanten Merkmale objektiv, d. h. z. B. anhand der Kriterien minimaler Alpha- bzw. Beta-Fehler oder minimale Fehlerfläche ausgewählt, gewichtet und zu einem Gesamturteil zusammengefaßt werden.[13]

Besonders häufige Verwendung haben mathematisch-statistische Verfahren für die Bonitätbeurteilung von Unternehmen aufgrund von Bilanzkennzahlen erfahren. Bereits 1968 wurde die Multivariate Diskriminanzanalyse von ALTMAN[14] für die Klassifikation von solventen und später insolventen Unternehmen im Firmenkundenkreditgeschäft von Banken entwickelt. Die steigende Zahl der Unternehmensinsolvenzen in

---

S. 1382; vgl. auch HARTMANN-WENDELS, T./PFINGSTEN, A./WEBER, M., Bankbetriebslehre, S. 152-156. In der vorliegenden Arbeit werden mathematisch-statistische Verfahren wie die Multivariate Diskriminanzanalyse und die Künstliche Neuronale Netzanalyse nicht unter dem Scoring-Begriff subsumiert.

[11] Zum Scoring bzw. zur Nutzwertanalyse vgl. ZANGEMEISTER, C., Nutzwertanalyse von Projektalternativen, S. 159-168; WEBER, M./KRAHNEN, J./WEBER, A., Scoring-Verfahren - häufige Anwendungsfehler und ihre Vermeidung; S. 1621-1626; BRAUNSFELD, F./RICHTER, U., Bonitätsbeurteilung mittels DV-gestützter Verfahren, S. 775. Vgl. auch Abschnitt 241.

[12] Vgl. BAETGE, J., Bilanzanalyse, S. 539 f.

[13] Vgl. BAETGE, J., Bilanzanalyse, S. 572.

[14] Vgl. ALTMAN, E. I., Financial Ratios, Discriminant Analysis an the Prediction of Corporate Bankruptcy, S. 589-609.

Deutschland[15] in den letzten Jahren hat dazu geführt, daß Kreditinstitute für die Kreditantragsprüfung von Firmenkunden vermehrt automatische Klassifikatoren einsetzen, die mit Hilfe der Multivariaten Diskriminanzanalyse oder der Künstlichen Neuronalen Netzanalyse entwickelt wurden.[16] Auch im Privatkundenbereich werden schon moderne Prüfsysteme wie Künstliche Neuronale Netze eingesetzt.[17]

Für die Kontodatenanalyse bei der laufenden Kreditüberwachung der Kreditinstitute wird bereits die Multivariate Diskriminanzanalyse verwendet. Z. B. ist das KONDAN-Verfahren der Sparkassen mit Hilfe der Multivariaten Diskriminanzanalyse für die Kontodatenanalyse von Unternehmen, allerdings auf der Grundlage eines nur sehr kleinen Datenbestandes, entwickelt worden.[18] Ebenfalls existieren Studien zur Kontodatenanalyse im privaten Dispositionskreditgeschäft mit der Multivariaten Diskrimi-

---

[15] 1991 waren 8.837 Unternehmensinsolvenzen zu verzeichnen, 1997 bereits 27.700; vgl. CREDITREFORM, Unternehmensentwicklung, S. 1.

[16] Vgl. zur Entwicklung solcher Klassifikatoren FEIDICKER, M., Kreditwürdigkeitsprüfung; KRAUSE, C., Kreditwürdigkeitsprüfung mit Neuronalen Netzen; HÜLS, D., Früherkennung insolvenzgefährdeter Unternehmen; UTHOFF, C., Erfolgsoptimale Kreditwürdigkeitsprüfung.

[17] Vgl. zu Studien über den Einsatz der Multivariaten Diskriminanzanalyse oder der Künstlichen Neuronalen Netzanalyse zur Kreditwürdigkeitsprüfung von Privatkunden KEYSBERG, G., Die Anwendung der Diskriminanzanalyse zur statistischen Kreditwürdigkeitsprüfung im Konsumentenkreditgeschäft; REHKUGLER, H./SCHMIDT-VON RHEIN, A., Kreditwürdigkeitsanalyse und -prognose für Privatkundenkredite; DIETZ, J./FÜSER, K./SCHMIDTMEIER, S., Kreditwürdigkeitsprüfung durch Neuronale Netzwerke, S. 525-527; ROSENHAGEN, K., Prüfung der Kreditwürdigkeit im Konsumentenkreditgeschäft mit Hilfe neuronaler Netze; ENACHE, D., Künstliche neuronale Netze zur Kreditwürdigkeitsüberprüfung von Konsumentenkrediten; SCHNURR, C., Kreditwürdigkeitsprüfung mit Künstlichen Neuronalen Netzen.

[18] Vgl. zu KONDAN und den zugrundeliegenden Analysen VON STEIN, J. H., Früherkennung von Kreditrisiken mit quantitativen Methoden, S. 367 f.; VON STEIN, J. H., Kreditinformations- und Kreditüberwachungssystem, S. 220; THANNER, W., Die Analyse der Kontokorrentverbindung; REUTER, A./WELSCH, F., Wie sich frühzeitig Kreditrisiken erkennen lassen, S. 48-51.

nanzanalyse.[19] Auch Künstliche Neuronale Netze werden für die Kontodatenanalyse bei der laufenden Kreditüberwachung als geeignet angesehen.[20] Kreditkartengesellschaften setzen bei der **Antragsprüfung** bereits seit einigen Jahren Systeme ein, die mit Hilfe der Multivariaten Diskriminanzanalyse entwickelt wurden.[21] Auch existieren bereits Versuche und Anwendungen, bei der Kreditkartenbewilligung Künstliche Neuronale Netze einzusetzen.[22]

Ebenso werden für die laufende **Überwachung der Kreditkartenkonten** Systeme verwendet, die auf der Multivariaten Diskriminanzanalyse beruhen.[23] Künstliche Neuronale Netze werden hier bisher vor allem zur Bekämpfung des Kreditkartenbetruges genutzt.[24] Untersuchungen über die Entwicklung und den Einsatz von Künstlichen Neuronalen Netzen zur Bonitätsprüfung von privaten Kreditkartenkunden sowohl bei der Antragsprüfung als auch bei der Kartenüberwachung sind bisher nicht bekannt.

Gegenüber der linearen Multivariaten Diskriminanzanalyse haben Künstliche Neuronale Netze den Vorteil, daß sie auch nicht-lineare Zusammenhänge in den Daten abbilden können.[25] Außerdem müssen für die Anwendung der Künstlichen Neuronalen Netzanalyse weniger strenge Voraussetzungen erfüllt sein als für die Multivariate Dis-

---

[19] Vgl. BRETZGER, T. M., Die Anwendung statistischer Verfahren zur Risikofrüherkennung bei Dispositionskrediten; PIETRZAK, M., Die Entwicklung eines auf Kontodaten basierenden Risikobeurteilungssystems. PIETRZAK verwendet neben der linearen Multivariaten Diskriminanzanalyse noch weitere Verfahren, allerdings nicht die Künstliche Neuronale Netzanalyse.

[20] Vgl. DIETZ, J./FÜSER, K./SCHMIDTMEIER, S., Neuronale Netze - Quo Vadis?, S. 1297.

[21] Vgl. PIETRZAK, M., Der Einsatz von Credit-Scoring-Verfahren im Ratenkreditgeschäft, S. 22; SOURCE, Elektronische Zahlungssysteme in Deutschland, S. 76 f.

[22] Vgl. STEINER, M./WITTKEMPER, H.-G., Neuronale Netze, S. 460.

[23] Vgl. WOLDRICH, J. D./HUB, P. K., Kontomanagement im Kreditkarten-Bereich, S. 28 f.

[24] Vgl. zum Einsatz Neuronaler Netze gegen Kreditkartenbetrug MARTIN, L. E./KÜPFER, R. M., Künstliche Intelligenz: High-Tech-Waffe gegen Kreditkartenbetrug, S. 18 f.; FÜSER, K., Neuronale Netze in der Finanzwirtschaft, S. 319 f.

[25] Vgl. Abschnitt 242.

kriminanzanalyse, um optimale Klassifikationsergebnisse zu erzielen.[26] Zudem gelang es bereits bei der Bonitätsbeurteilung von Unternehmen, die Klassifikationsleistung der Multivariaten Diskriminanzanalyse mit der Künstlichen Neuronalen Netzanalyse zu übertreffen.[27]

Ziel der hier vorliegenden Arbeit ist es, mit Hilfe der Künstlichen Neuronalen Netzanalyse auf der Grundlage eines großen Datenbestandes von solventen und später insolventen privaten Kreditkartenkunden sowohl für die Antragsprüfung als auch für die Kartenüberwachung jeweils ein objektives, schnelles und zuverlässiges System zur Bonitätsprüfung zu entwickeln.

12   Gang der Untersuchung

Diese Arbeit beschreibt den Inhalt und die Ergebnisse eines Projektes zwischen der BPV Baetge & Partner GmbH & Co. Verfahrensentwicklung KG (seit dem 01.01.1999 Baetge & Partner GmbH & Co. KG) und der Lufthansa AirPlus Servicekarten GmbH. Für die Untersuchung standen Antragsdaten und Transaktionsdaten von 39.758 solventen und später insolvent[28] gewordenen privaten Kreditkartenkunden zur Verfügung.

Die Arbeit gliedert sich in fünf Kapitel. Das erste Kapitel beschreibt die Problemstellung und den Gang der Untersuchung. Im zweiten Kapitel werden die Grundlagen der Bonitätsprüfung von privaten Kreditkartenkunden dargestellt. Dafür wird zunächst die

---

[26]   Vgl. Abschnitt 242.

[27]   So konnten die Ergebnisse der MDA von HÜLS mit der KNNA von BAETGE, HÜLS und UTHOFF verbessert werden, vgl. dazu HÜLS, D., Früherkennung insolvenzgefährdeter Unternehmen, S. 210 f.; BAETGE, J./HÜLS, D./UTHOFF, C., Bilanzbonitätsanalyse mit Künstlichen Neuronalen Netzen, S. 25; vgl. auch die Ergebnisse von BISCHOFF, R./BLEILE, C./GRAALFS, J., Der Einsatz Neuronaler Netze zur betriebswirtschaftlichen Kennzahlenanalyse, S. 383; REHKUGLER, H./PODDIG, T., Klassifikation von Jahresabschlüssen mittels Multilayer-Perceptrons; KRAUSE, C., Kreditwürdigkeitsprüfung mit Neuronalen Netzen, S. 213; ALTMAN, E. I./MARCO, G./VARETTO, F., Corporate distress diagnosis: Comparisons using linear discriminant analysis and neural networks, S. 526; BAETGE, J./KRAUSE, C., Kreditmanagement mit Neuronalen Netzen, S. 403; PYTLIK, M., Diskriminanzanalyse und Künstliche Neuronale Netze zur Klassifizierung von Jahresabschlüssen, S. 291. Anderer Auffassung sind GOEDE, K./WEINRICH, G., Bessere Kreditentscheidung durch neuronale Netze?, S. 423.

[28]   Zur Definition der Insolvenz in dieser Untersuchung vgl. Abschnitt 331.3.

historische Entwicklung des Kreditkartengeschäftes beschrieben, um die besondere Situation des deutschen Kreditkartenmarktes zu verdeutlichen. Im Anschluß daran wird das Kreditkartenverfahren erläutert, wobei auf die existierenden Kartenarten, die Funktionen von Kreditkarten, die Teilnehmer am Kreditkartenverfahren und die Organisationsformen von Kreditkartengeschäften eingegangen wird. Dies dient dazu, die in der vorliegenden Untersuchung betrachteten Karten und deren Verwendung einzuordnen. Außerdem werden in Kapitel 2 die Risiken des Kreditkartengeschäftes erläutert, um das in dieser Arbeit zu betrachtende Bonitätsrisiko von den übrigen Risiken abzugrenzen. Im folgenden wird speziell auf die Probleme bei der Bonitätsprüfung zur Reduzierung des Bonitätsrisikos im Kreditkartengeschäft eingegangen. Danach werden die Vorteile und die Nachteile der beiden Verfahren zur Bonitätsbeurteilung *Scoring* und *Künstliche Neuronale Netzanalyse* vorgestellt, da im weiteren Verlauf der Arbeit ein empirisches Scoring-System und empirische Künstliche Neuronale Netze miteinander verglichen werden.

In Kapitel 3 schließt sich die Beschreibung der empirischen Analyse mit Künstlichen Neuronalen Netzen zur Identifikation von Bonitätsrisiken bei privaten Kreditkartenkunden an. Dabei werden zunächst die Ziele beschrieben, die mit dem Einsatz der Künstlichen Neuronalen Netzanalyse bei der Antragsprüfung und der Kartenüberwachung von privaten Kreditkartenkunden verfolgt werden. Danach werden die drei Phasen der Untersuchung - Datenerhebung, Datenaufbereitung und Datenanalyse - erläutert.

In der Phase der Datenerhebung werden die in die Untersuchung einbezogenen Kunden abgegrenzt und das Insolvenzkriterium wird festgelegt, nach dem solvente von später insolventen Kunden getrennt werden sollen. Außerdem wird ermittelt, welche Kundeninformationen für die Analyse zur Verfügung stehen.

In der Phase der Datenaufbereitung werden die Kundendaten so aufbereitet, daß sie von den Künstlichen Neuronalen Netzen verarbeitet werden können. Dazu werden die Daten aus den Kreditkartenanträgen kodiert und aus den Daten über die Kartenumsätze

Kennzahlen gebildet. Außerdem werden die Stichproben für die Künstliche Neuronale Netzanalyse gezogen.

In der Phase der Datenanalyse werden mit den aufbereiteten Daten die Künstlichen Neuronalen Netze für die Antragsprüfung und die Kartenüberwachung entwickelt. Zunächst werden die Informationsverarbeitung und das Lernen in einem Künstlichen Neuronalen Netz erläutert. Anschließend werden verschiedene Zielkriterien vorgestellt, an denen die Klassifikationsleistung eines Künstlichen Neuronalen Netzes gemessen werden kann, um die Wahl des Zielkriteriums für die vorliegende Untersuchung zu begründen.

Bei der Entwicklung des Klassifikators zur Antragsprüfung werden zunächst nur originäre Kundeninformationen aus den Kreditkartenanträgen verwendet. Im Anschluß daran wird untersucht, ob sich die Klassifikationsleistung verbessern läßt, wenn zusätzlich mikrogeografische Informationen, d. h. Informationen über das Wohnumfeld des Kunden, herangezogen werden. Die Klassifikatoren zur Antragsprüfung werden danach mit dem bisher von der Kreditkartengesellschaft eingesetzten Antragsprüfungssystem verglichen.

Der Klassifikator zur Kartenüberwachung wird zunächst nur mit Kennzahlen aus den Transaktionsdaten entwickelt. Im Anschluß daran wird geprüft, ob sich die Klassifikationsleistung verbessern läßt, wenn zusätzlich Antragsmerkmale verwendet werden.

In Kapitel 4 wird vorgestellt, wie die entwickelten Klassifikatoren für die praktische Anwendung in die Prozesse zur Antragsprüfung und Kartenüberwachung eines Kreditkartenemittenten eingebunden werden können. Dazu werden die Ausgabewerte der Künstlichen Neuronalen Netze transformiert, Bonitätsklassen gebildet und Ausfallwahrscheinlichkeiten bestimmt. Außerdem muß in der Anwendungsphase der Klassifikatoren jeweils ein Trennwert zwischen den als solvent und den als insolvenzgefährdet beurteilten Kunden festgelegt werden. In Kapitel 4 wird beschrieben, wie ein Trennwert mit Hilfe des Kriteriums der geringsten Prozeßkosten bestimmt werden kann.

Die Arbeit schließt mit einer Zusammenfassung der Ergebnisse im fünften Kapitel.

2 Grundlagen der Bonitätsprüfung von privaten Kreditkartenkunden

21 Grundlagen des Kreditkartengeschäftes

211. Historische Entwicklung

211.1 Entwicklung in den USA

Die Kreditkarte ist in den USA entwickelt worden. 1894 gab die Hotel Credit Letter Company die erste Kreditkarte heraus, mit der die Kunden des Unternehmens bargeldlos zahlen konnten. Kartenherausgeber und Kartenakzeptant waren also identisch.[29] Um die Jahrhundertwende führten weitere Hotels Kreditkarten für ihre Stammkunden ein.[30] Diese Karten sollten der Zahlungserleichterung dienen und die Kunden noch stärker an das jeweilige Hotel binden.[31]

1914 wurde von der Western Union Bank eine Kreditkarte mit der Möglichkeit der Ratenzahlung angeboten.[32] Bei Kreditkarten ohne diese Möglichkeit mußten die Kartennutzer hingegen ihre Kreditkartenumsätze in einer Summe zum Ende einer bestimmten Frist zahlen.

In den zwanziger Jahren gaben ebenfalls Warenhäuser und Mineralölkonzerne Kreditkarten aus.[33] Auch Telefongesellschaften, Reiseunternehmen und Autovermietungen emittierten in den folgenden Jahren Kreditkarten. Während des zweiten Weltkrieges konnten Kreditkarten nur sehr eingeschränkt herausgegeben werden. Nach 1945 muß-

---

[29] Vgl. HAMMANN, H., Die Universalkreditkarte, S. 23.
[30] Vgl. STAUDER, B./WEISENSEE, G. J., Das Kreditkartengeschäft, S. 19.
[31] Vgl. HAMMANN, H., Die Universalkreditkarte, S. 23.
[32] Vgl. WELLER, M., Das Kreditkartenverfahren, S. 11.
[33] Vgl. JUDT, E., Kreditkarten - weltweites Zahlungsmittel; GOLLNIK, R., Kredit- und Kundenkarten im Geschäftsreiseverkehr, S. 310.

ten die Kreditkartensysteme daher neu etabliert werden.[34] Zu dieser Zeit begannen auch Fluggesellschaften und Restaurantketten damit, eigene Kreditkarten auszugeben, um ihren Kunden die Zahlung zu erleichtern, ihnen einen Kredit einzuräumen und ihre Markentreue und Firmentreue zu stärken.[35] Diese Karten waren indes alle auf bestimmte Regionen oder Anbieter beschränkt,[36] wenn auch die Mineralölgesellschaften bereits Abkommen getroffen hatten, nach denen sie ihre Kreditkarten untereinander akzeptierten.[37]

Mit der zunehmenden Mobilität der Bevölkerung wuchs der Bedarf nach einem bargeldlosen Zahlungsmittel, das von möglichst vielen Stellen akzeptiert wurde und überregional einsetzbar war. Das amerikanische Scheckverfahren genügte diesen Anforderungen nicht, da Banken in den USA nur lokal lizenziert werden und die Bankgesetzgebung zum Teil bei den Bundesstaaten liegt. Diese Konstellation führt dazu, daß ein Scheck, der auf die Bank des Kunden gezogen ist, nur in einem begrenzten Gebiet akzeptiert wird. Zudem ist in den USA kein Dispositionskredit wie in Deutschland üblich, so daß eine größere Gefahr besteht, daß Schecks nicht gedeckt sind. In einem solchen Fall ist es für den Gläubiger mangels eines umfassenden Meldewesens kaum möglich, seine Forderungen einzutreiben, insbesondere wenn es sich bei dem Aussteller des Schecks um einen unbekannten Reisenden handelt.[38]

Die erste Kreditkarte, die sich zu einer wirklichen Universalkreditkarte entwickelte und somit den Anforderungen nach breiter und überregionaler Akzeptanz nachkam, war die 1950 erstmalig herausgegebene Credit Identification Card des Diners Club. Die Karte war als sogenannte T&E-Kreditkarte (Travel-and-Entertainment-Karte) konzipiert, denn sie war speziell auf die Bedürfnisse von Reisenden ausgerichtet. So ge-

---

[34] Vgl. STAUDER, B./WEISENSEE, G. J., Das Kreditkartengeschäft, S. 20.

[35] Vgl. JUDT, E./KSCHWENDT-MICHEL, A., Kreditkarten-Marketing am Beispiel Eurocard, S. 380.

[36] Vgl. WELLER, M., Das Kreditkartenverfahren, S. 11.

[37] Vgl. HAMMANN, H., Die Universalkreditkarte, S. 23.

[38] Vgl. WELLER, M., Das Kreditkartenverfahren, S. 11 f.

hörten auch die meisten Kartenakzeptanten der Reisebranche an, wie Hotels, Restaurants, Fluglinien und Mietwagengesellschaften.[39]

Eine weitere T&E-Kreditkarte, die American Express Karte, wurde ab 1958 von der American Express Company, einem Reisebüro und Reisescheck-emittenten, angeboten. Wie auch die Kreditkarte des Diners Club, war die American Express Karte als Zahlungsmittel konzipiert und nicht mit einer wirklichen Kreditfunktion ausgestattet.[40]

In den fünfziger und sechziger Jahren gaben die amerikanischen Banken verstärkt Bankkreditkarten heraus, die anders als die T&E-Kreditkarten mit einem revolvierenden Kredit ausgestattet waren.[41] Die Erträge dieser Karten ergaben sich hauptsächlich aus den Kreditzinsen. Unternehmen, die Bankkreditkarten akzeptierten, waren zunächst nur im regionalen Einzugsbereich der jeweiligen Bank zu finden. Durch verschiedene Abkommen der Banken untereinander wurde die Gültigkeit der Bankkreditkarten ausgedehnt, woraus sich die MasterCard- und die Visa-Organisation entwickelten.[42] MasterCard und Visa sind heute die beiden am weitesten verbreiteten amerikanischen Bankkreditkarten.[43]

211.2 Entwicklung in Europa

Zwar existierten in Europa einige Vorläufer der Kreditkarte, indes begann das heutige Kreditkartengeschäft in vielen europäischen Ländern mit der Ausgabe von Diners Club Karten und American Express Karten. Die erste Universalkreditkarte in Europa wurde 1952 vom Diners Club in Großbritannien ausgegeben. In den nächsten Jahren wurden

---

[39] Vgl. JUDT, E., Karten als Bankgeschäft - von den Anfängen zum Standard, S. 54.

[40] Vgl. HAMMANN, H., Die Universalkreditkarte, S. 25; vgl. zur Kreditfunktion der Kreditkarte Abschnitt 212.2.

[41] Vgl. MANDELL, L., The Credit Card Industry, S. 29 f.

[42] Vgl. JUDT, E., Der US-Kreditkartenmarkt im Überblick, S. 11 f.

[43] Vgl. HAMMANN, H., Die Universalkreditkarte, S. 25-26; RAAB, G., Kartengestützte Zahlungssysteme und Konsumentenverhalten, S. 56.

in weiteren europäischen Ländern Diners Club Karten emittiert, und auch American Express baute sein Geschäft in Europa auf.[44]

Die erste europäische Universalkreditkarte war die Eurocard, die 1964 von europäischen Kreditinstituten in Zusammenarbeit mit dem europäischen Hotel- und Gaststättengewerbe zunächst in Skandinavien und später in ganz Europa eingeführt wurde.[45] Für diese Aufgabe wurden nationale Eurocard-Gesellschaften gegründet. 1968 wurde zwischen Eurocard und MasterCard ein Kooperationsvertrag geschlossen, so daß MasterCard über Eurocard in Europa vertreten ist.[46] Seit 1975/76 wurden die nationalen Eurocard-Gesellschaften von nationalen Kreditinstituten übernommen, die damit ihren Kunden eine eigene T&E-Kreditkarte anbieten und so der Konkurrenz der amerikanischen Kreditkarten begegnen konnten.[47]

1966 wurde in Großbritannien von der Barclays Bank die erste Barclay Card herausgegeben.[48] 1972 gründeten einige britische Banken die Joint Credit Card Company Ltd., die die Access Card emittierte.[49] In Frankreich wurde 1967 die erste Carte Bleu herausgegeben, eine gemeinsame Kreditkarte der fünf großen staatlichen Depositenbanken.[50] Später boten Kreditinstitute in verschiedenen europäischen Ländern auch Bankkreditkarten in Zusammenarbeit mit MasterCard oder Visa an.[51]

---

[44] Vgl. ausführlich zu den Anfängen der Kreditkarte in einigen europäischen Ländern STAUDER, B./WEISENSEE, G. J., Das Kreditkartengeschäft, S. 28-33.

[45] Vgl. HAMMANN, H., Die Universalkreditkarte, S. 25.

[46] VGL. JUDT, E./KSCHWENDT-MICHEL, A., Kreditkarten-Marketing am Beispiel Eurocard, S. 381; RAAB, G., Kartengestützte Zahlungssysteme und Konsumentenverhalten, S. 57.

[47] Vgl. VAN HOOVEN, E., EUROCARD - eine neue Dienstleistung des deutschen Kreditgewerbes; JUDT, E., Kreditkarten - weltweites Zahlungsmittel, S. 39.

[48] Vgl. STAUDER, B./WEISENSEE, G. J., Das Kreditkartengeschäft, S. 28; DAVIS, C. H., Barclays als Kartenemittent in Deutschland - eine Zwischenbilanz, S. 24.

[49] Vgl. JUDT, E., Kreditkarten - weltweites Zahlungsmittel, S. 39.

[50] Vgl. STAUDER, B./WEISENSEE, G. J., Das Kreditkartengeschäft, S. 29; VANNIER, J.-C., Bankkarten in Frankreich und die Kartenstrategie von Crédit Lyonnais, S. 16.

[51] Vgl. JUDT, E., Kreditkarten - weltweites Zahlungsmittel, S. 40.

211.3 Entwicklung in Deutschland

In Deutschland wurde 1958 die Diners Club Karte als erste Universalkreditkarte eingeführt.[52] Die American Express Karte kam 1964 hinzu.[53] 1977 wurde die erste Eurocard in Deutschland angeboten.[54] Visa-Karten werden seit 1981 in Deutschland emittiert.[55] Ende der achtziger Jahre startete die Hauptgemeinschaft des Deutschen Einzelhandels und der Deutsche Hotel- und Gaststättenverband eine Initiative zur Einführung der Deutschen Kreditkarte, bei deren Akzeptanz die Handels- und Dienstleistungsunternehmen ein wesentlich geringeres Disagio abführen sollten als bei anderen Kreditkarten.[56] Die Deutsche Kreditkarte konnte sich indes nicht durchsetzen.

Die Kreditkarte breitete sich in Deutschland nur zögerlich aus, wofür hauptsächlich drei Gründe verantwortlich waren. Der erste Grund war, daß Deutschland die Entwicklung eines Scheckgarantiesystems als Gegenbewegung zur Kreditkarte vorantrieb. Da das deutsche Scheckgesetz dem Schecknehmer bei ungedeckten Schecks zu wenig Sicherheit bot, sollte ein Scheckgarantiesystem die Akzeptanz des Bankschecks bei Handels- und Dienstleistungsunternehmen bewahren.[57] Am 15.01.1968 gaben die westdeutschen Kreditinstitute dazu erstmalig eine einheitliche Scheckkarte heraus.[58] Diese Karte garantierte bei Beachtung gewisser Vorschriften die Einlösung des Schecks bis zu einem bestimmten Höchstbetrag.[59]

---

[52] Vgl. O. V., Als die Plastikkarte noch aus Pappe war, S. 30.

[53] Vgl. SCHÖCHLE, S., Kartengebundene Zahlungssysteme in Deutschland, S. 54; O. V., Credit and charge cards in Germany, S. 69.

[54] Vgl. BÖSEL, F., Zahlungsinstrumente der privaten Kunden heute und morgen, S. 14; EUROCARD/MasterCard, EUROCARD/Master- Card - Deutschlands meiste Kreditkarte, S. 1.

[55] Vgl. VISA, Das Unternehmen Visa, S. 1.

[56] Vgl. O. V., Selbstgemachte Fehlkalkulation, S. 70.

[57] Vgl. STARKE, W., Das Verhältnis von eurocheque zur Kreditkarte: Etappen der System-Konflikte, S. 30.

[58] Vgl. SCHÖCHLE, S., Kartengebundene Zahlungssysteme in Deutschland, S. 65.

[59] Vgl. JUDT, E., Karten als Bankgeschäft - von den Anfängen zum Standard, S. 54.

Die zunehmende Reisefreude der deutschen Bevölkerung erforderte zudem ein auch außerhalb Deutschlands akzeptiertes Zahlungsmittel.[60] Am 10.05.1968 wurde von Vertretern 15 europäischer Länder unter der Leitung von Eckart van Hooven, Vorstandsmitglied der Deutschen Bank, das eurocheque-Verfahren begründet. Damals wurde eine Vereinbarung getroffen, daß die Banken der einzelnen Länder bankindividuelle Schecks, die zusammen mit bankindividuellen Garantiekarten begeben wurden, gegenseitig einlösen würden. Damit sollten die Einlösemodalitäten von kartengarantierten Schecks in Europa vereinheitlicht werden. 1972 wurden ein einheitlicher eurocheque und eine einheitliche eurocheque-Karte eingeführt. Ab 1975 wurde dieser eurocheque nicht mehr nur bei Kreditinstituten, sondern auch bei Handels- und Dienstleistungsunternehmen in Europa außerhalb der Landesgrenzen der ausgebenden Bank akzeptiert.[61] Mit dem eurocheque-Verfahren wollte sich insbesondere die deutsche Kreditwirtschaft gegen die auf den deutschen Markt drängenden amerikanischen Bankkreditkarten zur Wehr setzen.[62] Erst Mitte der siebziger Jahre entschlossen sich die deutschen Kreditinstitute, mit der Eurocard eine eigene T&E-Kreditkarte herauszugeben, um den amerikanischen Kreditkarten neben dem eurocheque ein weiteres bargeldloses Zahlungsmittel entgegenhalten zu können.[63] Denn die Banken fürchteten, über die Kreditkarten auch andere Teile des Bankgeschäftes an die Kartenorganisationen zu verlieren.[64]

Ein weiterer Grund für die späte Entwicklung der Kreditkarte in Deutschland ist, daß der bargeldlose Zahlungsverkehr in Deutschland zum größten Teil durch Abbuchungs-

---

[60] Vgl. STARKE, W., Das Verhältnis von eurocheque zur Kreditkarte: Etappen der System-Konflikte, S. 30.

[61] Vgl. SCHÖCHLE, S., Kartengebundene Zahlungssysteme in Deutschland, S. 65 f.

[62] Vgl. BÖSEL, F., Zahlungsinstrumente der privaten Kunden heute und morgen, S. 13; O. V., Das Ende einer Feindschaft, S. 1010.

[63] Vgl. KSCHWENDT-MICHEL, A., Eurocard - ein weltweites Zahlungsmittel, S. 28; JUDT, E., Kreditkarten - weltweites Zahlungsmittel, S. 39.

[64] Vgl. JUDT, E./KSCHWENDT-MICHEL, A., Kreditkarten-Marketing am Beispiel Eurocard, S. 381.

und Überweisungsverfahren abgewickelt wird.[65] In den USA, Frankreich, Großbritannien und Italien dagegen wird statt durch Abbuchungs- und Überweisungsverfahren mit Schecks bargeldlos gezahlt. Daher haben die Banken in diesen Ländern die für sie effizientere Kreditkarte unterstützt, um den Scheck als meistgenutztes bargeldloses Zahlungsmittel zurückzudrängen, so daß dort Kreditkarten wesentlich stärker verbreitet sind als in Deutschland.[66]

Der deutsche Verbraucher ist zudem aufgrund des in Deutschland üblichen Dispositionskredites nicht darauf angewiesen, über die Kreditkarte einen Konsumentenkredit zu erhalten. In den USA und Großbritannien existiert hingegen kein Dispositionskredit wie in Deutschland, so daß die Kreditkarte meist die einfachste Möglichkeit ist, einen Verbraucherkredit aufzunehmen.[67]

Seit Ende der achtziger Jahre hat der Kreditkartenmarkt in Deutschland indes starke Zuwachsraten zu verzeichnen.[68] Dies liegt vor allem daran, daß vor dem Hintergrund des steigenden Wettbewerbs der Kreditinstitute untereinander und gegenüber Non- und Near-Banks (z. B. Versicherungen und Kreditkartengesellschaften)[69] die Kreditwirtschaft die Kreditkarte als Akquisitionsinstrument für Privatkunden entdeckte,[70] denen

---

[65] Vgl. MÜLLER, A., Das neue Eurocard-Konzept der Sparkassenorganisation, S. 159; PAULUHN, B., Kreditkarten in Deutschland, S. 121; BERNDT, H., Elektronisches Geld - Geld der Zukunft?. S. 369; O.V., Credit and charge cards in Germany, S. 71.

[66] Vgl. MÜLLER, A., Das neue Eurocard-Konzept der Sparkassenorganisation, S. 159; VANNIER, J.-C., Bankkarten in Frankreich und die Kartstrategie von Crédit Lyonnais, S. 16; PAULUHN, B., Kreditkarten in Deutschland, S. 121.

[67] Vgl. BUCHAL, D., Kreditkartenboom in Deutschland - eine wahre Geschichte, S. 8; PAULUHN, B., Kreditkarten in Deutschland, S. 122; SCHMINKE, L., Kundenbindung durch Kreditkarten-Systeme, S. 127; KRÜGER, M., Zukunft der Kreditkartensysteme, S. 15.

[68] Vgl. BUCHAL, D., Kreditkartenboom in Deutschland - eine wahre Geschichte, S. 5; LITTMANN, A., Poker mit Plastik, S. 115; TERRAHE, J., Plastikgeld: Kein Luxusprodukt für Besserverdienende, S. 549.

[69] Vgl. SPANIER, H.-D., Wettbewerb um den Privatkunden, S. 549-551.

[70] Vgl. VAN HOOVEN, E., Der Wettbewerb um den privaten Kunden, S. 11; LITTMANN, A., Poker mit Plastik, S. 115; TUCEK, G., Die Eurocard im Bankmarketing, S. 14; AUMÜLLER, J., Neue Finanz-Service-Konzeptionen am Beispiel der Kreditkarte, S. 57; MÜLLER, A., Die aktuelle Entwicklung im Kreditkartengeschäft, S. 402; KRÜGER, M., Zukunft der Kreditkartensysteme, S. 12.

neben der Kreditkarte auch andere Bankleistungen verkauft werden können.[71] Die Verbraucher sind zudem aufgrund des wachsenden Wohlstandes und der verstärkten Berichterstattung in den Medien bereit, die Kreditkarte als neue Leistung der Kreditinstitute anzunehmen.[72] Die zunehmende Mobilität der Kunden erfordert ein bargeldloses Zahlungsmittel, das unabhängig von Schecks[73] und weltweit einsetzbar ist. Daher bieten inzwischen viele Kreditinstitute neben der traditionellen Eurocard zusätzlich die in Deutschland lange als Konkurrenz bekämpfte Visa-Karte an, da Visa weltweit den größten Marktanteil, gemessen an den ausgegebenen Karten, hat.[74]

212. Das Kreditkartenverfahren

212.1 Kartenarten

Im bargeldlosen Zahlungsverkehr existieren heute verschiedene Kartenprodukte von unterschiedlichen Anbietern und mit unterschiedlichen Funktionalitäten. Abbildung 1 gibt einen Überblick über die verschiedenen Kartenarten und ihre Bezeichnungen, differenziert nach ihren Abrechnungsmodalitäten.

---

[71] Vgl. TERRAHE, J., Kreditkarte als Schlüssel zum Kunden, S. 189; NIKLASCH, H.-W., Ein Stück Plastik erobert den Markt, S. 15; BERNDT, H., Elektronisches Geld - Geld der Zukunft?, S. 369; STROHMAYR, W., Dezentralität und Zentralität im Kartengeschäft, S. 27.

[72] Vgl. KRÜGER, M., Zukunft der Kreditkartensysteme, S. 12.

[73] Vgl. MÜLLER, A., Das neue Eurocard-Konzept der Sparkassenorganisation, S. 159.

[74] Vgl. STROHMAYR, W., Zwei Karten in einer Hand, S. 182; O. V., Das Ende einer Feindschaft, S. 1011.

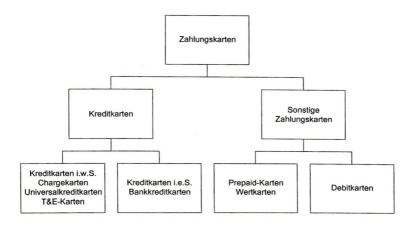

Abb. 1: Kartenarten

Im folgenden werden die einzelnen Kartenarten erläutert, um so die Karten, die Gegenstand der vorliegenden Arbeit sind, von den übrigen abzugrenzen.

212.11 Kreditkarten

Unter dem Begriff *Kreditkarte* werden im allgemeinen Sprachgebrauch zum einen die Kreditkarten i. e. S. und zum anderen die Chargekarten gefaßt. Bei beiden Kartenarten stellt der Herausgeber der Karte am Ende einer Rechnungsperiode dem Karteninhaber eine Rechnung über seine Umsätze in der Periode. Der Karteninhaber einer Kreditkarte i. e. S. hat eine Kreditlinie, die es ihm ermöglicht, den Rechnungsbetrag einer Periode sofort oder in Raten zu zahlen.[75] Wählt der Karteninhaber die Ratenzahlung, fallen für den jeweiligen Restbetrag Zinsen an.

Der Karteninhaber einer Chargekarte ist verpflichtet, seine Rechnung sofort oder innerhalb eines ihm eingeräumten Zahlungsziels zu begleichen.[76] Er erhält vom Kartenemittenten keinen Kredit außer daß der Rechnungsbetrag erst am Ende der verein-

---

[75] Vgl. PRIEWASSER, E., Bankbetriebslehre, S. 153.
[76] Vgl. SCHÖCHLE, S., Kartengebundene Zahlungssysteme in Deutschland, S. 16.

barten Periode (meist nach einem Monat) zu zahlen ist.[77] Daher werden Chargekarten auch als Kreditkarten i. w. S. bezeichnet. In der Regel hat der Karteninhaber dem Kartenherausgeber eine Einzugsermächtigung erteilt, so daß der Rechnungsbetrag vom Kartenherausgeber über eine Lastschrift eingezogen wird.

Die Karten, die in der vorliegenden Untersuchung betrachtet werden, sind Chargekarten, die per Lastschrifteinzug abgerechnet werden. Indes gelten die in den Abschnitten 3 und 4 folgenden Ausführungen auch für Kreditkarten i. e. S. bzw. können auf diese übertragen werden.

Die ersten T&E-Karten bzw. Universalkreditkarten waren Chargekarten, wie die Karten von American Express und Diners Club. Daher werden Chargekarten auch als T&E-Karten oder Universalkreditkarten bezeichnet. Diese beiden Bezeichnungen differenzieren die Karte indes nicht nach ihrer Abrechnungsmodalität, sondern nach ihrer Verwendungsmöglichkeit bzw. nach dem Kartenemittenten. Denn die T&E-Karten bzw. Universalkreditkarten wurden ursprünglich von Kreditkartengesellschaften herausgegeben, während Banken die sogenannten Bankkreditkarten herausgaben, die mit einem revolvierenden Kredit ausgestattet waren (Kreditkarten i. e. S.).[78] Die Differenzierung nach T&E-Karten bzw. Universalkreditkarten und Bankkreditkarten ist heutzutage indes nicht mehr eindeutig, da auch Kreditkartengesellschaften Kreditkarten mit einem revolvierenden Kredit und Banken Chargekarten herausgeben. So war die von Kreditinstituten vertriebene Eurocard bis Anfang 1991 nur als Chargekarte erhältlich.[79] Die ebenfalls von Kreditinstituten emittierte Visa-Karte ist sowohl als Kreditkarte i. e. S. als auch als Chargekarte und sogar als Debitkarte erhältlich.[80] Die Kreditkarten-

---

[77] In der Literatur existieren unterschiedliche Auffassungen darüber, ob es sich bei einem Zahlungsvorgang mit einer Chargekarte um ein Kreditgeschäft handelt oder nicht, vgl. dazu WELLER, M., Das Kreditkartenverfahren, S. 54-59 m. w. N.; DEIDER, G., Mißbrauch von Scheckkarte und Kreditkarte durch den berechtigten Karteninhaber, S. 31-40 m. w. N.

[78] Vgl. PRIEWASSER, E., Bankbetriebslehre, S. 152 f.

[79] Vgl. O. V., Credit and charge cards in Germany, S. 70; RAAB, G., Kartengestützte Zahlungssysteme und Konsumentenverhalten, S. 29.

[80] Vgl. VISA, Inside, S. 11-13; zur Debitkarte vgl. Abschnitt 212.121.

gesellschaft American Express gibt seit Januar 1998 mit der Blue Card auch eine Kreditkarte i. e. S. heraus.[81]

Der Begriff Universalkreditkarte ist historisch bedingt und resultierte daraus, daß die Kreditkarten der ersten Kreditkartengesellschaften gegenüber den zuvor nur bekannten Kundenkarten, z. B. von Mineralölgesellschaften, universell einsetzbar waren. Denn sie waren nicht an eine Branche oder ein Unternehmen gebunden. Die Bankkreditkarten sind indes nicht minder universell, teilweise werden sie sogar an mehr Verkaufsstellen akzeptiert als die überwiegend reiseorientierten Universalkreditkarten.[82]

Kreditkarten (Kreditkarten i. e. S. und Chargekarten) können entweder im Online- oder im Offline-Verfahren abgerechnet werden. Bei einem reinen Online-Verfahren werden sämliche Umsätze vom Kartenemittenten bzw. vom Processor[83] autorisiert. Dieses Autorisierungsverfahren gilt als sicherstes Verfahren zur Vorbeugung von Kreditkartenmißbrauch.[84] Teilweise werden Umsätze unter einem bestimmten Betrag, dem sogenannten Floorlimit, offline abgewickelt. In diesem Fall wird die Karte nur mit einer Sperrliste abgeglichen, die sich im Terminal befindet. Die Zahlungsgarantie übernimmt in jedem Fall der Kartenemittent.[85] Bei der Online-Autorisierung wird vor allem geprüft, ob der Karteninhaber mit dem gewünschten Umsatz - bei Berücksichtigung der bereits zuvor in der Periode getätigten Umsätze - innerhalb seines Verfügungsrahmens mit der Karte bleibt.[86]

---

[81] Vgl. AMERICAN EXPRESS, Die American Express „blue card", S. 1.
[82] Vgl. WELLER, M., Das Kreditkartenverfahren, S. 15.
[83] Zum Processor vgl. Abschnitt 212.34.
[84] Vgl. AUMÜLLER, J., Online-System bietet größte Sicherheit bei Kreditkarten, S. 26.
[85] Vgl. SOURCE, Elektronische Zahlungssysteme in Deutschland, S. 33.
[86] Vgl. WITTENBERG, J. H., Das Kreditkartengeschäft deutscher Banken, S. 39.

212.12 Sonstige Zahlungskarten

212.121. Debitkarten

Von den Kreditkarten sind die Debitkarten zu unterscheiden. Ein mit einer Debitkarte bezahlter Betrag wird sofort vom Girokonto des Karteninhabers abgebucht.[87] Beispiele für Debitkarten sind die eurocheque-Karte (ec-Karte) und die Kundenkarten von Kreditinstituten. Mit diesen Karten kann der Karteninhaber am Point of Sale (POS), also an der Kasse des kartenakzeptierenden Unternehmens, wie auch mit der Kreditkarte bargeldlos zahlen. Für die Zahlung mit der Debitkarte gibt es die Möglichkeiten electronic cash, elektronisches Lastschriftverfahren (ELV), Point of Sale ohne Zahlungsgarantie (POZ) und Online-Lastschriftverfahren (OLV).[88]

Für electronic cash wird die Debitkarte und die persönliche Identifikationsnummer (PIN) der Karte benötigt.[89] Für das Verfahren zugelassen sind die ec-Karte, die BankCard der Volksbanken und Raiffeisenbanken, die S-Card der Sparkassen und Girozentralen und die Deutsche Bank Kundenkarten.[90] Die Autorisierung jedes Zahlungsvorganges erfolgt online, indem eine Datenleitung zwischen dem POS und der Autorisierungsstelle des kontoführenden und kartenausgebenden Kreditinstituts über einen Netzbetreiber hergestellt wird.[91] Bei der Autorisierung werden die Gültigkeit der Karte, die PIN und das Guthaben des Karteninhabers geprüft. Die Daten des Zahlungsvorganges werden zur weiteren Verarbeitung gespeichert und weitergeleitet.[92] Durch die Online-Autorisierung entstehen dem Handel hohe Telekommunikationskosten. Daher

---

[87] Vgl. MÜLLER, A., Die aktuelle Entwicklung im Kreditkartengeschäft, S. 401; JUNG, A., Kreditkarten: Newcomer in Sicht, S. 164; KRÜGER, M., Zukunft der Kreditkartensysteme, S. 14; ESSER, R. P., „Plastikgeld" steht hoch im Kurs, S. 32.

[88] Vgl. RÖSNER, D., Ohne Bargeld in die Zukunft?, S. 8.

[89] Vgl. DÜNISCH, A./WACKER, L., Zu Schecks und Bargeld sinnvolle Ergänzung, S. 167.

[90] Vgl. SOURCE, Elektronische Zahlungs-Systeme in Deutschland, S. 19.

[91] Vgl. DORNER, H., Elektronisches Zahlen, S. 44.

[92] Vgl. RAAB, G., Kartengestützte Zahlungssysteme und Konsumentenverhalten, S. 41; SÜCHTING, J./PAUL, S., Bankmanagement, S. 276.

soll weitestgehend auf Offline-Verfahren umgestellt werden, die mit der Chiptechnologie möglich sind.[93] Dazu werden die Karten mit einem Chip mit hoher Speicherkapazität ausgestattet, so daß die für die Autorisierung notwendigen Daten dort gespeichert werden können.

Beim elektronischen Lastschriftverfahren, das von Peek & Cloppenburg und einigen anderen Handelsunternehmen entwickelt wurde, um die Kosten des elektronischen Zahlungsverkehrs zu reduzieren, zahlt der Kunde mit der ec-Karte und seiner Unterschrift auf einem Lastschriftbeleg ohne PIN.[94] Mit dieser Unterschrift stellt der Karteninhaber dem Unternehmen, bei dem er mit der ec-Karte zahlt, eine einmalige Einzugsermächtigung für einen bestimmten Betrag aus. Eine Autorisierung beim Kreditinstitut erfolgt nicht, so daß keine Übertragungskosten und Autorisierungsgebühren anfallen. Ohne die Autorisierung übernehmen die Kreditinstitute allerdings auch keine Zahlungsgarantie.[95]

Ähnlich wie das elektronische Lastschriftverfahren der Handelsunternehmen funktioniert das Verfahren Point of Sale ohne Zahlungsgarantie, das von Kreditinstituten als Alternative zum vom Handel als zu kostenintensiv kritisierten electronic-cash-Verfahren entwickelt wurde und seit 1993 eingesetzt wird.[96] Wie beim elektronischen Lastschriftverfahren wird für die Zahlung die ec-Karte und die Unterschrift des Kunden auf einem Lastschriftbeleg benötigt. Mit seiner Unterschrift auf dem Beleg erklärt der Kunde sich damit einverstanden, daß das kontoführende Kreditinstitut seine Adresse an den Händler weitergibt. Damit hat der Händler die Möglichkeit, selbst eine Forderung gegenüber dem Kunden durchzusetzen, falls die Lastschrift nicht beglichen

---

[93] Vgl. REHM, H., Strategische Überlegungen zum Kartengeschäft der Sparkassenorganisation, S. 547; BERNDT, H., Elektronisches Geld - Geld der Zukunft?, S. 370 und 371; JUDT, E., Zahlungskarten mit Chip in Österreich, S. 863; PILLER, E., High-Tech-Zahlung für Mozartkugeln, S. 2; RODEWALD, B., Kartengeschäft in den Neunzigern: zunehmender Wettbewerb, S. 13.

[94] Vgl. O. V., Point of Sale. Immer noch ohne PIN: Peek & Cloppenburg, S. 8.

[95] Vgl. RAAB, G., Kartengestützte Zahlungssysteme und Konsumentenverhalten, S. 42.

[96] Vgl. REHM, H., Strategische Überlegungen zum Kartengeschäft der Sparkassenorganisation, S. 550.

wird. Denn wie beim elektronischen Lastschriftverfahren übernimmt das Kreditinstitut keine Zahlungsgarantie, da die PIN und das Guthaben des Karteninhabers nicht geprüft werden. Lediglich eine Abfrage an der Sperrdatei des Kreditgewerbes für eine Gebühr von 0,10 DM pro Abfrage ist vorgesehen, die bei Beträgen bis 60 DM indes unterbleiben kann.[97]

Von der Deutschen Bank wurde mit dem Online-Lastschriftverfahren bereits Mitte 1991 ein ähnliches System entwickelt.[98] Bei diesem Verfahren wird ebenfalls nur die Karte und die Unterschrift des Kunden benötigt. Der Händler hat einen Online-Zugriff auf die Negativdatei der Kreditwirtschaft. Für jede Abfrage fällt eine Gebühr an. Die Kreditinstitute übernehmen auch bei diesem Verfahren keine Zahlungsgarantie.[99]

1992 wurde aus einem Zusammenschluß der internationalen Eurocard- und eurocheque-Organisationen Eurocard International und eurocheque International die Gesellschaft Europay International gegründet, die eine europäische elektronische Debitkarte (edc = electronic debit card)[100] einführte.[101] Der Kunde erhält von seinem Kreditinstitut eine ec-Karte, die mit dem Zeichen *edc* versehen ist. Diese Karte kann er auch im europäischen Ausland an entsprechend gekennzeichneten Verkaufsstellen einsetzen. Zur Zahlung benötigt der Kunde seine mit dem edc-Zeichen versehene Debitkarte und je nach Land seine PIN oder seine Unterschrift.[102] Die Autorisierung erfolgt online.[103]

---

[97] Vgl. WALKHOFF, H., An der Kasse mit Karte zahlen liegt im Trend, S. 164; SOURCE, Elektronische Zahlungssysteme in Deutschland, S. 28 f.; RAAB, G., Kartengestützte Zahlungssysteme und Konsumentenverhalten, S. 42 f.; SÜCHTING, J./PAUL, S., Bankmanagement, S. 276 f.

[98] Vgl. SOURCE, Elektronische Zahlungssysteme in Deutschland, S. 27 f.

[99] Vgl. DORNER, H., Elektronisches Zahlen, S. 48.

[100] Vgl. SOURCE, Elektronische Zahlungssysteme in Deutschland, S. 23.

[101] Vgl. RAAB, G., Kartengestützte Zahlungssysteme und Konsumentenverhalten, S. 45 f.

[102] Vgl. REHM, H., Strategische Überlegungen zum Kartengeschäft der Sparkassenorganisation, S. 550; O. V., edc/Maestro in Deutschland, S. 7.

[103] Vgl. HOFFMANN, M. A., Europäisches POS-System mit weltweiter Option, S. 600.

Im Juli 1992 wurde die Gesellschaft Maestro International gegründet. Anteilseigner sind Europay International, Maestro USA und MasterCard International.[104] Debitkarten, die mit dem Maestro-Zeichen versehen sind, können weltweit genutzt werden.[105]

212.122. Prepaid-Karten

Eine weitere Form von Zahlungskarten sind sogenannte Prepaid-Karten oder Wertkarten. Prepaid-Karten werden vom Kunden gegen einen bestimmten Geldwert erworben.[106] Im Gegensatz zu den Kreditkarten und den Debitkarten, zahlt der Kunde einen Geldbetrag, bevor er die Wertkarte einsetzt und die Leistung des Kartenemittenten bzw. Leistungsanbieters in Anspruch nimmt (daher prepaid). In diesem Fall gewährt also der Kunde dem Kartenemittenten einen zinslosen Kredit.[107]

Kartenemittent und Leistungsanbieter können identisch sein, wie bei der Telefonkarte der Deutsche Telekom AG, oder mehrere Kartenemittenten und Leistungsanbieter akzeptieren die Karten untereinander, wobei über eine zentrale Verrechnungsstelle abgerechnet wird. Außerdem besteht die Möglichkeit, daß die Prepaid-Karte elektronisches Geld speichert, wie die GeldKarte[108] der deutschen Kreditinstitute, so daß sie allgemein als Zahlungsmittel akzeptiert wird und nicht nur für den Bezug bestimmter Leistungen einsetzbar ist.[109] Für den Handel hat der Zahlungsverkehr mit der GeldKarte z. B. gegenüber electronic cash bei der Debitkarte den Vorteil geringerer Kosten und eines geringeren Zeitaufwandes, da die Transaktionen offline ohne PIN aber mit Zahlungs-

---

[104] Vgl. HOFFMANN, M. A., Europäisches POS-System mit weltweiter Option, S. 600.
[105] Vgl. LOCKHART, E., Mastercard and the European Banks, S. 19.
[106] Vgl. DORNER, H., Elektronisches Zahlen, S. 26.
[107] Vgl. SCHÖCHLE, S., Kartengebundene Zahlungssysteme in Deutschland, S. 18 m. w. N.
[108] Vgl. O. V. GeldKarte vor dem Start, S. 7.
[109] Vgl. PILLER, E., High-Tech-Zahlung für Mozartkugeln, S. 2; RAAB, G., Kartengestützte Zahlungssysteme und Konsumentenverhalten, S. 32 f.

garantie der Kreditinstitute vorgenommen werden können.[110] Seit 1997 enthalten sämtliche ec-Karten einen aufladbaren Chip für einen Betrag bis zu 400 DM.[111] In diesen ec-Karten sind sowohl Debitkarte als auch Prepaid-Karte vereint.

212.2 Funktionen von Kreditkarten

Kreditkarten sind je nach Kartentyp und Anbieter mit unterschiedlichen Funktionen ausgestattet. In Abbildung 2 sind die möglichen Funktionen von Kreditkarten aufgeführt.

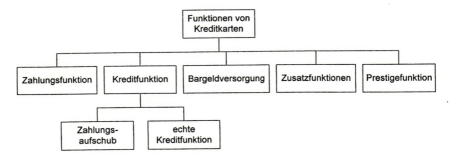

Abb. 2:   Funktionen von Kreditkarten

Im folgenden werden die in Abbildung 2 genannten Funktionen näher erläutert.

1)   Zahlungsfunktion

Die vorrangige Funktion der Kreditkarte ist die Zahlungsfunktion.[112] Mit einer Kreditkarte kann der Karteninhaber am POS ohne Bargeld zahlen. Der Kartenakzeptant muß lediglich Beträge über einer bestimmten Grenze von der kartenausgebenden Gesell-

---

[110] Vgl. JOHANNSEN, W./BLAKOWSKI, G., Die virtuelle Bank im Electrinic Commerce - Funktion, Information, Transaktion, S. 114.

[111] Vgl. SÜCHTING, J./PAUL, S., Bankmanagement, S. 277.

[112] Vgl. BERNSAU, G., Der Scheck- oder Kreditkartenmißbrauch durch den berechtigten Karteninhaber, S. 9; FLÖGE, W.-D., Zur Kriminalisierung von Mißbräuchen im Scheck- und Kreditkartenverfahren, S. 22; HAMMANN, H., Die Universalkreditkarte, S. 27.

schaft autorisieren lassen, damit diese die Zahlungsgarantie übernimmt.[113] Somit dienen Kreditkarten vor allem der Zahlungserleichterung. Dabei besteht insbesondere bei Zahlungen im Ausland der Vorteil, daß der Karteninhaber keine Sorten mit sich führen muß, wodurch er von Einfuhrbeschränkungen für Sorten unabhängig ist und nicht im voraus die Höhe der benötigten Sorten kennen muß. Denn die Abrechnung über die Kreditkarte erfolgt automatisch in der Landeswährung.[114]

Auch die Debitkarte und die Prepaid-Karte erfüllen eine Zahlungsfunktion. Während die Prepaid-Karte in Form der GeldKarte nur einen Verfügungsrahmen von maximal 400 DM bietet und dieser Verfügungsrahmen außerdem davon abhängt, wie weit die Karte noch aufgeladen ist, kann der Karteninhaber mit der Debitkarte ähnlich wie mit der Kreditkarte über einen weitaus größeren Betrag verfügen, der im Fall der Debitkarte von der Deckung des Kartenkontos abhängig ist. Daher werden häufig Kreditkarte und Debitkarte als konkurrierende Produkte gesehen und die verspätete Ausbreitung der Kreditkarte in Deutschland im Vergleich z. B. zu den USA mit dem gut ausgebauten eurocheque- und ec-Kartensystem in Deutschland begründet.[115] Eine Anfang der neunziger Jahre von der Retail Banking Research Group of Battelle London erstellte europaweite Studie zur künftigen Entwicklung aller Zahlungsverkehrsarten ergab indes, daß die Kreditkarte vorwiegend verwendet wird, wenn langlebige Güter oder sonstige größere Summen, z. B. auf Reisen, bezahlt werden müssen. Debitkarten werden hingegen für Einkäufe des täglichen Bedarfs eingesetzt.[116] Diese Ergebnisse gehen mit der Beobachtung konform, wonach insbesondere Scheckzahlungen und Bar-

---

[113] Vgl. JUDT, E./BÖDENAUER, W., Kreditkarten-Risikopolitik aus der Sicht eines Emittenten, S. 949.

[114] Vgl. GOLLNICK, R., Kredit- und Kundenkarten im Geschäftsreiseverkehr, S. 310 f.

[115] Vgl. JUDT, E., Kreditkarten - weltweites Zahlungsmittel, S. 40; GOLLNICK, E., Kredit- und Kundenkarten im Geschäftsreiseverkehr, S. 310; ESSER, R. P., „Plastikgeld steht hoch im Kurs", S. 32.

[116] Vgl. KRÜGER, M., Zukunft der Kreditkartensysteme, S. 15.

geldzahlungen durch die Zahlung mit Debitkarten substituiert werden und weniger die Kreditkartenzahlungen.[117]

2) Kreditfunktion

Kreditkarten können grundsätzlich für den Karteninhaber zwei Formen von Kreditfunktionen erfüllen. Zum einen entsteht durch die gemeinsame Abrechnung aller Transaktionen einer Periode zum Periodenende ein Zahlungsaufschub für den Karteninhaber. Zum anderen wird dem Karteninhaber über eine Kreditlinie die Möglichkeit eingeräumt, seine Verpflichtungen gegenüber dem Kartenemittenten in Raten zu tilgen, wofür der Karteninhaber an den Kartenemittenten Zinsen zu zahlen hat.

3) Bargeldversorgung

Da noch nicht überall die Möglichkeit besteht, mit der Kreditkarte zu zahlen, kann der Karteninhaber mit der Kreditkarte und seiner PIN auch Bargeld beziehen, was ihm zudem die Möglichkeit gibt, nach Wunsch kleinere Beträge bar zu begleichen. Bargeld erhält der Karteninhaber entweder direkt bei einer Zweigstelle seiner Kreditkartengesellschaft, einer Bank oder er kann Bargeld an einem Geldausgabeautomaten (GAA) ziehen. Die Kosten für den Bezug von Bargeld mit der Kreditkarte liegen zwischen ein und vier Prozent des Bargeldbetrages, mindestens aber bei 5 bis 10 DM pro Vorgang.[118] Somit liegen sie deutlich über den Kosten für den Bezug von Bargeld mit der ec-Karte, der bei GAA des eigenen Kreditinstitutes kostenlos ist und für Kunden anderer Institute ca. 3 bis 7 DM beträgt. Daher werden Kreditkarteninhaber ihre Kreditkarte im Inland eher selten für den Bezug von Bargeld einsetzen. Wahrscheinlicher ist der Bargeldbezug mit der Kreditkarte im Ausland, wenn keine kostengünstigeren und bequemeren Möglichkeiten bestehen, Bargeld in der Landeswährung zu erhalten.[119]

---

[117] Vgl. O. V., Scheck verliert an Bedeutung, S. 5; O. V., Der Siegeszug des EC-Lastschriftverfahrens, S. 24.

[118] Vgl. RAAB, G., Kartengestützte Zahlungssysteme und Konsumentenverhalten, S. 25.

[119] Vgl. dazu die Kennzahlen aus Transaktionsdaten von Kreditkartenkunden in Abschnitt 341.32.

4) Zusatzfunktionen

Einige Kreditkarten sind mit Zusatzfunktionen ausgestattet, die in der Regel für Reisende attraktiv sind. Zu den typischen Zusatzfunktionen gehören Versicherungsleistungen z. B. für Unfälle auf Reisen, wobei die Versicherungsleistung oft davon abhängt, daß das benutzte Verkehrsmittel mit der Kreditkarte gezahlt wurde.[120] Außerdem können Mietwagen bequemer mit Kreditkarte bezahlt werden, da eine Kaution oder Vorauszahlung entfällt und der Karteninhaber über den Kartenemittenten günstigere Preise bekommt.[121] Auch Hotelreservierungen mit der Kreditkartennummer sind dank der Verbindung zu Reservierungssystemen weltweit möglich.[122] Zudem sind mit bestimmten Kreditkarten Preisvorteile und verschiedene Privilegien in Hotels verbunden, wie Wartelistenpriorität oder Express-Check-in und Express-Check-out. Weitere Zusatzleistungen sind, daß bestimmte Lounges auf Flughäfen und Bahnhöfen genutzt oder daß Konzerte und Reisen gebucht werden können.[123] Einige Kreditkarten sind auch mit einem Telefonchip ausgestattet.[124]

5) Prestigefunktion

Oft wird Kreditkarten eine Prestigefunktion zugeschrieben.[125] Denn an die Ausgabe einer Kreditkarte ist eine Bonitätsprüfung gebunden, so daß nur Kunden mit einwand-

---

[120] Vgl. KAHLEN, R., Kreditkarten für jeden Geschmack, S. 112; RAAB, G., Kartengestützte Zahlungssysteme und Konsumentenverhalten, S. 26 f.

[121] So hat Lufthansa AirPlus mit den Autovermietern Avis, Europcar, Hertz und Sixt Abnahmeverträge zu günstigen Konditionen abgeschlossen, deren Preisvorteile sie an ihre Kunden weitergibt, vgl. LUFTHANSA AIRPLUS, Ihr Service Guide, S. 17 f.; vgl. auch WAGNER, I., Lufthansa Airplus: Reisekosten-Management von Anfang an, S. 14.

[122] Vgl. GOLLNIK, R., Kredit- und Kundenkarten im Geschäftsreiseverkehr, S. 312; STROHMAYR, W., Zwei Karten in einer Hand, S. 182.

[123] Vgl. SCHÖCHLE, S., Kartengebundene Zahlungssysteme in Deutschland, S. 128; KAHLEN, R., Kreditkarten für jeden Geschmack, S. 113.

[124] So sind die Karten von Lufthansa AirPlus mit einem Telefonchip erhältlich, vgl. LUFTHANSA AIRPLUS, Ihr Service Guide, S. 42; in den USA brachte der Telefonkonzern AT & T 1990 eine Kombination aus Telefonkarte und Kreditkarte heraus, vgl. KAHN, PAUL G., The Story of AT & T Universal Card, S. 17.

[125] Vgl. ESSER, R. P., „Plastikgeld" steht hoch im Kurs, S. 32. Oft wird die Prestigefunktion zu den Zusatzfunktionen gezählt. Sie soll hier indes gesondert betrachtet werden, da die Prestigefunktion

freier Bonität eine Kreditkarte bekommen sollen. Mit der zunehmenden Verbreitung der Kreditkarte ist die positive Bewertung der Bonität des Kunden indes nicht mehr allein von einem besonders hohen Einkommen abhängig. Auch Kunden mit geringerem Einkommen erhalten heutzutage Kreditkarten, sofern weitere Merkmale des Kunden auf eine gute Bonität hindeuten. Die Einkommenshöhe des Kunden kann über den Verfügungsrahmen[126], den er mit seiner Kreditkarte erhält, berücksichtigt werden. Allerdings kann der Kreditkarte eine Statusfunktion auch heute nicht abgesprochen werden, da die Kartenemittenten neben Standardkarten auch sogenannte Prestigekarten anbieten, die sich sichtbar von den Standardprodukten unterscheiden[127] (z. B. die Gold-Karten von Eurocard und American Express, die Senator-Karte von Lufthansa AirPlus). Der Erhalt solcher Prestigekarten ist in der Regel an ein hohes Einkommen gebunden. Die Gold Card von American Express erhalten nur Kunden mit einem Brutto-Jahreseinkommen ab 100.000 DM.[128] Bei Lufthansa AirPlus erhält den Senator-Status, wer in zwölf Monaten mehr als 150.000 Meilen mit Lufthansa oder ihren Allianzpartnern geflogen ist.[129] Die Zielgruppe von Diners Club ist gerade das gehobene Kundensegment, das besondere Serviceleistungen wünscht, zu denen auch eine Kreditkarte ohne Limit gehört.[130] Dies setzt eine hohe Bonität des Kunden voraus.

---

im Gegensatz zu den anderen Funktionen psychologisch bedingt ist. Sie kann zwar vom Kartenemittenten durch den Preis und die Ausstattung seiner Karte bestärkt werden, liegt aber letztlich in der Akzeptanz des Kunden.

[126] Vgl. zum Limit des Kunden Abschnitt 332.2.

[127] Vgl. BUCHAL, D., Wettbewerb und Preispolitik im Kartengeschäft, S. 6; WEYHER, G., Mit Dialogmarketing auf Erfolgskurs, S. 11; RAAB, G., Kartengestützte Zahlungssysteme und Konsumentenverhalten, S. 27 f.

[128] Vgl. AMERICAN EXPRESS, Produktinformation Personal Card/Gold Card, S. 1.

[129] Vgl. LUFTHANSA AIRPLUS, Mit diesen Karten geben wir Ihnen das Beste, S. 6.

[130] Vgl. O. V., Was wünscht sich Diners Club für 1994?, S. 16 f; vgl. auch zu dem unbegrenzten Verfügungsrahmen der Diners Club Karte DINERS CLUB INTERNATIONAL, Leistungen und Service, S. 5.

Besonders bei den sogenannten Cobranding-Karten und Affinity-Karten,[131] bei denen eine Unternehmung oder eine sonstige Organisation in Zusammenarbeit mit einem Kreditinstitut oder einer Kreditkartengesellschaft eine Kreditkarte herausgibt, spielt das Prestigedenken eine große Rolle,[132] da die Karte dadurch, daß nur bestimmte Kundengruppen diese Karte erhalten, eine gewisse Exklusivität erhält. Das der vorliegenden Untersuchung zugrunde liegende Lufthansa AirPlus-Doppel Eurocard und Visa-Karte gehört zu den Cobranding-Produkten, ebenso wie das Volkswagen-Doppel Eurocard und Visa-Karte.[133] Weitere Beispiele für Cobranding sind die MercedesCard, die nur an Eigentümer eines entsprechenden Kraftfahrzeugs ausgegeben wird[134] und die Visa-Bahn-Card[135].

212.3 Teilnehmer am Kreditkartenverfahren

212.31 Übersicht

Die Abbildung 3 gibt einen Überblick über die Teilnehmer am Kreditkartenverfahren.

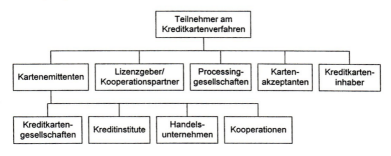

Abb. 3: Teilnehmer am Kreditkartenverfahren

---

[131] Zu Cobranding-Karten und Affinity-Karten vgl. Abschnitt 212.32.

[132] Vgl. RAAB, G., Kartengestützte Zahlungssysteme und Konsumentenverhalten, S. 28.

[133] Vgl. zu den Karten von Volkswagen MASSFELLER, N. M., Volkswagen/Audi Card: zwei Kreditkarten in einem System, S. 11 f.

[134] Vgl. ENDRUWEIT, M./WOLFF, V., Mercedes mit neuer Kreditkarte, S. 22.

[135] Vgl. O. V., Die Bahncard ab 1. Juli 1995 eine Visa-Karte, S. 21.

212.32 Kartenemittenten

Zu den Herausgebern von Kreditkarten gehören:

1) Kreditkartengesellschaften

Kreditkartengesellschaften sind Organisationen, die eigene Kreditkarten herausgeben. Die beiden weltweit bekanntesten Kreditkartengesellschaften sind Diners Club und American Express.

Der Diners Club wurde am 28.02.1950 von Frank MacNamara, Ralph Schneider und Alfred Bloomingdale in New York gegründet.[136] Die Idee des Diners Club soll aus dem Vorfall entsprungen sein, daß einer der Gründer, Frank MacNamara, einmal mangels Bargeld seine Restaurantrechnung nicht zahlen konnte.[137] Eine andere Version ist, daß er lediglich das von einem Bekannten praktizierte Verfahren aufgegriffen und verfeinert hat, von Einzelhändlern ausgegebene Anschreibekärtchen gegen Verzinsung zu verleihen.[138]

Zu Beginn hatte der Diners Club 200 Mitglieder und 29 Akzeptanzstellen in Manhattan, davon zwei Hotels und 27 Restaurants. Bereits im Jahr der Gründung wuchs der Diners Club auf 10.000 Mitglieder, und 1.000 Vertragsunternehmen akzeptierten die Diners Club Karte.[139] 1952 nahm der Diners Club seine Geschäftstätigkeit auch außerhalb der USA auf. Für das internationale Kreditkartengeschäft des Diners Club war eine Tochtergesellschaft des Diners Club Inc., der Diners Club International Ltd., zuständig, der die Franchiserechte an weitgegend selbständige Franchisenehmer vergab.[140]

---

[136] Vgl. O. V., Als die Plastikkarte noch aus Pappe war, S. 27. Vgl. auch ausführlich zur Gründungsgeschichte des Diners Club MANDELL, L., The Credit Card Industry, S. 1-10.

[137] Vgl. WEIL, F., Nicht nur Zahlungsmittel, S. 31; O. V., Als die Plastikkarte noch aus Pappe war, S. 27.

[138] Vgl. WELLER, M., Das Kreditkartenverfahren, S. 14 f.

[139] Vgl. O. V., Als die Plastikkarte noch aus Pappe war, S. 28 f.

[140] Vgl. WITTENBERG, J. H., Das Kreditkartengeschäft deutscher Banken, S. 71.

1958 wurde die Diners Club Deutschland GmbH gegründet, die die Franchise-Rechte des Diners Club für Deutschland besaß.[141] Der Diners Club Deutschland hatte zunächst 2.000 Mitglieder und ihm waren 800 Vertragsunternehmen angeschlossen.[142] Seit 1964 gehörten 85 % der Anteile am Diners Club Deutschland dem brasilianischen Finanzier Dr. Horacio Klabin.[143] 1980 erwarb die US-amerikanische Finanzgruppe Citicorp die internationalen Franchiserechte des Diners Club und 1983 auch den Diners Club Deutschland.[144] Somit ist Diners eine bankenabhängige bzw. gebundene Kreditkartengesellschaft.[145] Heute gibt es in Deutschland etwa 340.000 Mitglieder des Diners Club und 180.000 Akzeptanzstellen.[146] Weltweit haben ca. 7,6 Mio. Verbraucher eine Diners Club Karte und über 4 Mio. Unternehmen akzeptieren die Diners Club Karte als Zahlungsmittel.[147]

American Express wurde am 27.03.1850 aus drei bis dahin unabhängigen Gesellschaften gegründet, um weltweit Bargeld und Pakete zu befördern. 1891 führte das Unternehmen den ersten Reisescheck, den American Express Traveler Cheque ein, um Barzahlungen im Ausland zu erleichtern. 1894 eröffnete American Express in Paris sein erstes europäisches Büro.[148] Nach einer vierjährigen Vorbereitungszeit emittierte American Express 1958 seine erste Kreditkarte. Das bereits vorhandene Netz von American Express Reisebüros und die Vorarbeiten des Diners Club auf dem Kreditkartenmarkt trugen dazu bei, daß die American Express Karte in recht kurzer Zeit sehr

---

[141] Vgl. STAUDER, B./WEISENSEE, G. J., Das Kreditkartengeschäft, S. 40.
[142] Vgl. O. V., Als die Plastikkarte noch aus Pappe war, S. 31.
[143] Vgl. STAUDER, B./WEISENSEE, G. J., Das Kreditkartengeschäft, S. 40.
[144] Vgl. RAAB, G., Kartengestützte Zahlungssysteme und Konsumentenverhalten, S. 59; SCHÖCHLE, S., Kartengebundene Zahlungssysteme in Deutschland, S. 52.
[145] Vgl. WITTENBERG, J. H., Das Kreditkartengeschäft deutscher Banken, S. 71.
[146] Vgl. EUROCARD/MASTERCARD, Entwicklung des Kreditkartenmarktes in Deutschland, S. 1 f.
[147] Vgl. EUROCARD/MASTERCARD, Kreditkartenmarkt weltweit, S. 1.
[148] Vgl. AMERICAN EXPRESS, Hintergrundinformation, S. 1.

erfolgreich war.[149] Bereits Ende 1958 konnte American Express ca. 475.000 Karteninhaber und über 32.000 Vertragsunternehmen aufweisen.[150] Ab 1964 gab American Express auch in Deutschland Kreditkarten heraus.[151]

Heute hat American Express weltweit über 3.200 Reisebüros und Repräsentanzen in über 125 Ländern, ca. 41,5 Mio. Mitglieder[152] und 4,5 Mio. Akzeptanzstellen[153]. In Deutschland haben ca. 1,2 Mio. Kreditkarteninhaber eine American Express Karte, die bei ca. 220.000 deutschen Vertragsunternehmen akzeptiert wird.[154]

Auch die Lufthansa AirPlus Servicekarten GmbH, die die Daten für die vorliegende Untersuchung zur Verfügung stellte, ist ein Kreditkartenunternehmen, das zunächst eine eigene Kreditkarte herausgab, die AirPlus-Karte. Die AirPlus-Karte hat ihren Ursprung in London, wo 1986 elf europäische Luftverkehrsgesellschaften die AirPlus Limited Card Services gründeten.[155] 1990 führte die damals neu gegründete Lufthansa AirPlus Servicekarten GmbH,[156] eine Tochter der Deutsche Lufthansa AG, die AirPlus-Karte in Deutschland ein.

Ab 1992 emittierte Lufthansa AirPlus die Eurocard als Cobranding-Produkt[157] mit der Deutschen Bank und der Dresdner Bank und ab 1993 auch die Visa-Karte in Zusammenarbeit mit der Bayerischen Landesbank. Diese beiden Karten ersetzten die alte AirPlus-Karte. Lufthansa AirPlus bietet die Eurocard und die Visa-Karte als Kartendoppel an, was dem Karteninhaber die Möglichkeit geben soll, geschäftliche und

---

[149] Vgl. STAUDER, B./WEISENSEE, G. J., Das Kreditkartengeschäft, S. 22 f.

[150] Vgl. WITTENBERG, J. H., Das Kreditkartengeschäft deutscher Banken, S. 72.

[151] Vgl. STAUDER, B./WEISENSEE, G. J., Das Kreditkartengeschäft, S. 43.

[152] Vgl. AMERICAN EXPRESS, Hintergrundinformation, S. 1.

[153] Vgl. EUROCARD/MasterCard, Kreditkartenmarkt weltweit, S. 1.

[154] Vgl. EUROCARD/MasterCard, Entwicklung des Kreditkartenmarktes in Deutschland, S. 1 f.

[155] Vgl. SOURCE, Elektronische Zahlungssysteme in Deutschland, S. 65.

[156] Vgl. LUFTHANSA AIRPLUS, Geschäftsbericht 1997, S. 4.

[157] Zum Cobranding vgl. Abschnitt 212.32.

private Umsätze zu trennen.[158] Gegenstand der in Abschnitt 3 folgenden Analysen sind privat genutzte Lufthansa AirPlus Eurocards oder Visa-Karten.

Mit den Lufthansa AirPlus-Karten sind insbesondere Reisezusatzleistungen verbunden.[159] Ende 1997 hatte Lufthansa AirPlus 304.150 Karten ausgegeben, davon 152.503 Eurocards, 125.019 Visa-Karten und 26.628 Reisestellenkarten.[160]

2) Kreditinstitute

Kreditinstitute in Deutschland bieten meist Kreditkarten von Eurocard oder Visa an. Für die Ausgabe dieser Kreditkarten haben sie zuvor eine Lizenz von der EURO Kartensysteme EUROCARD und eurocheque GmbH bzw. von Visa International erworben oder einen Kooperationsvertrag geschlossen. Das Kreditinstitut hat die Möglichkeit, seinen Namen und sein Logo mit auf die Karte neben dem Eurocard- oder Visa-Logo prägen zu lassen.[161] In der Gestaltung der Leistungen der in Kooperation oder Lizenz herausgegebenen Kreditkarten sind die Kreditinstitute frei.[162] Der Vorteil dieses Systems für die Kreditinstitute liegt darin, daß sie die Infrastruktur des jeweiligen Lizenzgebers nutzen können.

Einige Kreditinstitute bieten ihren Kunden ein Kartendoppel an, d. h. sowohl eine Visa-Karte als auch eine Eurocard.[163] Der Vorteil eines Kartendoppels für den Kunden

---

[158] Vgl. SOURCE, Elektronische Zahlungssysteme in Deutschland, S. 65 f.; WAGNER, I., Lufthansa Airplus: Reisekosten-Management von Anfang an, S. 13.

[159] Vgl. LUFTHANSA AIRPLUS, Ihr Service Guide.

[160] Vgl. LUFTHANSA AIRPLUS, Geschäftsbericht 1997, S. 7; vgl. auch O. V., Mit hohem Kartenwachstum hält Lufthansa AirPlus den Marktanteil, S. 25; LUFTHANSA AIRPLUS, Pressereport, S. 1. Über Reisestellenkarten, die beim Reisebüro hinterlegt werden, können z. B. Firmen ihre Geschäftsreisen abrechnen lassen.

[161] Vgl. COBB, A. L., 25 Jahre Eurocard, S. 163; NIKLASCH, H.-W., Ein Stück Plastik erobert den Markt, S. 15; STROHMAYR, W., Zwei Karten in einer Hand, S. 183.

[162] Vgl. O.V., Was macht die CC-Bank im Visa-Kartengeschäft; COBB, A. L., 25 Jahre Eurocard, S. 163 f.; MÜLLER, A., Das neue Eurocard-Konzept der Sparkassenorganisation, S. 160; NIKLASCH, H.-W., Ein Stück Plastik erobert den Markt, S. 15; STROHMAYR, W., Dezentralität und Zentralität im Kartengeschäft, S. 27 f.

[163] Vgl. DAVIS, C. H., Barclays als Kartenemittent in Deutschland, S. 24; STROHMAYR, W. Zwei Karten in einer Hand, S. 182.

besteht darin, daß er bei einer größeren Zahl von Akzeptanzstellen mit Kreditkarte zahlen kann. Eurocard hat sehr viele Akzeptanzstellen in Deutschland, Visa ist weltweit führend.[164]

3) Handelsunternehmen

Einige Handelsunternehmen geben sogenannte Kundenkarten heraus. Bei diesen Karten stimmen Kartenherausgeber und Kartenakzeptant überein.[165] Kundenkarten können unterschiedlich ausgestaltet sein. So gibt es Kundenkarten, die nicht über eine Zahlungsfunktion verfügen, sondern nur als Rabattbuch oder Bonuskarte gelten. Diese Karten zählen nicht zu den Kreditkarten. Kundenkarten mit Zahlungsfunktion können wie eine Chargekarte ausgestaltet sein und somit dem Kunden die einmalige monatliche Gesamtzahlung seiner Umsätze erlauben. Oder die Kundenkarte kann mit einer wirklichen Kreditfunktion ausgestattet sein. Beispiele für Chargekarten sind die Douglas Card und die Klingenthal Kunden-Karte. Als Kreditkarte i. e. S. sind die IKEA family Plus-Karte, die Harley-Davidson Card und die Breuninger Karte ausgestattet.[166] Zudem können mit der Karte weitere Zusatzleistungen, z. B. Hausbelieferung oder Kundenservice verbunden sein.[167] Mit der Herausgabe einer Kundenkarte verfolgt ein Handelsunternehmen in erster Linie den Zweck der Kundenbindung. Über die Adressen der Karteninhaber kann das Unternehmen gezielt seine Kunden über Veranstaltungen und Angebote informieren.[168] Außerdem erhofft es sich vermehrt Spontankäufe oder Käufe von qualitativ hochwertigeren und damit hochpreisigeren Gütern, die durch eine Kundenkarte mit Zahlungsfunktion möglich werden, da der Kunde damit

---

[164] Vgl. STROHMAYR, W. Zwei Karten in einer Hand, S. 185; DAVIS, C. H., Barclays in Deutschland: noch in der „Investitionsphase", S. 38.

[165] Vgl. GOLLNICK, R., Kredit- und Kundenkarten im Geschäftsreiseverkehr, S. 309.

[166] Vgl. MARKUS, M., Von der Rabatt- zur Kreditkarte, S. 35.

[167] Vgl. LINGENFELDER, M., Einkaufen ohne Geld, S. 362; WEIMER, D., Put the comeback on my card, S. 75.

[168] Vgl. O. V., Bargeldloses Zahlen im Handel, S. 28; MARKUS, M., Von der Rabatt- zur Kreditkarte, S. 36.

immer liquide ist.[169] Ein weiterer Vorteil ist, daß das Handelsunternehmen mit den Kundenkarten Daten über das Kaufverhalten der Kunden erhält.[170]

4) Kooperationen zwischen Kreditinstituten oder Kreditkartengesellschaften und Unternehmen oder sonstigen Vereinigungen

Unternehmen, die ihr Leistungsspektrum erweitern und ihren Kunden attraktive Zusatzleistungen bieten wollen, um die Kundenbindung zu stärken, können in Zusammenarbeit mit einem Kreditinstitut oder einer Kreditkartengesellschaft eine sogenannte Cobranding-Kreditkarte herausgeben.[171] Das Kreditinstitut bzw. die Kartenorganisation verspricht sich von dieser Zusammenarbeit, weitere Kundenkreise zu erschließen.[172] Die Karte wird sowohl äußerlich als auch inhaltlich, also bezüglich ihrer Funktionen, nach den Wünschen des Unternehmens gestaltet. Der Name des Kreditinstitutes erscheint z. B. nur auf der Rückseite der Karte.[173] Die Zusammenarbeit mit einem Kreditinstitut ist notwendig, da nur ein Kreditinstitut über eine Visa- oder Eurocard-Lizenz verfügen kann.[174] Das Kreditinstitut hat die Möglichkeit, seine Lizenz zu einer solchen Kooperation zu nutzen.[175] Der Unterschied zu einer Kundenkarte besteht darin, daß der Karteninhaber eine Cobranding-Karte bei allen Akzeptanzstellen des Lizenzgebers einsetzen kann, während die Kundenkarte auf Verkaufsstellen des Kartenemittenten beschränkt ist.

---

[169] Vgl. AUMÜLLER, J., Neue Finanz-Service-Konzeptionen am Beispiel der Kreditkarte, S. 54; O. V., Eigenes Plastikgeld zahlt sich aus, S. 33 f.; WITTBRODT, E. J., Die Kundenkarte, S. 16 f.; MARKUS, M., Von der Rabatt- zur Kreditkarte, S. 36.

[170] Vgl. O. V., Eigenes Plastikgeld zahlt sich aus, S. 33; O. V., Bargeldloses Zahlen im Handel, S. 30; KOWALSKY, M., Zur Verbreitung von Kundenkarten des Einzelhandels, S. 30.

[171] Vgl. SCHMINKE, L. H., Kundenbindung durch Kreditkartensysteme, S. 129; WITTENBERG, J. H., Das Kreditkartengeschäft deutscher Banken, S. 49.

[172] Vgl. O. V., Credit and charge cards in Germany, S. 70.

[173] Vgl. SCHMINKE, L. H., Kundenbindung durch Kreditkartensysteme, S. 129.

[174] Vgl. O. V., Visa in Germany: Private Banks under Pressure, S. 14.

[175] Vgl. BUCHAL, D., Wettbewerb und Preispolitik im Kartengeschäft, S. 6; SCHMINKE, L. H., Kundenbindung durch Kreditkartensysteme, S. 129.

Für ein Unternehmen ist es nur lohnend, eine Cobranding-Karte herauszugeben, wenn es bereits einen relativ großen Kundenstamm besitzt. Zwischen den Leistungen der Karte und dem bisherigen Angebot des Unternehmens sollte ein enger Zusammenhang bestehen.[176] Denn der Kunde hat schon das bisherige Leistungsangebot des Unternehmens genutzt. Eine Cobranding-Karte ist daher für ihn zum einen wegen der Zahlungsfunktion und je nach Ausgestaltung der Karte wegen der Kreditfunktion attraktiv. Zum anderen bietet die Karte nützliche Zusatzleistungen, die sich aus dem Leistungsangebot des Kartenherausgebers ergeben. Z. B. sind mit der Karte von Mövenpick u. a. ein Gourmet Geschenk-Service, Kochkurse, Weinproben und Ermäßigungen in Mövenpick-Hotels verbunden.[177] Mit dem dieser Untersuchung zugrunde liegenden Lufthansa AirPlus-Kartendoppel Eurocard und Visa, das von Lufthansa AirPlus in Zusammenarbeit mit der Bayerischen Landesbank, der Deutschen Bank und der Dresdner Bank herausgegeben wird, kann der Karteninhaber z. B. das elektronische Ticket ETIX nutzen und genießt Wartelistenpriorität. Außerdem hat er Zutritt zu Lufthansa Lounges und erhält Ermäßigungen bei bestimmten Hotels und Mietwagenfirmen.[178]

Ist der Partner des Kreditinstituts eine gemeinnützige Organisation, ein Verband oder eine sonstige Vereinigung, handelt es sich bei der emittierten Kreditkarte um eine sogenannte Affinity-Karte.[179] Die Voraussetzung für den Erhalt dieser Karte ist in der Regel die Mitgliedschaft in der kartenausgebenden Vereinigung. Die Zusatzleistungen dieser Karte werden auf die Bedürfnisse der Mitglieder dieser Vereinigung zugeschnitten.[180] Beispiele für Affinity-Karten sind die Kreditkarten des ADAC und des DTB.

---

[176] Vgl. SCHMINKE, L. H., Kundenbindung durch Kreditkartensysteme, S. 129; METZLER, P., Cobranding mit einem dualen Konzept, S. 34 f.

[177] Vgl. SCHMINKE, L. H., Kundenbindung durch Kreditkartensysteme, S. 129 f.; WARDENBACH, H., Die nationale Aufholjagd, S. 176.

[178] Vgl. LUFTHANSA AIRPLUS, Ihr Service Guide, S. 7-20.

[179] Vgl. SCHÖCHLE, S., Kartengebundene Zahlungssysteme in Deutschland, S. 143.

[180] Vgl. SCHÖCHLE, S., Kartengebundene Zahlungssysteme in Deutschland, S. 143 f.

Neben der Cobranding-Karte und der Affinity-Karte gibt es noch die sogenannte Lifestyle-Karte, die sich an eine bestimmte Konsumentengruppe mit gleichen Interessen wendet. Lifestyle-Karten werden nicht in Kooperation mit einer Vereinigung herausgegeben, sondern allein vom Kreditinstitut bzw. der Kreditkartengesellschaft.[181] Im Unterschied zu der Affinity-Karte müssen die einzelnen Personen der Konsumentengruppe daher nicht Mitglieder einer bestimmten Vereinigung sein.[182] Zu den Lifestyle-Karten gehören z. B. die Visa-Jäger-Karte und die Visa-Golf-Karte. Mit einer solchen Karte sind für den Karteninhaber bestimmte Imagevorteile verbunden.[183]

212.33 *Lizenzgeber bzw. Kooperationspartner*

Die Eurocard und die Visa-Karte werden nicht direkt von der Eurocard- bzw. der Visa-Organisation emittiert. Die beiden Organisationen schließen vielmehr Lizenz- bzw. Kooperationsverträge mit Kreditinstituten, die dann ihren Kunden eigenverantwortlich Kreditkarten mit dem Eurocard- oder Visa-Logo neben ihrem eigenen Logo anbieten können.[184]

Die Eurocard wurde erstmalig 1964 ausgegeben. Ihrer Einführung lag eine Initiative des britischen Hoteliers Sir Hugh Wontner und des schwedischen Bankiers Wallenberg zugrunde, die in Zusammenarbeit mit dem europäischen Hotel- und Gastronomiegewerbe und den europäischen Kreditinstituten ein Zahlungsinstrument für den europäischen Raum anbieten wollten. Zuerst in Skandinavien und danach auch in anderen eu-

---

[181] Vgl. WITTENBERG, J. H., Das Kreditkartengeschäft deutscher Banken, S. 50.

[182] Vgl. SCHÖCHLE, S., Kartengebundene Zahlungssysteme in Deutschland, S. 145 f. Lifestyle-Karten werden auch als Sonderform der Affinity-Karten eingeordnet, vgl. SCHMINKE, L. H., Kundenbindung durch Kreditkartensysteme, S. 129.

[183] Vgl. SCHMINKE, L. H., Kundenbindung durch Kreditkartensysteme, S. 129; STROHMAYR, W., Zwei Karten in einer Hand, S. 182.

[184] Vgl. Abschnitt 212.32.

ropäischen Ländern entstanden nationale Eurocard-Gesellschaften.[185] Die internationale Koordinierungsstelle dieser Gesellschaften ist Eurocard International in Brüssel.[186] In Deutschland wurde 1976 die Eurocard GmbH gegründet, die 1982 mit der deutschen eurocheque-Zentrale zur GZS Gesellschaft für Zahlungssysteme verschmolzen wurde.[187] Bis 1989 war die GZS alleiniger Emittent der Eurocard. Als Vertriebskanal der Eurocard fungierten Kreditinstitute, die Kreditkartenkunden an die GZS vermittelten. Seit dem 15.02.1989 können die Kreditinstitute die Eurocard wirtschaftlich eigenverantwortlich (Kooperationsmodell)[188] und seit dem 01.01.1991 auch in rechtlicher Eigenverantwortung als Unterlizenznehmer emittieren.[189] Beim Kooperationsmodell werden die Kreditkartenkonten bei der Kartenorganisation geführt, beim Lizenzmodell bei der ausgebenden Bank. Die Kreditinstitute können heute zwischen beiden Modellen wählen.[190] Das Bonitätsrisiko tragen bei beiden Modellen die Kreditinstitute.[191] 1997 wurde die Euro Kartensysteme Eurocard und eurocheque GmbH gegründet, die rechtlich die Nachfolgegesellschaft der alten GZS ist. Gesellschafter der Euro Kartensysteme sind die Sparkassen und Privatbanken zu jeweils 40 Prozent und der genossenschaftliche Finanzverbund zu 20 Prozent. Die Euro Kartensysteme hat alle Aufgaben im Zusammenhang mit den Zahlungssystemen Eurocard und eurocheque übernommen.[192] Sie ist damit auch der exklusive Lizenznehmer der Marken Euro-

---

[185] Vgl. JUDT, E./KSCHWENDT-MICHEL, A., Kreditkarten-Marketing am Beispiel Eurocard, S. 381; JUDT, E., Kreditkarten - weltweites Zahlungsmittel, S. 39; vgl. auch WELLER, M., Das Kreditkartenverfahren, S. 16.

[186] Vgl. WITTENBERG, J. H., Das Kreditkartengeschäft deutscher Banken, S. 75.

[187] Vgl. BÖSEL, F., Zahlungsinstrumente der privaten Kunden heute und morgen, S. 16; EUROCARD/MASTERCARD, EUROCARD/Master-Card - Deutschlands meiste Kreditkarte, S. 1.

[188] Vgl. EURO KARTENSYSTEME, Geschäftsbericht 1997, S. 17.

[189] Vgl. BUCHAL, D., Wettbewerb und Preispolitik im Kartengeschäft, S. 4; NIKLASCH, H.-W., Ein Stück Plastik erobert den Markt, S. 15 f. Vgl. auch HUMPERT, A., Nationaler Zahlungsverkehr, S. 622.

[190] Vgl. EURO KARTENSYSTEME, Geschäftsbericht 1997, S. 17.

[191] Vgl. WITTENBERG, J. H., Das Kreditkartengeschäft deutscher Banken, S. 353, 356.

[192] Vgl. EURO KARTENSYSTEME, Geschäftsbericht 1997, S. 8.

card/MasterCard in Deutschland. Zur Zeit hat sie in Deutschland an über 3.500 Kreditinstitute Unterlizenzen ausgegeben.[193] Die ebenfalls 1997 auf dem Wege der Abspaltung neu gegründete GZS Gesellschaft für Zahlungssysteme mbH ist nun als reines Processing-Unternehmen[194] tätig.[195]

Visa International ist eine Organisation von zur Zeit weltweit über 21.000 Kreditinstituten, die berechtigt sind, Visa-Karten zu emittieren.[196] Ab 1958 wurde von der Bank of America in den USA die Vorläuferin der heutigen Visa-Karte, die BankAmericard, emittiert. Ab 1966 vergab die Bank of America Lizenzen zur Ausgabe ihrer Kreditkarte an andere Kreditinstitute inner- und außerhalb der USA. Das Kreditkartengeschäft wurde 1970 national und 1974 international unter dem Namen Ibanco verselbständigt. 1977 wurde der Name Visa für diese Kreditkarte eingeführt.[197]

In Deutschland wurden von 1981 bis 1987 Visa-Karten nur durch die Bank of America ausgegeben. Deren Kartenportefeuille wurde im April 1987 von der Banco Santander S. A. (jetzt Santander Direkt Bank AG) übernommen. Ebenfalls 1987 trat die CC-Bank der Visa-Organisation bei. 1988 folgten die KKB Bank (jetzt Citibank Privatkunden AG) und die Noris Verbraucherbank GmbH, 1992 die Postbank und 1995 der Deutsche Sparkassen- und Giroverband.[198] Inzwischen sind in Deutschland über 1.900 Kreditinstitute Visa-Mitglied.

Eine Visa-Mitgliedschaft ist in drei Formen möglich, als Principal (Hauptmitglied), als Associate (außerordentliches Mitglied) oder als Participant (Assistenzmitglied). Principals können nur Kreditinstitute oder eingetragene oder nicht eingetragene Vereine

---

[193] Vgl. EUROCARD/MasterCard, Das Lizenzmanagement, S. 1.

[194] Zum Processing vgl. Abschnitt 212.34.

[195] Vgl. EURO KARTENSYSTEME, Geschäftsbericht 1997, S. 8; GZS GESELLSCHAFT FÜR ZAHLUNGSSYSTEME, Geschäftsbericht 1997, S. 4.

[196] Vgl. VISA, Visa in Kürze, S. 2.

[197] Vgl. JUDT, E., Der US-Kreditkartenmarkt im Überblick, S. 14.

[198] Vgl. VISA, Visa in Kürze, S. 2 f.; zur Mitgliedschaft der CC-Bank vgl. O. V., Was macht die CC-Bank im Visa-Kartengeschäft?, S. 10-13.

werden, deren Mitglieder nur Kreditinstitute sind. Das Hauptmitglied ist berechtigt, Kreditkarten zu emittieren und das Karten- und Vertragshändlergeschäft abzuwickeln. Wer Associate oder Participant werden möchte, benötigt die Bürgschaft eines Principals und wird damit zu einem Unterlizenznehmer.[199]

Die Visa-Organisation hat ihr Kartengeschäft weltweit in die sechs Regionen Europäische Union, Asien/Pazifischer Raum, Kanada, Mittel-/ Osteuropa/Naher Osten/Afrika, Lateinamerika und USA aufgeteilt. Jede Region hat einen Verwaltungsrat, der aus Vorstandsmitgliedern von Mitgliedsinstituten besteht. Aus den sechs regionalen Verwaltungsräten werden die Mitglieder des internationalen Verwaltungsrates bestimmt, der die globale Strategie von Visa International vorgibt.

212.34 Processinggesellschaften

Processing umfaßt im Kreditkartengeschäft zum einen die Bearbeitung der von den kartenakzeptierenden Handels- und Dienstleistungsunternehmen eingereichten Transaktionsdaten.[200] Dabei werden beim sogenannten Clearing die Umsätze sortiert und zu Verbindlichkeiten bzw. Forderungen der verschiedenen Kooperationspartner zusammengefaßt. Im anschließenden Settlement werden die nötigen Zahlungen veranlaßt.[201]

Weiterhin gehört zu den Aufgaben eines Processors die Bereitstellung des Autorisierungsdienstes für die Kreditkartenumsätze. Außerdem erstellt der Processor die Abrechnungen für den Karteninhaber und bearbeitet Reklamationen. Auch für die Kartenproduktion kann die Processinggesellschaft verantwortlich sein.

Im Zusammenhang mit den genannten Aufgaben kümmert sich der Processor um die Sicherheit des Kartenverkehrs.[202] Dazu wird zum einen die Kreditkarte so gestaltet, daß sie möglichst nicht gefälscht oder manipuliert werden kann und zum anderen werden

---

[199] Vgl. STROHMAYR, W., Zwei Karten in einer Hand, S. 184.

[200] Vgl. BUCHAL, D., Die GZS - Marktführer im Kreditkarten-Processing, S. 317.

[201] Vgl. JUDT, E., Kreditkarten - weltweites Zahlungsmittel, S. 41.

[202] Vgl. BUCHAL, D., Die GZS - Marktführer im Kreditkarten-Processing, S. 317 f.

Systeme eingesetzt, die eine mißbräuchliche Kartennutzung frühzeitig erkennen sollen.[203] Die Processing-Gesellschaft betreut die Vertragsunternehmen, stellt POS-Terminals bereit, übernimmt deren Wartung[204] und stellt das Netz zur Datenübertragung zur Verfügung.[205] Aufgaben, die die Processing-Gesellschaft für die Kartenherausgeber (Issuer) erfüllt, werden als Issuing Processing bezeichnet. Das Acquiring Processing umfaßt die Abrechnung der Umsätze bei den Vertragsunternehmen.[206] Allerdings bietet nicht jede Processing-Gesellschaft alle der genannten Leistungen an. Abhängig von den angebotenen Leistungen werden Processing-Gesellschaften auch als Acquirer oder Netzbetreiber bezeichnet.

Ob ein Kartenemittent die Leistungen eines externen Processors (third-party-processor) in Anspruch nimmt und in welchem Umfang, kommt auf die Präferenzen und Möglichkeiten des einzelnen Kartenemittenten an.[207] Kreditkartengesellschaften übernehmen in der Regel die Abwicklung ihrer Karten selbst, während Kreditinstitute oft auf externe Anbieter von Processingleistungen zurückgreifen.

Processing-Gesellschaften in Deutschland sind z. B. die Gesellschaft für Zahlungssysteme mbH (GZS) und die B+S Card Service GmbH (B+S).[208] Die GZS ist seit 1997 ein reines Processing-Unternehmen, während sie zuvor noch Lizenzen für Eurocard ausgab. 1997 wickelte die GZS mit 6,5 Mio. Eurocards über 80 Prozent des Eurocard-Bestandes und mit 0,357 Mio. Visa-Karten sieben Prozent des Visa-Kartenbestandes in Deutschland ab.[209] Diese Dominanz bei Eurocard resultiert daraus, daß die GZS bis

---

[203] Vgl. O. V., Kreditkarte als Marketinginstrument, S. 2; O. V., GZS setzt auf Prävention bei Kampf gegen Kartenmißbrauch, S. 5.
[204] Vgl. RÖSNER, D., Ohne Bargeld in die Zukunft?, S. 11.
[205] Vgl. WITTENBERG, J. H., Das Kreditkartengeschäft deutscher Banken, S. 64.
[206] Vgl. GZS GESELLSCHAFT FÜR ZAHLUNGSSYSTEME, Profil, S. 1 f.
[207] Vgl. HENDRIKX, J. A. M., Grundlageninformationen zum Banking mit Zahlungskarten, S. 35.
[208] Vgl. RÖSNER, D., Ohne Bargeld in die Zukunft?, S. 10; O. V., B+S Card Service wächst mit den Kunden, S. 38.
[209] Vgl. GZS GESELLSCHAFT FÜR ZAHLUNGSSYSTEME, Geschäftsbericht 1997, S. 13.

1991 alleiniger Herausgeber und Abwickler von Eurocards war. Die B+S wickelt traditionell das Visa-Geschäft ab und übernimmt seit Anfang 1996 auch das Processing von Eurocards.[210] Mit dem Angebot, sowohl Eurocards als auch Visa-Karten abzuwickeln, passen sich beide Processing-Unternehmen der Entwicklung an, daß viele Kartenemittenten ihren Kunden ein Kartendoppel Eurocard und Visa-Karte anbieten.[211]

212.35 Kartenakzeptanten

Kartenakzeptanten sind Handels- und Dienstleistungsunternehmen, bei denen der Kreditkarteninhaber mit seiner Kreditkarte bargeldlos zahlen kann. Der Kartenakzeptant hat mit dem Kartenemittenten oder dem Lizenzgeber einen Vertrag geschlossen, aufgrund dessen das Handels- oder Dienstleistungsunternehmen die Kreditkarten des Kartenemittenten oder Lizenzgebers als Zahlungsmittel akzeptiert. Daher werden die Kartenakzeptanten auch als Vertragsunternehmen bezeichnet. Die mit der Kreditkarte getätigten Umsätze werden dem Vertragsunternehmen von dem Kartenemittenten ersetzt. Dabei behält der Kartenemittent ein Disagio ein, das heutzutage ca. 2,5 Prozent, bei Tankstellen weniger als ein Prozent vom getätigten Umsatz beträgt.[212]

Mit der Akzeptanz von Kreditkarten sind für das Vertragsunternehmen folgende Vorteile verbunden:

1) **Zusätzlicher Kundenservice als Wettbewerbsvorteil gegenüber der Konkurrenz**

   Eine im Frühjahr 1995 von Europay International durchgeführte Umfrage ergab, daß 66 Prozent der deutschen Verbraucher lieber mit Karte als mit Bargeld zahlen.[213] Nach einer 1995 von der Unternehmensberatung Roland Berger erstellten

---

[210] Vgl. O. V., B+S Card Service wächst mit den Kunden, S. 38.

[211] Vgl. BUCHAL, D., Die GZS - Marktführer im Kreditkarten-Processing, S. 318; zur Strategie, zwei Kreditkarten anzubieten, vgl. REHM, H., Strategische Überlegungen zum Kartengeschäft der Sparkassenorganisation, S. 549; STROHMAYR, W., Zwei Karten in einer Hand, S. 182 und 185.

[212] Vgl. STAUDTE, W., Akzeptanz wächst, S. 64.

[213] Vgl. RÖSNER, D., Ohne Bargeld in die Zukunft, S. 8.

Studie, würde jeder dritte Kunde Geschäfte meiden, in denen seine Kreditkarte nicht akzeptiert wird.[214] Ebenso ergab eine Emnid-Befragung, daß jeder dritte Karteninhaber nur in Geschäften einkauft, in denen er mit seiner Kreditkarte bezahlen kann.[215] 1997 hat die GfK Gesellschaft für Konsumforschung im Auftrag der Euro Kartensysteme eine Marktstudie in der Textilbranche erstellt, wonach 43 Prozent der Eurocard-Inhaber ein Geschäft, in denen ihre Karte nicht akzeptiert wird, seltener aufsuchen würden. Fünf Prozent würden in diesem Geschäft gar nicht mehr einkaufen.[216] Die Kartenakzeptanz ist also ein Service gegenüber Kunden, die mit ihrer Kreditkarte ständig zahlungsfähig sind, wodurch zusätzliche Kundenpotentiale erschlossen und damit Umsatzsteigerungen realisiert werden können.[217]

2) **Umsatzsteigerungen durch Spontankäufe**

Kreditkartenunternehmen führen als Argument für eine Akzeptanz von Kreditkarten im Handel an, daß bei Karteninhabern die Schwelle der Kaufzurückhaltung schneller überwunden wird.[218] Laut einer Untersuchung des Deutschen Industrie- und Handelstages neigen 98 Prozent aller Kunden mit Kreditkarten zu Spontan- und Zusatzeinkäufen, da sie nicht daran gebunden sind, daß sie ausreichend Bargeld oder genügend Scheckformulare dabei haben.[219]

---

[214] Vgl. RÖSNER, D., Ohne Bargeld in die Zukunft, S. 8; STAUDTE, W., Akzeptanz wächst, S. 64

[215] Vgl. STAUDTE, W., Akzeptanz wächst, S. 64. Für Debitkarten ergab eine vom Lehrstuhl für Bankbetriebslehre II der Universität Mannheim bereits 1987 durchgeführte Befragung von Bankexperten, daß eine erhebliche Verlagerung von Umsätzen zu Einzelhandelsunternehmen erwartet wird, die ihren Kunden die Möglichkeit bieten, bargeldlos mit der Karte zu zahlen, vgl. GERKE, W./OEHLER, A., Nutzen des Point of Sale-Banking für den Handel, S. 161.

[216] Vgl. EURO KARTENSYSTEME, Geschäftsbericht 1997, S. 23.

[217] Vgl. JUDT, E., Marketing im Zahlungsverkehr - am Beispiel Kreditkarte, S. 37.

[218] Vgl. O. V., Der bargeldlose Einkauf - eine Zukunft im Handel hat begonnen, S. 16.

3) **Umsatzsteigerungen durch ausländische Karteninhaber**

Für Touristen oder Geschäftsleute sind Kreditkarten oft das bequemste Zahlungsmittel. Mit der Kartenakzeptanz kann sich ein Unternehmen diesen Kundenkreis erschließen.[220] So sind auch die meisten Akzeptanzstellen zuerst in der Tourismus- bzw. Reisebranche entstanden.[221]

4) **Beschleunigung des Zahlungsvorganges**

Mit modernen Kassenterminals und schnellen Autorisierungsverfahren kann die Kartenzahlung zeitsparend abgeschlossen werden. Die Herausgabe von Wechselgeld und der Umgang mit Schecks entfällt.[222] Dies wird insbesondere in der Anfangsphase des Euro Bargeldumlaufes von Bedeutung sein, da es dann zu Engpässen bei der Wechselgeldrückgabe kommen kann.[223]

5) **Erhöhte Sicherheit**

Durch den verringerten Bargeldbestand werden Geschäfte für Kriminelle weniger attraktiv. Dies ist ein Grund, warum die Tankstellen mit die ersten waren, die in großem Umfang Kreditkarten akzeptierten. Auch Schäden durch Falschgeld werden mit der Kreditkarte vermieden. Dies ist ein Grund, warum in den USA Händler auch bei kleineren Beträgen die Kartenzahlung dem Bargeld vorziehen. Bei Kreditkartenmißbrauch trägt hingegen nicht der Händler sondern die Kartengesellschaft den Schaden, sofern der Umsatz autorisiert wurde.[224]

---

[219] Vgl. STAUDTE, W., Akzeptanz wächst, S. 65.

[220] Vgl. STAUDTE, W., Akzeptanz wächst, S. 65.

[221] Vgl. JUDT, E., Eurocard/MasterCard: Fakten und Daten, S. 653.

[222] Vgl. DÜNISCH, A./WACKER, L., Zu Schecks und Bargeld sinnvolle Ergänzung, S. 169.

[223] Vgl. RODEWALD, B., Die Entwicklung der Zahlungsverkehrsprodukte der deutschen Kreditwirtschaft vor dem Hintergrund der Euro-Währung, S. 630.

[224] Vgl. RÖSNER, D., Ohne Bargeld in die Zukunft, S. 11.

Die Zahl der Akzeptanzstellen von Kreditkarten in Deutschland ist in den letzten Jahren ständig gestiegen. Abbildung 4 zeigt diese Entwicklung für die vier Kreditkarten Eurocard/Mastercard, Visa, American Express und Diners Club.

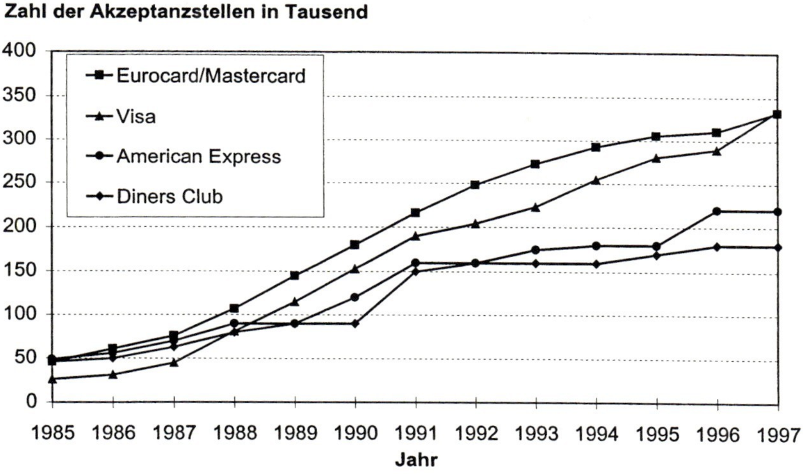

Zahl der Akzeptanzstellen in Tausend

Abb. 4: Zahl der Akzeptanzstellen von Kreditkarten in Deutschland[225]

212.36 Kreditkarteninhaber

Ende der achtziger Jahre war ein deutlicher Anstieg der Kreditkarteninhaber in Deutschland zu beobachten. Diese Entwicklung hat sich bis heute fortgesetzt. Insbesondere Eurocard und Visa haben große Zuwächse zu verzeichnen, während die Zahl der Karteninhaber bei American Express und Diners in den letzten Jahren relativ konstant geblieben ist. In Abbildung 5 ist die Entwicklung der Zahl der Karteninhaber in Deutschland für Eurocard/Mastercard, Visa, American Express und Diners grafisch dargestellt.

---

[225] Die der Grafik zugrundeliegenden Daten sind entnommen aus EUROCARD/MASTERCARD, Entwicklung des Kreditkartenmarktes in Deutschland, S. 2.

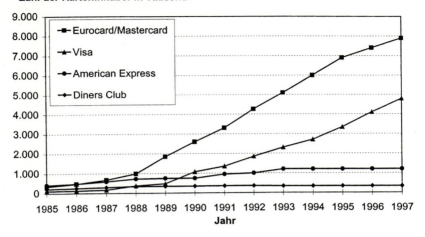

Abb. 5: Zahl der Kreditkarteninhaber in Deutschland[226]

Eine Kreditkarte kann jeder bekommen, der die Aufnahmekriterien des jeweiligen Kartenemittenten erfüllt. Dies sind zum einen die Bonitätskriterien, die ein Kartenemittent bei seinen Antragstellern prüft.[227] Ein Bonitätskriterium kann z. B. das Einkommen des Antragstellers sein. Davon hängt oft ab, ob ein Verbraucher eine Kreditkarte bekommt, welche Karte er aus dem Angebot des Kartenemittenten erhält (Normalkarte oder Premierkarte) und wie diese Karte individuell ausgestaltet ist (z. B. Höhe des Limits). Neben dem Einkommen sind für den Kartenemittenten in der Regel noch andere Merkmale des Antragstellers für die Beurteilung seiner Bonität von Bedeutung, z. B. Beruf, Familienstand, laufende Kredite oder der Besitz weiterer Karten.[228] Wie Bonitätskriterien objektiv ausgewählt, gewichtet und zu einem Bonitätsin-

---

[226] Die der Grafik zugrundeliegenden Daten sind entnommen aus EUROCARD/MASTERCARD, Entwicklung des Kreditkartenmarktes in Deutschland, S. 1.

[227] Zur Problematik der Bonitätsprüfung im Kreditkartengeschäft vgl. Abschnitt 23.

dex zusammengefaßt werden können, wird in Abschnitt 3 der vorliegenden Arbeit beschrieben.

Bei Cobranding-Karten und Affinity-Karten kommt zu den Bonitätsmerkmalen noch die Voraussetzung hinzu, daß der Karteninhaber Kunde des Kartenemittenten sein oder einer bestimmten Vereinigung angehören muß.

Für den Karteninhaber sind mit seiner Kreditkarte folgende Vorteile verbunden:

- bequeme Zahlung ohne Bargeld, nur mit Karte und Unterschrift,[229]
- weltweite Zahlung, unabhängig von ausländischen Währungen,[230] teilweise Wechselkursvorteile,[231]
- geringe Haftung bei Verlust der Karte,[232]
- Zahlung nicht sofort, sondern erst zum Monatsende,
- bei Kreditkarten i. e. S Möglichkeit der Inanspruchnahme eines Konsumentenkredits,
- Möglichkeit der Bargeldbeschaffung,
- Möglichkeit der Inanspruchnahme diverser Zusatzleistungen abhängig vom Kartenemittenten (z. B. Versicherungen, Vergünstigungen, Serviceleistungen) und
- Prestige, insbesondere bei Kreditkarten für einen gehobenen Kundenkreis oder bei Cobranding, Affinity und Lifestyle-Karten.

Für die Kreditkarte zahlt der Karteninhaber in der Regel eine Jahresgebühr an den Kartenemittenten, die je nach Ausgestaltung der Karte und der angesprochenen Ziel-

---

[228] So kann der Besitz weiterer Kreditkarten i. e. S. die Gefahr bergen, daß sich der Kunde bei mehreren Kartenemittenten verschuldet, vgl. IMHOF, P., Kreditkartenwirrwarr in Amerika, S. 336. Allerdings kann der Besitz vieler Karten auch auf eine gute Bonität deuten, vgl. SCHMINKE, L. H., Kundenbindung durch Kreditkartensysteme, S. 127.

[229] Vgl. JUDT, E., Marketing im Zahlungsverkehr - am Beispiel Kreditkarte, S. 159.

[230] Vgl. WEIL, F., Nicht nur Zahlungsmittel, S. 33; JUDT, E./KSCHWENDT-MICHEL, A., Kreditkarten-Marketing am Beispiel Eurocard, S. 384; GOLLNIK, R., Kredit- und Kundenkarten im Geschäftsreiseverkehr, S. 311.

[231] Vgl. O. V., 35 Kreditkarten im Vergleich, S. 91.

[232] Vgl. GOLLNIK, R. Kredit- und Kundenkarten im Geschäftsreiseverkehr, S. 311.

gruppe variiert. Ist die Karte z. B. mit einer Kreditfunktion ausgestattet, erzielt der Kartenemittent auch Zinserträge. Die Jahresgebühr kann daher niedriger ausfallen.[233] Die Jahresgebühr für eine Karte des gehobenen Kundensegments ist i. d. R. höher als für eine Normalkarte, da an erstere mehr Zusatzleistungen geknüpft sind. Bei den Lufthansa AirPlus Karten ist indes die Jahresgebühr für die Vielflieger geringer als für die Basiskunden. Kunden mit einer Lufthansa Senator Karte zahlen gar keine Jahresgebühr, da die Lufthansa AG diese Gebühr übernimmt.

212.4 Organisationsformen von Kreditkartengeschäften

An einem Kreditkartengeschäft sind zwei, drei oder mehr Parteien beteiligt. Daher können die drei Organisationsformen von Kreditkartengeschäften Zwei-Parteien-System, Drei-Parteien-System und Mehr-Parteien-System unterschieden werden,[234] wie die Abbildung 6 zeigt.

Abb. 6:   Organisationsformen von Kreditkartengeschäften

Bei einem **Zwei-Parteien-System** ist der Kartenemittent zugleich Kartenakzeptant. Dies ist bei Kundenkreditkarten der Fall, mit denen der Karteninhaber nur die Leistungen des Kartenemittenten in Anspruch nehmen kann.[235]

---

[233] Vgl. JUDT, E., Marketing im Zahlungsverkehr - am Beispiel Kreditkarte, S. 36.
[234] Vgl. RAAB, G., Kartengestützte Zahlungssysteme und Konsumentenverhalten, S. 36.
[235] Vgl. HAMMANN, H./STOLTENBERG, U., Sind Kreditkartengeschäfte Bankgeschäfte? I, S. 617; JUNKER, C., Rechtsbeziehungen im Kreditkartengeschäft, S. 1461; vgl. zu Handelsunternehmen als Kreditkartenemittenten Abschnitt 212.32.

An einem Kreditkartengeschäft im **Drei-Parteien-System** sind der Kartenemittent, der Karteninhaber und der Kartenakzeptant beteiligt.[236] Der Kartenemittent gibt die Kreditkarte an den Karteninhaber für eine jährliche Gebühr heraus. Der Karteninhaber ist mit dieser Karte berechtigt, Leistungen des Kartenakzeptanten in Anspruch zu nehmen, ohne diese bar zu bezahlen. Der Kartenakzeptant reicht den Beleg der Transaktion bei dem Kartenemittenten ein und erhält von diesem den umgesetzten Betrag abzüglich eines Disagios.[237] Kartenemittent und Kartenakzeptant fallen hier also im Gegensatz zum Zwei-Parteien-Verfahren auseinander. Der Karteninhabers begleicht seine Umsätze mit der Kreditkarte meist einmal monatlich beim Kartenemittenten. Im Drei-Parteien-System werden in der Regel Kreditkartengeschäfte abgeschlossen, bei denen der Kartenemittent eine Kartenorganisation ist, die auch das Processing der von ihr herausgegebenen Karten übernimmt (z. B. American Express).

Bei einem **Mehr-Parteien-System** tritt zu dem Kartenemittenten, dem Karteninhaber und dem Kartenakzeptanten noch ein Lizenzgeber, eine Processinggesellschaft und/oder bei Umsätzen des Karteninhabers im Ausland eine ausländische Kreditkartengesellschaft, mit der das ausländische Unternehmen einen Vertrag über die Akzeptanz von Kreditkarten geschlossen hat.[238] Bei den in Deutschland von Kreditinstituten herausgegebenen Eurocards und Visa-Karten handelt es sich um Karten in einem Mehr-Parteien-System. Denn die Kreditinstitute haben die Lizenz zur Ausgabe dieser Karten von einem Lizenzgeber erworben und zudem in der Regel auch das Processing an externe Unternehmen vergeben.

Bei Umsätzen im Ausland sind die am Kreditkartengeschäft beteiligten Parteien - ohne Berücksichtigung von Lizenzgebern und Processing-Gesellschaften - die inländische Kreditkartengesellschaft, mit der der Karteninhaber seinen Vertrag geschlossen hat, der Karteninhaber, der ausländische Kartenakzeptant und die ausländische Kreditkar-

---

[236] Vgl. JUDT, E., Kreditkarten - weltweites Zahlungsmittel, S. 41; HAMMANN, H., Die Universalkreditkarte, S. 22.

[237] Vgl. SALJE, P., Wettbewerbsprobleme im Kreditkartengeschäft, S. 808.

[238] Vgl. HÄDE, U., Die Zahlung mit Kredit- und Scheckkarten, S. 34.

tengesellschaft, mit der der ausländische Kartenakzeptant seinen Vertrag geschlossen hat.[239] Das Disagio muß der ausländische Kartenakzeptant an seinen Vertragspartner, die ausländische Kreditkartengesellschaft zahlen. Diese zahlt an die inländische Kreditkartengesellschaft eine interne Verrechnungsgebühr, die sogenannte Interchange Fee.[240]

22   Risiken des Kreditkartengeschäftes

Ein Kreditkartenemittent erwirtschaftet mit der Ausgabe von Kreditkarten Erträge durch die vom Karteninhaber zu entrichtende Jahresgebühr für die Kreditkarte, die ebenfalls vom Karteninhaber zu zahlenden Kreditzinsen bei einer Kreditkarte i. e. S. und das vom Kartenakzeptanten zu tragende Disagio, das der Kartenemittent von den Umsätzen des Karteninhabers einbehält.[241] Die Gegenleistung des Kartenemittenten für diese Erträge ist, daß er die Forderung des Kartenakzeptanten gegenüber dem Karteninhaber begleicht und dem Karteninhaber den Betrag erst am Ende einer bestimmten Periode in Rechnung stellt. Das Risiko des Kreditkartengeschäftes besteht für den Kartenemittenten darin, daß er die Jahresgebühr, die Kreditzinsen und die vorgeleisteten Umsatzzahlungen nicht oder nicht rechtzeitig erhält. Dieses Risiko läßt sich in drei Einzelrisiken unterteilen,[242] wie Abbildung 7 zeigt.

---

[239] Vgl. ETZKORN, J., Rechtsfragen bei Zahlung mit Kreditkarte, S. 28, 31.

[240] Vgl. JUDT, E., Marketing im Zahlungsverkehr - am Beispiel Kreditkarte, S. 36; TERRAHE, J., Kreditkarte als Schlüssel zum Kunden, S. 190.

[241] Vgl. BUCHAL, D., Wettbewerb und Preispolitik im Kartengeschäft, S. 6; JUDT, E., Marketing im Zahlungsverkehr - am Beispiel Kreditkarte, S. 36.

[242] Vgl. JUDT, E./KSCHWENDT-MICHEL, A., Kreditkarten-Autorisierung am Beispiel Eurocard, S. 234; JUDT, E./BÖDENAUER, W., Kreditkarten-Risikopolitik aus der Sicht eines Emittenten, S. 947 f.

Abb. 7: Risiken im Kreditkartengeschäft

1) Bonitätsrisiko

Das Bonitätsrisiko besteht darin, daß der rechtmäßige Karteninhaber zahlungsunfähig wird oder zahlungsunwillig ist und deswegen seinen Zahlungsverpflichtungen nicht nachkommt.[243] Dieses Risiko wird auch als Ausfallrisiko oder Verlustrisiko bezeichnet und umfaßt sowohl die Gefahr der verspäteten Zahlung als auch die Gefahr der nur teilweisen Zahlung oder des völligen Zahlungsausfalls.[244] Davon abweichend wird auch als Ausfallrisiko oder Verlustrisiko nur das Risiko des teilweisen oder vollständigen Zahlungsausfalls bezeichnet und das Risiko der verspäteten Zahlung mit dem Begriff Liquiditätsrisiko beschrieben. Beide Risiken gehören zu den Kreditrisiken und ergeben zusammen das Bonitätsrisiko.[245] Ein weiterer Systematisierungsansatz ordnet das Bonitätsrisiko, als Risiko der dauernden Zahlungsunfähigkeit oder Zahlungsunwilligkeit des Schuldners, den Kreditrisiken und das Terminrisiko, als Risiko der verspä-

---

[243] Vgl. JUDT, E./KSCHWENDT-MICHEL, A., Kreditkarten-Operations am Beispiel Eurocard, S. 293; JUDT, E./BÖDENAUER, W., Kreditkarten-Risikopolitik aus der Sicht eines Emittenten, S. 947; SOURCE, Elektronische Zahlungssysteme in Deutschland, S. 38. Dieser Tatbestand wird auch als Mißbrauch des berechtigten Karteninhabers bezeichnet, sofern der Karteninhaber wußte, daß er die mit der Kreditkarte getätigten Umsätze nicht zurückzahlen kann; vgl. dazu DEIDER, G., Mißbrauch von Scheckkarte und Kreditkarte durch den berechtigten Karteninhaber; BERNSAU, G., Der Scheck- oder Kreditkartenmißbrauch durch den berechtigten Karteninhaber, S. 1.

[244] Vgl. SCHIERENBECK, H., Ertragsorientiertes Bankmanagement, S. 213.

[245] Vgl. WÄCHTERSHÄUSER, M., Kreditrisiko und Kreditentscheidung im Bankbetrieb, S. 70-73; STRACK, H., Beurteilung des Kreditrisikos, S. 23; SCHMOLL, A., Theorie und Praxis der Kreditprüfung, S. 5.

teten Zahlung, den Liquiditätsrisiken zu. Liquiditätsrisiken und Kreditrisiken stehen bei diesem Ansatz nebeneinander.[246]

In dieser Arbeit werden unter dem Bonitätsrisiko das Risiko der Zahlungsunfähigkeit, worunter zum einen das Risiko des teilweisen oder völligen Zahlungsausfalls und zum anderen das Risiko der verspäteten Zahlung gefaßt wird, und das Risiko der Zahlungsunwilligkeit verstanden.

Das Bonitätsrisiko kann reduziert werden, indem die Bonität eines Kreditkartenantragstellers sorgfältig geprüft wird (Antragsprüfung). Nur Antragsteller mit einer guten Bonitätsbeurteilung erhalten eine Kreditkarte. Auch die Bonität der bereits angenommenen Kunden muß regelmäßig erneut geprüft werden[247] (Kartenüberwachung), damit Bonitätsverschlechterungen rechtzeitig erkannt und Maßnahmen zur Verhinderung von Zahlungsausfällen, z. B. Sperren der Karte, eingeleitet werden können.

2) Mißbrauchsrisiko

Das Mißbrauchsrisiko besteht darin, daß ein unbefugter Dritter eine Kreditkarte einsetzt, die er z. B. durch Kartendiebstahl erlangt hat, oder daß er fremde Kartendaten bei Bestellungen verwendet.[248]

Dieses Risiko kann durch bestimmte Vorkehrungen des Kartenakzeptanten bei der Zahlung eines Kunden mit Kreditkarte verringert werden.[249] Dazu gehört die Prüfung, ob die Karte gültig ist, ob die Karte verändert wurde und ob die Karte auf einer Sperrliste[250] vermerkt ist. Außerdem muß der Kartenumsatz vom Kartenemittenten autorisiert werden, wenn das sogenannte Floor-Limit, d. h. der Betrag eines Einzelumsatzes,

---

[246] Vgl. BÜSCHGEN, H. E., Bankbetriebslehre, S. 924.

[247] Vgl. JUDT, E./KSCHWENDT-MICHEL, A., Kreditkarten-Operations am Beispiel Eurocard, S. 293.

[248] Vgl. JUDT, E./BÖDENAUER, W., Kreditkarten-Risikopolitik aus der Sicht eines Emittenten, S. 947; zu Kreditkartenbestellungen im Internet vgl. ALLMEIER, R., Geld ausgeben ohne Risiko, S. 24; SEIPP, P., Sichere (Internet-) Transaktionen mit SET, S. 461 f.

[249] Vgl. Abschnitt 212.11.

[250] Zur Sperrliste vgl. JUDT, E./KSCHWENDT-MICHEL, A., Kreditkarten-Autorisierung am Beispiel Eurocard, S. 234.

bis zu dem eine Autorisierung unterbleiben kann, überschritten wird.[251] Für Akzeptanzstellen, bei denen besonders häufig mißbräuchliche Umsätze auftreten, kann das Floor-Limit gesenkt werden.[252] Oder die Akzeptanzstellen können zur Online-Autorisierung aller Umsätze verpflichtet werden. Auch sollte der Kartenakzeptant immer prüfen, ob die Unterschrift des Kunden auf dem Leistungsbeleg mit der Unterschrift auf der Karte übereinstimmt.[253] Bei Kreditkarten, die mit einem Foto des Karteninhabers versehen sind, kann der Kartenakzeptant auch mit Hilfe des Fotos die Identität von Karteninhaber und Kartennutzer prüfen.[254] Neben diesen Prüfungen beim Zahlungsvorgang sollte der Kartenakzeptant Durchschläge von Transaktionsbelegen nicht achtlos wegwerfen, da mit den Daten auf diesen Belegen Karten gefälscht oder Bestellungen vorgenommen werden können.[255]

Auch der Karteninhaber ist gehalten, seine Karte sorgfältig aufzubewahren und niemandem seine PIN zu verraten. Bei Verlust der Karte sollte sofort der Kartenemittent benachrichtigt werden, damit die Karte gesperrt werden kann.

Außerdem werden beim Kartenemittenten oder Processor Systeme eingesetzt, die eine mißbräuchliche Kartnutzung anhand der Umsatzdaten einer Kreditkarte erkennen sollen. Diese Systeme vergleichen bei einer Autorisierungsanfrage die neue Transaktion mit dem Profil des Karteninhabers, das aus seinen bisherigen Transaktionen ermittelt wurde. Bei diesem Vergleich wird eine Mißbrauchswahr-scheinlichkeit für die

---

[251] Vgl. JUDT, E./KSCHWENDT-MICHEL, A., Kreditkarten-Autorisierung am Beispiel Eurocard, S. 234; JUDT, E./KONRATH, W., Automatisierte Kreditkarten-Autorisierung am Point-of-Sale, S. 347. Die Autorisierung dient natürlich auch dazu, Mißbrauch durch den berechtigten Karteninhaber zu vermeiden.

[252] Vgl. SANTOIEMMA, D., Sicherheit durch On-line-Autorisierung, S. 52; HEPP, H. M., Spitzentechnik gegen Kartenkriminalität, S. 23; RICHTER, B., Visa kämpft auf vielen Ebenen, S. 10.

[253] Vgl. SCHÖCHLE, S., Kartengebundene Zahlungssysteme in Deutschland, S. 279.

[254] Vgl. SHARMA, R., Kartenkriminalität: auch ein Wettbewerb der Emittenten, S. 28.

[255] Vgl. SCHÖCHLE, S., Kartengebundene Zahlungssysteme in Deutschland, S. 273.

neue Transaktion bestimmt.[256] Auch gegen Händlermanipulationen werden Systeme wie Künstliche Neuronale Netze eingesetzt.[257]

Um Mißbräuche mit Karten zu verhindern, die beim Versand an den Kunden auf dem Postweg abhanden gekommen sind, werden die Karten z. B. von verschiedenen Postämtern aus verschickt.[258] Außerdem können die Karten mit einem verzögerten Gütigab-Datum versehen und der Versand dem Kunden vorher angekündigt werden.[259] Eine andere Möglichkeit ist, den Kunden den Erhalt der Karte bestätigen zu lassen.[260]

3) **Fälschungsrisiko**

Das Fälschungsrisiko besteht darin, daß Kreditkartendoubletten angefertigt oder Originalkreditkarten verändert und mit diesen Kreditkarten Umsätze getätigt werden.[261]

Um diesem Problem zu begegnen, wird bereits bei der Kartenherstellung darauf geachtet, die Karte möglichst fälschungssicher zu machen.[262] Dazu wird die Karte z. B. mit einem Hologramm und einem Foto des Karteninhabers versehen. Außerdem werden bestimmte Beschriftungsverfahren, Drucktechniken, Druckfarben und Kartenmaterialien verwendet.[263]

---

[256] Vgl. MARTIN, L. E./KÜPFER, R. M., Künstliche Intelligenz: High-Tech Waffe gegen Kreditkartenbetrug, S. 19; O.V., Kreditkarte als Marketinginstrument, S. 2; O. V., GZS setzt auf Prävention bei Kampf gegen Karten-Mißbrauch, S. 5; HEPP, H. M., Prävention gegen Scheck- und Kreditkartenmißbrauch, S. 5; BURGMAIER, S./GUTOWSKI, K., Wie ein Scheunentor, S. 222.

[257] Vgl. RICHTER, B., Visa kämpft auf vielen Ebenen, S. 11 f.

[258] Vgl. BURGMAIER, S., Unendliche Geschichte, S. 175.

[259] Vgl. O. V., GZS setzt auf Prävention bei Kampf gegen Karten-Mißbrauch, S. 5.

[260] So bei der Diners Club Karte, vgl. DINERS CLUB INTERNATIONAL, Leistungen und Service, S. 5.

[261] Vgl. JUDT, E./BÖDENAUER, W., Kreditkarten-Risikopolitik aus der Sicht eines Emittenten, S. 947 f.

[262] Vgl. RICHTER, B., Visa kämpft auf vielen Ebenen, S. 10; O. V., GZS setzt auf Prävention bei Kampf gegen Karten-Mißbrauch, S. 5.

[263] Vgl. SCHÖCHLE, S., Kartengebundene Zahlungssysteme in Deutschland, S. 280 f.

Im folgenden wird nur das Bonitätsrisiko näher betrachtet, da Ziel dieser Arbeit ist, mit Hilfe der Künstlichen Neuronalen Netzanalyse Klassifikatoren zur Bonitätsbeurteilung von Kreditkartenkunden zu entwickeln.

23 Die Problematik der Bonitätsprüfung im Kreditkartengeschäft

231. Antragsprüfung

Das Ziel der Antragsprüfung ist es, nur an solche Kunden eine Kreditkarte zu vergeben, die künftig in der Lage sind, ihre Jahresgebühr und ihre regelmäßigen Umsatzabrechnungen bzw. bei Kreditkarten i. e. S. ihre Raten und Kreditzinsen pünktlich zu begleichen. Kunden, die ihren Zahlungsverpflichtungen voraussichtlich nicht nachkommen werden, also voraussichtlich zahlungsunfähig oder zahlungsunwillig sind, sollen erst gar nicht angenommen werden. Die Antragsprüfung muß also die Bonität[264] des Antragstellers einschätzen und auf dieser Grundlage entscheiden, ob er die beantragte Kreditkarte erhalten soll oder nicht.

Die Zahlungsunfähigkeit eines Privatkunden stellt sich so dar, daß der Kunde nicht in der Lage ist, seinen Zahlungsverpflichtungen aus der Nutzung der Kreditkarte aus seinem laufenden Einkommen fristgerecht zu begleichen. Dies ist dann der Fall, wenn sämtliche Ausgaben des Kunden, z. B. für Konsum, private Investitionen und Zins- und Tilgungsleistungen für andere Verbindlichkeiten, das Einkommen des Kunden übersteigen.[265] Dafür kann es unterschiedliche Ursachen geben, die im persönlichen und beruflichen Bereich des Kunden begründet liegen können. Z. B. kann der Kunde zahlungsunfähig werden, wenn zu hohen festen Belastungen durch Kreditzinsen noch weitere feste Belastungen durch Unterhaltszahlungen kommen oder wenn der Kunde seine Arbeitsstelle verliert. Das frei verfügbare Einkommen des Kunden wird auf diese Weise reduziert. Wenn er in einem solchen Fall seine sonstigen Ausgaben nicht ein-

---

[264] Vgl. zum Begriff des Bonitätsrisikos Abschnitt 22.
[265] Vgl. HAGENMÜLLER, K. F., Kreditwürdigkeitsprüfung, S. 1223.

schränkt, sondern die Kreditkarte für weitere Ausgaben nutzt, führt dies zur Zahlungsunfähigkeit.

Ereignisse wie die eben beschriebenen können mit der Antragsprüfung nicht vorhergesagt werden. Indes können Merkmale geprüft werden, die bei Eintreten dieser Ereignisse die Gefahr der Zahlungsunfähigkeit vergrößern. Z. B. muß bei einer Reduzierung des Einkommens nicht unbedingt die Zahlungsunfähigkeit folgen, wenn die Ausgaben ebenfalls reduziert werden können. Die Gefahr der Zahlungsunfähigkeit ist allerdings größer, wenn der Antragsteller hohe feste Belastungen hat oder bereits zum Zeitpunkt der Antragstellung bei anderen Institutionen in Zahlungsschwierigkeiten ist. Die Prüfung der Bonität eines Antragstellers dient nicht dazu, künftige Ereignisse vorherzusagen, sondern ein Urteil darüber abzugeben, wie gut der Antragsteller mit schwierigen künftigen Ereignissen fertig werden kann.[266] Je höher das mit dem Antragsteller verbundene Bonitätsrisiko ist, desto größer ist die Gefahr, daß der Antragsteller durch eine Änderung der derzeitigen Rahmenbedingungen zahlungsunfähig wird.

Mit der Bonitätsprüfung soll auch das Risiko der künftigen Zahlungsunwilligkeit geprüft werden. Dies dient dazu, die Zuverlässigkeit und Zahlungsmoral des Kunden einzuschätzen.

Die Bonität des Antragstellers kann in die personelle und die materielle Bonität unterteilt werden.[267] Die personelle Bonität wird von persönlichen Merkmalen des Antragstellers, seinem Beruf, seinem physischen Zustand[268], seinem sozialen Umfeld und seinem Auftreten im Zahlungsverkehr bzw. Kreditgeschäft beeinflußt.[269] Mit der personellen Bonität soll insbesondere beurteilt werden, wie zuverlässig und zahlungswillig

---

[266] Analog dazu auch die Aussagekraft der Bonitätsprüfung von Unternehmen, vgl. BAETGE, J./KRUSE, A./UTHOFF, C., Bonitätsklassifikationen von Unternehmen mit Neuronalen Netzen, S. 277.

[267] So für die Kreditwürdigkeit bei der Kreditvergabe durch Kreditinstitute an Privatkunden SCHNURR, C., Kreditwürdigkeitsprüfung mit Künstlichen Neuronalen Netzen, S. 23. Diese Einteilung gilt sowohl für die Antragsprüfung als auch für die Kartenüberwachung.

[268] Vgl. STRACK, H., Beurteilung des Kreditrisikos, S. 45.

[269] Ähnlich SCHNURR, C., Kreditwürdigkeitsprüfung mit Künstlichen Neuronalen Netzen, S. 25-30.

der Antragsteller ist.[270] In die personelle Bonität fließen auch Informationen über die Rahmenbedingungen ein, die derzeit für den Antragsteller gelten und die seine künftige Zahlungsfähigkeit beeinflussen. Die materielle Bonität wird nur von meßbaren wirtschaftlichen Größen, wie Einkommen oder Vermögen, bestimmt.[271] Die materielle Bonität gibt Auskunft darüber, ob der Antragsteller finanziell in der Lage ist, seinen Zahlungsverpflichtungen nachzukommen.[272] Abbildung 8 gibt eine Übersicht über die genannten Einflußfaktoren auf die personelle und die materielle Bonität.

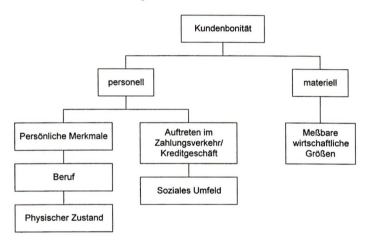

Abb. 8: *Einflußfaktoren auf die personelle und materielle Bonität.*

Um die Bonität des Antragstellers beurteilen zu können, benötigt die Antragsprüfung Informationen aus den in Abbildung 8 genannten Bereichen über den Antragsteller. Bei Privatkunden gibt es kein standardisiertes Informationsinstrument wie den Jahresabschluß bei Unternehmen. Auch kann nicht auf Finanzpläne oder Planungsrechnungen zurückgegriffen werden. Stattdessen müssen vorwiegend qualitative Informationen

---

[270] Vgl. FEULNER, W., Moderne Verfahren bei der Kreditwürdigkeitsprüfung im Konsumentenkreditgeschäft, S. 6; KIRSCHNER, M./VON STEIN, J. H., Bestimmungsfaktoren der Kreditgewährung, S. 362.

[271] Vgl. STRACK, H., Beurteilung des Kreditrisikos, S. 45.

[272] Vgl. HARTMANN-WENDELS, T./PFINGSTEN, A./WEBER, M., Bankbetriebslehre, S. 156.

über den Antragsteller zusammengetragen werden, die Schlüsse auf seine künftige Zahlungsfähigkeit und Zahlungswilligkeit zulassen.[273] Die in Abbildung 9 genannten Informationsquellen stehen grundsätzlich für die Antragsprüfung zur Verfügung.

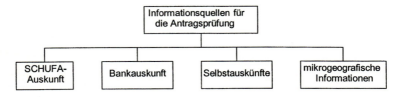

Abb. 9: Informationsquellen für die Antragsprüfung

1) SCHUFA-Auskunft[274]

SCHUFA ist die Abkürzung für die Schutzgemeinschaft für allgemeine Kreditsicherung. Die Aufgabe der Schufa ist es, Kreditgebern Informationen über Kreditnehmer zur Verfügung zu stellen, um das Konsumentenkreditgeschäft abzusichern.[275] Kreditgeber sollen vor Verlusten und Verbraucher vor übermäßiger Verschuldung geschützt werden.[276] In Deutschland gibt es mehrere regionale SCHUFA-Organisationen, deren Gesellschafter Sparkassen, Banken, Volksbanken und Raiffeisenbanken, Ratenkreditbanken und Einzelhandelsunternehmen einschließlich des Versandhandels sind. Die regionalen SCHUFA-Gesellschaften gehören alle der Bundes-SCHUFA, der Vereinigung der deutschen Schutzgemeinschaften für allgemeine Kreditsicherung e. V., an. Vertragspartner der SCHUFA sind z. B. Kreditinstitute, Leasingunternehmen, Versandhandelsunternehmen und Kreditkartengesellschaften. Die Vertragspartner geben Informationen an die SCHUFA und beziehen Informationen von der SCHUFA.[277] Sie erhalten nur dann Informationen über eine Person, wenn sie ein berechtigtes Interesse

---

[273] Vgl. DISMAN, S. H., Vorteile des Kundenscoring im Kreditentscheidungsprozeß, S. 152.

[274] Die folgenden Informationen über die SCHUFA sind dem SCHUFA-Merkblatt zu entnehmen, das jedem privaten Kreditnehmer ausgehändigt wird.

[275] Vgl. BACH, W., SCHUFA und Binnenmarkt, S. 220.

[276] Vgl. SCHAPPER, C. H./DAUER, P., Die Neugestaltung des SCHUFA-Verfahrens, S. 320.

[277] Vgl. HENDRIKS, M., Die SCHUFA - Aufgaben und Wirken, S. 201.

an diesen Informationen nachweisen.[278] Das ist der Fall, wenn sie mit dieser Person ein Geschäft abschließen, das mit einem Kreditrisiko verbunden ist.

Mit seinem Kreditkartenantrag erteilt der Kunde dem Kartenemittenten die Erlaubnis, über ihn eine SCHUFA-Auskunft einzuholen. Eine SCHUFA-Auskunft enthält Merkmale über die Beantragung, Aufnahme und vertragsgemäße Abwicklung von Geschäftsbeziehungen mit den Vertragspartnern. Außerdem umfaßt eine SCHUFA-Auskunft Merkmale über nicht vertragsgemäßes Verhalten des Kunden und die Einleitung gerichtlicher Maßnahmen, Merkmale über gerichtliche Vollstreckungsmaßnahmen, Merkmale aufgrund von Kundenreaktionen und Daten aus öffentlichen Verzeichnissen wie eine eidesstattliche Versicherung. Eine SCHUFA-Auskunft enthält keine Angaben über persönliche und berufsbedingte Daten des Kunden wie Familienstand, Kinder, Einkommenshöhe, Arbeitgeber oder Grundbesitz. Auch werden keine Angaben über Kontostände oder Depotwerte gemacht.[279]

Die SCHUFA-Auskunft ist ein Indiz für das bisherige Auftreten des Antragstellers im Zahlungsverkehr bzw. Kreditgeschäft. Dieses Auftreten ist ein Einflußfaktor der personellen Kundenbonität (vgl. Abbildung 8).

2) Bankauskunft

Eine Bankauskunft wird nur von einem Kreditinstitut an ein anderes Kreditinstitut erteilt. Daher arbeiten Kreditkartengesellschaften mit Kreditinstituten zusammen, die für sie bei dem kontoführenden Kreditinstitut des Antragstellers eine Bankauskunft anfragen. Mit seinem Kreditkartenantrag hat der Kunde eingewilligt, daß eine ihn betreffende Bankauskunft an die Kartengesellschaft weitergeleitet werden darf. Das Kreditinstitut ist an das Bankgeheimnis gebunden, so daß eine Auskunft knapp aber in der Regel eindeutig formuliert ist.[280] Bankauskünfte dürfen nur allgemeine Aussagen über die

---

[278] Vgl. KÖPF, G./LINGENFELDER, M., Schufa-Klausel, S. 361; SIMON, J., Schufa-Verfahren und neue Schufa-Klausel, S. 637.

[279] Vgl. HENDRIKS, M., Die SCHUFA - Aufgaben und Wirken, S. 202.

[280] Vgl. HIELSCHER, U., Instrumente der Kreditwürdigkeitsprüfung, S. 310.

wirtschaftlichen Verhältnisse des Kunden, seine Kreditwürdigkeit und Zahlungsfähigkeit enthalten. Das Kreditinstitut gibt keine Auskunft über Kontostände, Sparguthaben, Vermögenswerte oder laufende Kredite.[281] Bankauskünfte werden in der Regel mit standardisierten Formularen eingeholt, auf denen nach den finanziellen Verhältnissen und nach einer Kreditbeurteilung des Antragstellers gefragt wird. Das Kreditinstitut verwendet ebenfalls standardisierte Formulare, um die Auskunft zu erteilen. Diese Formulare sind indes von Kreditinstitut zu Kreditinstitut unterschiedlich stukturiert und detailliert.

Die Bankauskunft ist wie die SCHUFA-Auskunft ein Indiz für das bisherige Auftreten des Antragstellers im Zahlungsverkehr bzw. Kreditgeschäft und läßt somit Hinweise auf die personelle Bonität des Antragstellers zu.

3) Selbstauskünfte

Auf seinen Antragsformularen stellt der Kartenemittent Merkmale zusammen, die er zum einen für die Abwicklung des Kartengeschäftes benötigt, wie Adresse und Bankverbindung, und die er zum anderen für die Bonitätsbeurteilung des Kunden als relevant erachtet. Solche Merkmale können z. B. Alter, Familienstand, Geschlecht, Staatsangehörigkeit und Kinder ohne eigenes Einkommen sein.[282] Die Adresse und die Bankverbindung sind Pflichtangaben. Sind die weiteren Informationen nicht vollständig, kann der Kartenantrag dennoch gewährt werden. Fehlende Angaben können natürlich zu der Vermutung verleiten, daß der Kunde Informationen verbergen möchte, die für ihn seiner Meinung nach nachteilig sind. Selbstauskünfte sind vom Kartenemittenten in der Regel nicht auf ihre Richtigkeit hin prüfbar. Lediglich die Höhe des Einkommens könnte z. B. mit Gehaltsabrechnungen belegt werden.

---

[281] Vgl. WEBER, A., Bankauskunftsverfahren neu geregelt, S. 531.

[282] Vgl. für den Fall der Antragsprüfung im Konsumentenkreditgeschäft von Banken DIETZ, J./FÜSER, K./SCHMIDTMEIER, S., Neuronale Kreditwürdigkeitsprüfung im Konsumentenkreditgeschäft, S. 483; ENACHE, D., Künstliche Neuronale Netze zur Kreditwürdigkeitsüberprüfung von Konsumentenkrediten, S. 71; HARTMANN-WENDELS, T./PFINGSTEN, A./WEBER, M., Bankbetriebslehre, S. 160.

Selbstauskünfte geben zum einen Hinweise auf die personelle Bonität des Antragstellers. Z. B. können persönliche Merkmale wie das Alter und der Familienstand Indikatoren für die Risikobereitschaft des Antragstellers sein. Auch die berufliche Situation kann mit Auskünften wie Art und Dauer der Beschäftigung erfragt werden. Damit soll die Sicherheit des Arbeitsplatzes oder die Fähigkeit, schnell einen neuen Arbeitsplatz zu finden, und so die Sicherheit der Einkünfteerzielung eingeschätzt werden.[283] Auskünfte über den Gesundheitszustand des Antragstellers geben Hinweise auf die künftige Fähigkeit, Einkünfte zu erzielen. Die Dauer der Bankverbindung kann ein Indiz für die Qualität der Bankbeziehung und somit für die Zuverlässigkeit des Antragstellers sein.

Zum anderen können Selbstauskünfte Informationen über die materielle Bonität des Antragstellers geben. Die Einkommenshöhe und das Vorhandensein von Immobilien lassen einen Schluß zu, ob und bis zu welchem Betrag der Antragsteller in der Lage sein wird, seinen Zahlungsverpflichtungen nachzukommen.

4) Mikrogeografische Informationen

Neben den bisher genannten Quellen, die originäre Informationen über den einzelnen Antragsteller liefern, gibt es auch Datenbanken mit statistisch ermittelten mikrogeografischen Informationen. Diesen mikrogeografischen Informationen, die von der Firma microm Micromarketing-Systeme und Consult GmbH in Neuss angeboten werden, liegt eine Einteilung der rund 34 Mio. Haushalte bzw. 16 Mio Häuser der Bundesrepublik Deutschland in kleinste geografische Einheiten (Mikrozellen) zugrunde, die durchschnittlich sieben und mindestens fünf Haushalte umfassen. Für jede Zelle gelten statistisch ermittelte durchschnittliche Ausprägungen bestimmter Merkmale, der sogenannten MOSAIC-Variablen, wie Familienstruktur und Kraftfahrzeugdichte.[284]

---

[283] Vgl. SCHNURR, C., Kreditwürdigkeitsprüfung mit Künstlichen Neuronalen Netzen, S. 28 f.

[284] Vgl. MICROM, Unser Angebot im Überblick, S. 9-23. Vgl. auch zu den MOSAIC-Variablen Abschnitt 332.1.

Die notwendigen Daten stammen von einer Kooperation mehrerer Partner, die ihre Daten unter Beachtung der Datenschutzbestimmungen in anonymisierter Form zur Verfügung gestellt haben, wie der Verband der Vereine Creditreform e. V., pan-adress-Direktmarketing, GfK-Marktforschung, ein großes Versandhaus samt verbundener Unternehmen und das Kraftfahrtbundesamt. Die statistischen Informationen für die einzelnen Mikrozellen gründen auf der Annahme, daß Personen ein ihren eigenen sozialen Verhältnissen ähnliches soziales Umfeld bevorzugen.[285] Unter dieser Voraussetzung kann mit einer gewissen Wahrscheinlichkeit von den Merkmalsausprägungen, die für die Mikrozelle gelten, in der eine Person lebt, auf die Person selbst geschlossen werden. Mikrogeografische Informationen geben also über das soziale Umfeld des Kunden Hinweise auf seine personelle Bonität.[286]

Für die Antragsprüfung stellt sich die Frage, welche der Informationen über den Antragsteller für die Beurteilung von dessen Bonität relevant sind.[287] Denn nur bonitätsrelevante Informationen sollten neben den für die Abwicklung des Kreditkartengeschäftes mit dem Kunden notwendigen Informationen wie Adresse und Bankverbindung erfaßt werden und in das Bonitätsurteil eingehen. Nicht bonitätsrelevante Informationen können das Urteil verzerren. Außerdem erschweren zu viele Informationen die Bildung und die Interpretation eines Gesamturteils.[288] Zudem fallen in der Regel Informationskosten an, so daß sorgfältig auszuwählen ist, welche Informationen beschafft werden sollen.[289]

---

[285] Vgl. MICROM, MOSAIC - Eine Einführung, S. 1.

[286] Einen Einfluß des gesellschaftlichen Umfeldes auf den Kreditverlauf eines potentiellen Kreditnehmers vermutet SCHNURR, C., Kreditwürdigkeitsprüfung mit Künstlichen Neuronalen Netzen, S. 27.

[287] Vgl. für den Fall der Jahresabschlußanalyse NIEHAUS, H.-J., Früherkennung von Unternehmenskrisen, S. 54; vgl. für den Fall der Kreditwürdigkeitsprüfung von Firmenkunden BAETGE, J./UTHOFF, C., Sicheres Kreditgeschäft, S. 12.

[288] Vgl. BÖNKHOFF, F. J., Die Kreditwürdigkeitsprüfung, S. 46.

[289] Vgl. BAETGE, J./UTHOFF, C., Risikomanagement bei der Kreditvergabe an Firmenkunden, S. 56 f.; BAETGE, J./UTHOFF, C., Sicheres Kreditgeschäft, S. 12.

Eine weitere Frage ist, wie die bonitätsrelevanten Informationen gewichtet und zu einem Gesamturteil zusammengefaßt werden können.[290] Dabei besteht die Schwierigkeit, daß einzelne Informationen zu widersprüchlichen Aussagen führen können.[291] Wenn dem Antragsprüfer kein Hilfsmittel an die Hand gegeben wird, wird er aufgrund seiner Erfahrung die ihm von dem Antragsteller bekannten Informationen subjektiv gewichten und verknüpfen.[292] Die Informationen werden auf diese Weise nicht objektiv zu einem quantifizierbaren Bonitätsurteil verarbeitet.[293] Denn der Mensch ist nur begrenzt in der Lage, Informationen über die Realität aufzunehmen und zu verarbeiten.[294] Zudem spielen individuelle Präferenzen des Antragsprüfers mit in die Entscheidung hinein.[295] Ein so gefälltes Urteil ist nicht intersubjektiv nachprüfbar. Die Bonitätsbeurteilung mehrerer Kunden durch verschiedene oder sogar durch denselben Antragsprüfer ist nicht vergleichbar. So kann es sein, daß derselbe Kunde von verschiedenen Antragsprüfern unterschiedlich beurteilt wird.[296]

Hinzu kommt, daß es sich bei der Vergabe von Kreditkarten um ein Massengeschäft handelt, so daß die Informationsbeschaffung und die Antragsbearbeitung möglichst schnell erledigt werden müssen.

---

[290] Vgl. für den Fall der Kreditwürdigkeitsprüfung von Firmenkunden BAETGE, J./UTHOFF, C., Risikomanagement bei der Kreditvergabe an Firmenkunden, S. 57.

[291] Vgl. HAUSCHILDT, J., Erfolgs-, Finanz- und Bilanzanalyse, S. 5

[292] Vgl. für den Fall der Kreditvergabeentscheidung FEULNER, W., Moderne Verfahren bei der Kreditwürdigkeitsprüfung im Konsumentenkreditgeschäft, S. 22; HÄUßLER, W. M., Punktebewertungen bei Kreditscoringsystemen, S. 1; BAETGE, J., Früherkennung von Kreditrisiken, S. 194; BAETGE, J./KRUSE, A./UTHOFF, C., Bonitätsklassifikationen von Unternehmen mit Neuronalen Netzen, S. 273.

[293] Vgl. SCHNEIDER, G., Credit Scoring im Bereich des Konsumentenkredits, S. 39.

[294] Vgl. SPERBER, H./MÜHLENBRUCH, M., Die Praxis der Bonitätsanalyse, S. 200.

[295] Vgl. SPERBER, H./MÜHLENBRUCH, M., Die Praxis der Bonitätsanalyse, S. 199.

[296] Vgl. SCHNEIDER, G., Credit Scoring im Bereich des Konsumentenkredits, S. 39; SPERBER, H./MÜHLENBRUCH, M., Die Praxis der Bonitätsanalyse, S. 203; BAETGE, J./SIERINGHAUS, I., Bilanzbonitäts-Rating von Unternehmen, S. 225.

232. Kartenüberwachung

Die Kartenüberwachung hat das Ziel, rechtzeitig zu erkennen, ob ein bereits angenommener Kunde zahlungsunfähig wird. Ein solcher Kunde kann dann gekündigt, seine Karte kann gesperrt oder sein Limit kann reduziert werden, damit der Kunde weniger oder gar keine weiteren Umsätze mit der Karte tätigen kann und ein Zahlungsausfall reduziert oder ganz vermieden wird.

Die Kartenüberwachung ist notwendig, da nicht alle Kunden, die später zahlungsunfähig werden, bereits bei der Antragsprüfung erkannt werden. Dies liegt zum einen daran, daß die Antragsprüfung nicht vollkommen fehlerfrei arbeitet. Zum anderen können sich bonitätsrelevante Informationen über einen Kunden verändern.[297] Ein Kunde kann z. B. während der Laufzeit seiner Kreditkarte seinen Arbeitsplatz verlieren[298] oder er kann geschieden werden und zu hohen Unterhaltszahlungen verpflichtet sein.[299] Solche und ähnliche Ereignisse können negative Auswirkungen auf die Bonität des Kunden haben, müssen aber nicht gleich zur Zahlungsunfähigkeit führen. Daher dient die Kartenüberwachung dazu, negative Bonitätsveränderungen des Kunden zu erkennen und bei Vorliegen solcher Veränderungen den Kunden genauer zu prüfen. Denn aus Kosten- und Kapazitätsgründen kann nicht jeder Kunde regelmäßig geprüft werden.

Abbildung 10 zeigt eine Übersicht der möglichen Informationsquellen für die Kartenüberwachung.

---

[297] Vgl. für den Fall der Kreditüberwachung von Unternehmen HARTMANN, B., Kreditprüfung und Kreditüberwachung, S. 67 f.; SCHMOLL, A., Frühwarnsignale für die Kreditüberwachung, S. 41; vgl. auch DIETZ, J./FÜSER, K./SCHMIDTMEIER, S., Neuronale Kreditwürdigkeitsprüfung im Konsumentenkreditgeschäft, S. 476.

[298] Vgl. REHKUGLER, H./SCHMIDT-VON RHEIN, A., Kreditwürdigkeitsanalyse und -prognose für Privatkundenkredite, S. 7.

[299] Zu weiteren möglichen Ereignissen vgl. SCHMIDT, O., Die Überschuldung privater Bankkunden, S. 15 f.

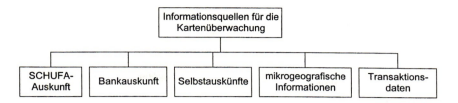

Abb. 10: Informationsquellen für die Kartenüberwachung

1) SCHUFA-Auskunft

Wenn bereits eine SCHUFA-Auskunft bei der Antragsprüfung eingeholt wurde, kann diese durch eine SCHUFA-Nachmeldung aktualisiert werden. Eine SCHUFA-Nachmeldung kommt vor, wenn sich Änderungen in den der SCHUFA gemeldeten Daten des Kunden ergeben haben.

2) Bankauskunft

Wie schon bei der Antragsprüfung kann auch bei der Kartenüberwachung für einen zu prüfenden Kunden eine Bankauskunft eingeholt werden. Das Einholen und die Auswertung einer Bankauskunft erfordert indes sowohl einen finanziellen als auch einen zeitlichen Aufwand, der nicht für jeden Kunden im Bestand regelmäßig durchgeführt werden kann.

3) Selbstauskünfte

Auch für die Kartenüberwachung können wie bei der Antragsprüfung persönliche, berufsbedingte und sonstige Selbstauskünfte des Kunden genutzt werden. Die Angaben des Kunden auf seinem Kreditkartenantrag können hierfür weiter verwendet werden. Ändern sich allerdings diese Kundendaten, ist es für den Kartenemittenten in der Praxis kaum möglich, dies zu erfahren. Denn der Kunde meldet dem Kreditkartenemittenten nur Informationen, die zur Abwicklung des Kreditkartengeschäftes notwendig sind, wie eine geänderte Adresse oder eine geänderte Bankverbindung. Der Kunde gibt aber z. B. nicht an, ob er seine Arbeitsstelle verloren hat oder geschieden wurde. Um auch diese und ähnliche Informationen aus dem Kartenantrag auf dem aktuellen Stand zu halten, müßte die Kartenorganisation regelmäßig sämtliche Kunden befragen, was einen kaum zu vertretenden Aufwand verursachen würde und bei den Kunden zudem nicht durchsetzbar wäre. Lediglich wenn der Kunde einen neuen Antrag für eine weitere Kreditkarte stellt, kann der Kartenemittent feststellen, ob sich die Kundendaten geändert haben. Daher sollten Selbstauskünfte des Kunden aus Antragsformularen bei der Kartenüberwachung nur als ergänzende Informationen eingesetzt werden.

4) Mikrogeografische Informationen

Auch mikrogeografische Informationen können für die Kartenüberwachung verwendet werden. Diese Informationen sind an die Adresse des Kunden gebunden. Da die Adresse des Kunden gepflegt wird, ist die Adresse eine Selbstauskunft des Kunden, die genutzt werden kann, um mikrogeografische Informationen für die Kartenüberwachung zu aktualisieren.

5) Transaktionsdaten des Kunden

Über die genannten Informationsquellen hinaus, die auch bereits bei der Antragsprüfung verwendet werden konnten, stehen für die Kartenüberwachung zusätzlich die Transaktionsdaten eines Kunden zur Verfügung. Der Kartenemittent kennt das Limit des Kunden und sämtliche Umsätze, die der Kunde mit seiner Kreditkarte bzw. seinen Kreditkarten getätigt hat. Somit hat der Kartenemittent bei der Kartenüberwachung Daten über das Umsatzverhalten des Kunden, die ihm zum Zeitpunkt der Antragstellung noch nicht vorlagen und die daher nicht in die Bonitätsbeurteilung zum damaligen Zeitpunkt einfließen konnten. Der Kartenemittent kann z. B. erkennen, wann und in welcher Höhe der Kunde Umsätze tätigt, ob sein Umsatzverhalten sich ändert oder ob er sein Limit überzieht. Für die Kartenüberwachung sind die Umsätze des Kunden die wichtigste Information, da sie aktuell sind und das tatsächliche, für die Abrechnung und eventuelle Ausfälle relevante Umsatzverhalten des Kunden abbilden.

Bei der Kartenüberwachung bestehen die gleichen Probleme wie bei der Antragsprüfung. Die bonitätsrelevanten Merkmale müssen identifiziert und so gewichtet und zusammengefaßt werden, daß sich die beste Beurteilungsleistung ergibt. Außerdem muß aufgrund der großen Menge an Kunden die Bonitätsbeurteilung schnell und sicher durchführbar sein.

24 Verfahren zur Bonitätsprüfung

241. Scoring

Da in Abschnitt 3 die Klassifikationsleistung der neu entwickelten Künstlichen Neuronalen Netze für die Antragsprüfung mit der Klassifikationsleistung des bisher bei der Antragsprüfung eingesetzten Scoring-Systems verglichen werden soll, werden im folgenden die Vorteile und die Nachteile von Scoring-Systemen und von Künstlichen Neuronalen Netzen als Verfahren zur Bonitätsprüfung erläutert.

Scoring-Modelle werden in den unterschiedlichsten Bereichen verwendet - z. B. Personalwesen, Standortplanung, Produktgestaltung, Bonitätsprüfung - wenn aus mehreren Entscheidungsalternativen die beste ausgewählt werden soll.[300] Mit einem Scoring-System werden verschiedene Alternativen - für den Fall der Bonitätsbeurteilung im Kreditkartengeschäft sind dies (potentielle) Kunden von Kreditkartenemittenten - anhand ihrer Merkmalsausprägungen beurteilt, indem den Merkmalsausprägungen Nutzenwerte bzw. Punktwerte zugeordnet werden.[301] Scoring-Modelle werden daher auch als Nutzwertanalysen oder Punktbewertungsmodelle bezeichnet.[302] Die einzelnen Merkmale werden mit Hilfe von Skalierungsverfahren gewichtet.[303] Grundlage dieser Gewichtung ist, wie der Beurteilende die Bedeutung der einzelnen Merkmale für das Gesamturteil einschätzt. Das Gesamturteil für einen Kunden kann z. B. gebildet werden, indem die Punktwerte, die der Kunde für seine Merkmalsausprägungen erhalten

---

[300] Vgl. WEBER, M./KRAHNEN, J./WEBER, A., Scoring-Verfahren - häufige Anwendungsfehler und ihre Vermeidung, S. 1621. Vgl. auch ZANGEMEISTER, C., Nutzwertanalyse von Projektalternativen, S. 159.

[301] Vgl. SCHNEEWEIß, C., Kostenwirksamkeitsanalyse, Nutzwertanalyse und Multi-Attributive Nutzentheorie, S. 14.

[302] Vgl. ADAM, D., Planung und Entscheidung, S. 413.

[303] Vgl. zu Skalierungsverfahren, BLOHM, H./LÜDER, K., Investition, S. 180-183.

hat, mit dem Gewicht des jeweiligen Merkmals multipliziert und danach über alle Merkmale addiert werden.[304]

Der Vorteil eines Scoring-Systems gegenüber der traditionellen Bonitätsbeurteilung besteht darin, daß das Gesamturteil für jeden Kunden auf demselben Weg ermittelt wird. Jeder Kunde wird mit den gleichen Merkmalen in gleicher Gewichtung beurteilt, so daß das Gesamturteil intersubjektiv nachprüfbar ist und die Beurteilungsergebnisse für verschiedene Kunden verglichen werden können.[305] Auch kann ein Scoring-System die Bonitätsprüfung standardisieren, was eine Zeitersparnis ermöglicht.

Allerdings beruhen sowohl die Auswahl der Merkmale für das Scoring-Modell als auch deren Gewichtung und Zusammenfassung auf den subjektiven Präferenzen und Erfahrungen des Modellentwicklers, so daß das Beurteilungsergebnis kaum objektiv richtig ist.[306] Denn es ist nicht sichergestellt, daß wirklich die relevanten Merkmale in der für die Bonitätsbeurteilung optimalen Gewichtung verwendet werden. Scoring-Modelle sind somit nur quasi-objektiv.[307]

242. Künstliche Neuronale Netzanalyse

Ein Künstliches Neuronales Netz besteht aus mehreren Einheiten, den sogenannten Neuronen (Zellen), die untereinander verbunden sind. Über diese Verbindungen werden Informationen zwischen den Neuronen weitergeleitet und anschließend in den Neuronen verarbeitet.[308] Das Vorbild für Künstliche Neuronale Netze sind biologische

---

[304] Vgl. SCHNEEWEIß, C., Kostenwirksamkeitsanalyse, Nutzwertanalyse und Multi-Attributive Nutzentheorie, S. 15.

[305] Vgl. BAETGE, J., Bilanzanalyse, S. 539 f.

[306] Vgl. WEBER, M./KRAHNEN, J./WEBER, A., Scoring-Verfahren - häufige Anwendungsfehler und ihre Vermeidung, S. 1621.

[307] Vgl. BAETGE, J., Bilanzanalyse, S. 539.

[308] Vgl. ZELL, A., Simulation Neuronaler Netze, S. 23.

neuronale Netze und ihre Informationsverarbeitung.[309] Biologische neuronale Netze sind in der Lage, viele Informationen gleichzeitig zu verarbeiten und aus diesen Informationen zu lernen. Künstliche Neuronale Netze werden so konzipiert, daß sie diese Eigenschaften ebenfalls haben, um komplexe Probleme zu bearbeiten, die mit anderen Techniken nicht oder nur unzureichend lösbar sind.[310]

Künstliche Neuronale Netze werden z. B. in der Biologie, der Medizin, der Psychologie, der Informatik, der Mathematik, der Physik und der Elektrotechnik jeweils mit unterschiedlichen Zielsetzungen angewendet.[311] Auch zur Lösung von betriebswirtschaftlichen Fragestellungen werden Künstliche Neuronale Netze eingesetzt.[312] Die betriebswirtschaftlichen Fragestellungen lassen sich in die drei Gruppen Prognoseaufgaben, Klassifikationsaufgaben und Optimierungsaufgaben einteilen. Zu den *Prognoseaufgaben* gehören z. B. Aktienkursprognosen, Absatzprognosen und Kostenprognosen. *Klassifikationsaufgaben* stellen sich z. B. bei der Kreditwürdigkeitsprüfung und der Marktsegmentierung und *Optimierungsaufgaben* sind z. B. bei der Reihenfolgeplanung und der Transportoptimierung zu lösen.[313]

In der vorliegenden Untersuchung wird die Künstliche Neuronale Netz-analyse für die betriebswirtschaftliche Fragestellung der Antragsprüfung und der Kartenüberwachung von privaten Kreditkartenkunden angewendet. Wie auch bei der Kreditwürdigkeitsprüfung durch Kreditinstitute, für die bereits mehrere Studien sowohl für Firmenkunden als auch für Privatkunden vorliegen, in denen Künstliche Neuronale Netze verwendet wurden,[314] handelt es sich bei dieser Fragestellung um ein Klassifika-tionsproblem.

---

[309] Vgl. KLIMASAUSKAS, C. C., An Overview of the Series, S. 30; ROJAS, R., Theorie der neuronalen Netze, S. 3 und 5.

[310] Zu den Beweggründen für die Entwicklung Künstlicher Neuronaler Netze vgl. RITTER, H./MARTINETZ, T./SCHULTEN, K., Neuronale Netze, S. 1-3.

[311] Vgl. ZELL, A., Simulation neuronaler Netze, S. 23 f.

[312] Vgl. OBERHOFER, W./ZIMMERER, T., Wie Künstliche Neuronale Netze lernen, S. 3.

[313] Vgl. CORSTEN, H., MAY, T., Anwendungsfelder Neuronaler Netze, S. 3 f.

[314] Vgl. Abschnitt 11.

Sowohl bei der Antragsprüfung als auch bei der Kartenüberwachung sollen solvente von später insolventen Kunden getrennt werden. Einige Vorteile Künstlicher Neuronaler Netze gegenüber der traditionellen Bonitätsprüfung, gegenüber Scoring-Verfahren und gegenüber Verfahren wie der Multivariaten Diskriminanzanalyse führen dazu, daß sie für diese Problemstellung besonders geeignet erscheinen:[315]

1) Lernfähigkeit

Ein Künstliches Neuronales Netz ist in der Lage, aus Beispieldaten zu lernen.[316] Für die Klassifikation von solventen und später insolventen Kreditkartenkunden werden dem Netz die Antragsdaten bzw. die Transaktionsdaten dieser Kunden zusammen mit der Information, ob der jeweilige Kunde im betrachteten Zeitraum solvent geblieben oder später insolvent geworden ist, als Beispieldatensätze präsentiert (überwachtes Lernen[317]). Die Antragsdaten bzw. Transaktionsdaten sind die Eingabemuster für das Künstliche Neuronale Netz, die Information über den Solvenzstatus ist das gewünschte Ausgabemuster. Anhand dieser Muster lernt das Netz, jeden Datensatz einer der beiden Gruppen *solvent* oder *insolvenzgefährdet* möglichst treffsicher zuzuordnen. Das Netz schließt also aus einer Vielzahl von empirisch beobachteten Paaren von Eingabemustern und Ausgabemustern induktiv auf die allgemeinen Zusammenhänge zwischen den Ausprägungen von Antragsdaten bzw. Transaktionsdaten und dem künftigen Solvenzstatus der Kreditkartenkunden.[318] Dabei ist das Netz in der Lage, die komplexen Strukturen dieses Klassifikationsproblems wesentlich besser als der Mensch zu erkennen und in einer Klassifikationsregel abzubilden.

---

[315] Vgl. zu den Vorteilen Künstlicher Neuronaler Netze KRATZER, K. P., Neuronale Netze, S. 17 f.; ZELL, A., Simulation Neuronaler Netze, S. 26 f.

[316] Vgl. VON ALTROCK, C., Neuronale Netze, S. 625; KASABOV, N. K., Foundations of Neural Networks, Fuzzy Systems, and Knowledge Engineering, S. 263; BAUER, W./FÜSER, K./SCHMIDTMEIER, S., Von der neuronalen Kreditwürdigkeitsprüfung zur neuronalen Einzelwertberichtigung, S. 282.

[317] Vgl. HORNIK, K., Neuronale Netze in der Finanzwirtschaft und Finanzstatistik, S. 105; vgl. auch Abschnitt 351.21.

[318] Vgl. allgemein zur induktiven Vorgehensweise Künstlicher Neuronaler Netze REHKUGLER, H./KERLING, M., Einsatz Neuronaler Netze für Analyse- und Prognosezwecke, S. 306.

Der Gegensatz zur eben beschriebenen induktiven Vorgehensweise ist, deduktiv, d. h. vom Allgemeinen auf den Einzelfall schließend, ein auf Ursache-Wirkungszusammenhängen beruhendes System von Merkmalen zu entwickeln.[319] Dies ist bei der vorliegenden Problemstellung indes kaum möglich, da die komplexen Zusammenhänge zwischen den Ausprägungen von Antragsdaten bzw. Transaktionsdaten und dem künftigen Solvenzstatus von Kreditkartenkunden nicht oder nur unvollständig bekannt sind und somit kaum deduktiv in einem Klassifikator abgebildet werden können. Gerade für solche unstrukturierten Problemstellungen, für die nur einzelne empirische Beobachtungen vorliegen aber keine exakte Theorie existiert, sind Künstliche Neuronale Netze besonders gut geeignet, da man mit ihrer Hilfe bei der Lösung der jeweiligen Aufgaben induktiv vorgehen kann.[320]

2) Generalisierbarkeit

Mit einem Künstlichen Neuronalen Netz können auch Datensätze klassifiziert werden, die bei der Entwicklung des Netzes nicht verwendet wurden.[321] Denn mit Hilfe eines Künstlichen Neuronalen Netzes kann von den Mustern, die dem Netz zum Lernen zur Verfügung standen, auf die Gruppenzugehörigkeit von neuen Datensätzen geschlossen werden.[322] Dies ist für den Einsatz von Künstlichen Neuronalen Netzen bei der Antragsprüfung und der Kartenüberwachung von entscheidender Bedeutung, da in der täglichen Praxis der Kartenorganisation ständig neue Antragsteller und Kunden geprüft werden.

---

[319] Vgl. für den Fall der Kennzahlenanalyse BAETGE, J./JERSCHENSKY, A., Beurteilung der wirtschaftlichen Lage von Unternehmen mit Hilfe von modernen Verfahren der Jahresabschlußanalyse, S. 1581.

[320] Vgl. CRUSE, C./LEPPELMANN, S., Neuronale Netze, S. 171; REHKUGLER, H./KERLING, M., Einsatz Neuronaler Netze für Analyse- und Prognosezwecke, S. 307, vgl. auch BECKER, J./PRISCHMANN, M., VESKONN, S. 14.

[321] Vgl. DORFFNER, G., Konnektionismus, S. 48, 91; STEINER, M./WITTKEMPER, H.-G., Neuronale Netze, S. 460; ANDERSON, J. A., An Introduction to Neural Networks, S. 177.

3) Robustheit gegenüber verrauschten Daten

Ein Künstliches Neuronales Netz ist bei entsprechendem Training gegenüber verrauschten Daten weniger anfällig als herkömmliche Algorithmen. Verrauschte Daten geben ihren tatsächlichen Wert nicht genau wieder.[323] Dies kann z. B. der Fall sein, wenn fehlende Daten durch Schätzer ersetzt werden oder wenn fehlerhafte Angaben gemacht werden. Da das Wissen eines Künstlichen Neuronalen Netzes in seinen Gewichten gespeichert wird, die über das ganze Netz verteilt sind (verteilte Wissensrepräsentation), haben verrauschte Daten nur geringe Auswirkungen auf das Netzergebnis.[324] Die Fehlertoleranz gegenüber verrauschten Daten ist besonders bei der Verarbeitung von Antragsdaten relevant, da diese Daten auf Selbstauskünften des Kunden beruhen und der Kunde eventuell bewußt falsche Angaben macht, dies aber in der Regel nicht nachprüfbar ist.

4) Relativ einfache Anwendungsvoraussetzungen

Für die Anwendung der Künstlichen Neuronalen Netzanalyse müssen weniger strenge Voraussetzungen erfüllt sein als bei der linearen Multivariaten Diskriminanzanalyse.[325] Z. B. müssen die Merkmalsausprägungen für ein optimales Klassifikationsergebnis nicht normalverteilt sein.

---

[322] Vgl. BECKER, J., Konstruktionsbegleitende Kalkulation mit Neuronalen Netzen, S. 164; CORSTEN, H./MAY, C., Anwendungsfelder Neuronaler Netze und ihre Umsetzung, S. 4.

[323] Vgl. UTHOFF, C., Erfolgsoptimale Kreditwürdigkeitsprüfung, S. 158.

[324] Vgl. BISCHOFF, R./BLEILE, C./GRAALFS, J., Der Einsatz Neuronaler Netze zur betriebswirtschaftlichen Kennzahlenanalyse, S. 376; DORFFNER, G., Konnektionismus, S. 133; KRATZER, K. P., Neuronale Netze, S. 17; CORSTEN, H./MAY, C., Anwendungsfelder Neuronaler Netze und ihre Umsetzung, S. 4; CZAP, H., Clusterbildung, Generalisierung und Abbildungsgüte Neuronaler Feedforward Netze, S. 1246; ZELL, A., Simulation Neuronaler Netze, S. 27.

[325] Vgl. ERXLEBEN, K./BAETGE, J./FEIDICKER, M./KOCH, H./KRAUSE, C./MERTENS, P., Klassifikation von Unternehmen, S. 1257; Zu der Problematik der Anwendungsvoraussetzungen der MDA bei Klassifikationsproblemen in der Praxis vgl. HOFMANN, H.-J., Die Anwendung des CART-Verfahrens zur statistischen Bonitätsanalyse von Konsumentenkrediten, S. 945; LOHRBACH, T., Einsatz von Künstlichen Neuronalen Netzen für ausgewählte betriebswirtschaftliche Aufgabenstellungen, S. 154 f.

5) Abbildung nicht-linearer Zusammenhänge

Bei der hier vorliegenden Problemstellung besteht die Vermutung, daß die Zusammenhänge zwischen Antragsdaten einerseits und Transaktionsdaten andererseits und dem Solvenzstatus des Kunden so komplex sind, daß eine lineare Abbildung nicht ausreichen würde, um hinreichend genau solvente von insolvenzgefährdeten Kunden zu trennen. Dies wird bereits an dem Beispiel des einzelnen Merkmals *Alter* deutlich. Denn sicher kann nicht festgestellt werden, daß ein 40-jähriger Antragsteller um einen bestimmten Prozentsatz kreditwürdiger ist als ein 20-jähriger Antragsteller.[326]

Ein Künstliches Neuronales Netz ist in der Lage, auch Zusammenhänge im Datenmaterial abzubilden, die nicht-linear sind.[327] Dies ist zwar auch mit der quadratischen Multivariaten Diskriminanzanalyse möglich, allerdings ist die Generalisierungsfähigkeit bei der nicht-linearen Multivariaten Diskriminanzanalyse schlechter und sie reagiert sehr empfindlich auf eine Verletzung der Normalverteilungsannahme der Merkmale.[328]

Den Vorteilen der Künstlichen Neuronalen Netze werden häufig folgende Nachteile entgegengehalten:

1) „Black Box"-Charakter

Für den Anwender eines Künstlichen Neuronalen Netzes erscheint das Netz wie eine „Black Box", eine schwarze Schachtel, in die Informationen eingehen, dort unsichtbar verarbeitet werden und aus der die aggregierten Informationen wieder herauskommen,

---

[326] Vgl. DIETZ, J./FÜSER, K./SCHMIDTMEIER, S., Neuronale Kreditwürdigkeitsprüfung im Konsumentenkreditgeschäft, S. 478.

[327] Vgl. REHKUGLER, H./PODDIG, T., Klassifikation von Jahresabschlüssen mittels Multilayer-Perceptrons, S. 4; BECKER, J., Konstruktionsbegleitende Kalkulation mit Neuronalen Netzen, S. 162; ZIMMERMANN, H. G., Neuronale Netze als Entscheidungskalkül, S. 58; BAUER, W./FÜSER, K./SCHMIDTMEIER, S., Von der neuronalen Kreditwürdigkeitsprüfung zur neuronalen Einzelwertberichtigung, S. 283.

[328] Vgl. LACHENBRUCH, P. A./SNEERINGER, C./REVO, L. T., Robustness of the Linear and Quadratic Discriminant Function, S. 53.

ohne daß der Anwender nachvollziehen kann, wie die Informationen zusammengefaßt wurden.[329]

Diesem Nachteil kann indes begegnet werden, indem untersucht wird, wie sensitiv das Gesamtergebnis des Künstlichen Neuronalen Netzes auf Variationen des Eingabevektors reagiert.[330] Die Sensitivität kann zum einen global über alle Datensätze, die zur Verfügung stehen,[331] und zum anderen für individuelle Datensätze untersucht werden.[332] Bei der globalen Sensitivitätsanalyse wird geprüft, wie stark sich der N-Wert durchschnittlich über alle Kunden verändert, wenn ein Merkmal variiert wird und die restlichen Merkmale gleich bleiben.[333]

Bei der individuellen Sensitivitätsanalyse werden die Merkmalsausprägungen eines Untersuchungsobjektes zu einem Prüfzeitpunkt nacheinander mit den Merkmalsausprägungen des gleichen Untersuchungsobjektes zum darauffolgenden Prüfzeitpunkt variiert. Mit dieser Methode kann analysiert werden, welche Merkmale eine Veränderung des Gesamturteils hauptsächlich verursacht haben.[334] Neben der Sensitivitätsanalyse wird auch versucht, durch die Bildung von Clustern Erklärungskomponenten für die Ergebnisse eines Künstlichen Neuronalen Netzes zu finden.[335]

---

[329] Vgl. REHKUGLER, H./PODDIG, T., Anwendungsperspektiven und Anwendungsprobleme von Künstlichen Neuronalen Netzen, S. 56 f.; REHKUGLER, H./PODDIG, T., Neuronale Netze im Bankbetrieb, S. 419; ALTMAN, E. I./MARCO, M./VARETTO, F., Corporate distress diagnosis: Comparisons using linear discriminant analysis an neural networks, S. 527; LEKER, J., Beurteilung von Ausfallrisiken im Firmenkundengeschäft, S. 605; WILBERT, R., Interpretation Neuronaler Netze in den Sozialwissenschaften, S. 770; GOEDE, K./WEINRICH, G., Bessere Kreditentscheidung durch neuronale Netze?, S. 423.

[330] Vgl. REHKUGLER, H./PODDIG, T., Klassifikation von Jahresabschlüssen mittels Multilayer-Perceptrons, S. 35-38.

[331] Vgl. BAETGE, J./KRUSE, A./UTHOFF, C., Bonitätsklassifikationen von Unternehmen mit Neuronalen Netzen, S. 278 f.

[332] Vgl. Abschnitt 423.1.

[333] Vgl. BAETGE, J., Bilanzanalyse, S. 600 f.

[334] Vgl. BAETGE, J., Bilanzanalyse, S. 600-602.

[335] Vgl. BAETGE, J./SCHMEDT, U./HÜLS, D./KRAUSE, C./UTHOFF, C., Bonitätsbeurteilung von Jahresabschlüssen nach neuem Recht, S. 339; WILBERT, R., Interpretation Neuronaler Netze in den

2) Wissenserwerb nur durch Lernen

Bei der Künstlichen Neuronalen Netzanalyse kann aufgrund der verteilten Wissensrepräsentation nur sehr schwer zu Beginn bereits ein Basiswissen eingespeist werden, auf dem dann weiter aufgebaut werden soll. Der Wissenserwerb in einem Netz ist in der Regel nur durch Lernen möglich.[336]

Für die in dieser Untersuchung zu bearbeitende Aufgabenstellung wäre die Eingabe eines Basiswissens ohnehin kritisch zu betrachten. Denn als Basiswissen kommt hier zum einen die Erfahrung der künftigen Anwender des Künstlichen Neuronalen Netzes aus ihrer bisherigen Praxis in Frage. Es soll aber gerade ein objektives Beurteilungssystem entwickelt werden, das nicht von subjektiven Erfahrungen und Vorurteilen der Anwender beeinflußt wird. Zum anderen können Ergebnisse aus vorhergehenden Untersuchungen als Basiswissen gelten. Dies birgt allerdings die Gefahr, daß dem Netz ein Wissen eingespeist wird, das zwar für ein spezielles Problem oder ein spezielles Datenportefeuille gilt, das aber für die aktuelle Aufgabe nicht zutrifft. Zudem waren für die vorliegende Fragestellung keine Untersuchungen bekannt, auf die hätte zurückgegriffen werden können.

3) Lange Entwicklungszeiten

Ein noch vor wenigen Jahren häufig genannter Kritikpunkt an Künstlichen Neuronalen Netzen war, daß die meisten Lernverfahren, wie auch die Varianten des Backpropagation-Algorithmus, von denen eine in der vorliegenden Arbeit angewendet wird, recht zeitaufwendig sind.[337] Dieser Nachteil wird noch gesteigert, wenn sehr große Datenmengen für die Künstliche Neuronale Netzanalyse herangezogen werden.[338] Dieses Argument trifft heute nicht mehr, da z. B. sogar mit einprozessorigen Intel-Pentium-II-

---

Sozialwissenschaften, S. 773-780; Czap, H., Clusterbildung, Generalisierung und Abbildungsgüte Neuronaler Feedforward Netze, S. 1245-1261.

[336] Vgl. ZELL, A., Simulation Neuronaler Netze, S. 27.

[337] Vgl. ZELL, A., Simulation Neuronaler Netze, S. 28.

[338] Vgl. REHKUGLER, H./PODDIG, T., Klassifikation von Jahresabschlüssen mittels Multilayer-Perceptrons, S. 8 f.

Rechnern Netze in relativ kurzer Zeit entwickelt werden können, obwohl Künstliche Neuronale Netze massiv parallel arbeiten.[339]

Die aufgeführten Eigenschaften Künstlicher Neuronaler Netze deuten darauf hin, daß die Künstliche Neuronale Netzanalyse grundsätzlich ein geeignetes Instrument für die vorliegende Fragestellung der Bonitätsbeurteilung von Kreditkartenkunden bei der Antragsprüfung und der Kartenüberwachung zu sein scheint. Diese Vermutung wird im folgenden Abschnitt 3 empirisch geprüft.

---

[339] Vgl. zu dieser Entwicklung schon RITTER, H., Neuronale Netze - Möglichkeiten und Aussichten, S. 5 f.

3 Empirische Analyse mit Künstlichen Neuronalen Netzen zur Identifikation von Bonitätsrisiken bei privaten Kreditkartenkunden

31 Ziele des Einsatzes der Künstlichen Neuronalen Netzanalyse bei der Antragsprüfung und der Kartenüberwachung von privaten Kreditkartenkunden

In der vorliegenden Untersuchung sollte analysiert werden, ob die in Abschnitt 2.3 beschriebenen Probleme bei der Antragsprüfung und der Kartenüberwachung von privaten Kreditkartenkunden, zuverlässige und objektive Bonitätsurteile über Antragsteller von Kreditkarten und Kreditkarteninhaber zu generieren, mit Hilfe der Künstlichen Neuronalen Netzanalyse gelöst werden können. Aus dieser Problemstellung ergeben sich drei Ziele für die Künstliche Neuronale Netzanalyse zur Bonitätsprüfung von privaten Kreditkartenkunden:[340]

1) Senkung der Ausfallkosten durch Früherkennung von Bonitätsrisiken

Mit Hilfe des Künstlichen Neuronalen Netzes zur Antragsprüfung soll die Zahl der fälschlich angenommenen später insolventen Antragsteller reduziert werden. Werden weniger später insolvente Kunden angenommen, verringern sich die Ausfallkosten.

Mit Hilfe des Künstlichen Neuronalen Netzes zur Kartenüberwachung sollen bereits angenommene, später insolvent werdende Kunden früher erkannt werden, damit die Kartenorganisation rechtzeitig Maßnahmen ergreifen kann, um einen Zahlungsausfall zu verhindern oder die Zahl solcher Fälle zumindest gering zu halten.[341]

---

[340] Ähnlich für die Kreditwürdigkeitsprüfung von Firmenkunden in Kreditinstituten FEIDICKER, M., Kreditwürdigkeitsprüfung, S. 32-35; HÜLS, D., Früherkennung insolvenzgefährdeter Unternehmen, S. 17-19.

[341] Vgl. für den Fall der Kreditwürdigkeitsprüfung KRAUSE, C., Kreditwürdigkeitsprüfung mit Neuronalen Netzen, S. 12.

2) Rationalisierung der Antragsprüfung und der Kartenüberwachung

Ein Künstliches Neuronales Netz generiert sein Urteil in sehr kurzer Zeit. Daher kann es zur Rationalisierung der Antragsprüfung dienen,[342] indem zunächst jeder Kunde mit dem Netz geprüft wird und an das Urteil des Netzes die weitere Bearbeitung des Antragstellers geknüpft wird. Die Antragsteller können mit Hilfe des Netzurteils in Klassen eingeteilt werden, wobei es von der Klassenzuweisung abhängt, wie der Antragsteller weiter bearbeitet wird. Z. B. wäre eine Einteilung in zwei Klassen möglich, wobei die Antragsteller der ersten Klasse sofort angenommen und die Antragsteller der zweiten Klasse noch genau durch Mitarbeiter der Antragsbearbeitung geprüft werden.[343] Auch eine Einteilung in drei Klassen ist denkbar, wobei Antragsteller der ersten Klasse wieder sofort angenommen, Antragsteller der letzten Klasse sofort abgelehnt und Antragsteller der mittleren Klasse erst noch nachgeprüft werden, bevor sie angenommen oder abgelehnt werden.[344] Durch diese Vorgehensweise können sich die Antragsprüfer auf die unklaren Fälle konzentrieren und nur für diese Antragsteller noch weitere Informationen einholen.[345] Somit werden Bearbeitungskosten und Informationskosten gespart.

Bei der Kartenüberwachung müssen sämtliche Kunden im Bestand regelmäßig beobachtet werden. Eine genaue Prüfung sämtlicher Kunden ist aus Zeit- und Kostengründen nicht möglich. Das Künstliche Neuronale Netz hilft hier, die auffälligen Kunden

---

[342] Vgl. FÜSER, K./SCHMIDTMEIER, S./DIETZ, J., Kreditwürdigkeitsprüfung durch Neuronale Netzwerke, S. 177, 182; vgl. auch für den Fall der Kreditvergabe allgemein mit statistischen Methoden HOFMAN, H.-J., Die Anwendung des CART-Vefahrens zur statistischen Bonitätsanalyse von Konsumentenkrediten, S. 942.

[343] Einen solchen Prüfungsprozeß beschreiben auch FEIDICKER, M., Kreditwürdigkeitsprüfung, S. 202; HÜLS, D., Früherkennung insolvenzgefährdeter Unternehmen, S. 221; UTHOFF, C., Erfolgsoptimale Kreditwürdigkeitsprüfung, S. 56.

[344] Ebenfalls eine Einteilung in drei Klassen, allerdings für den Fall der Frühwarnung durch den Abschlußprüfer, schlägt NIEHAUS vor, vgl. NIEHAUS, H.-J., Früherkennung von Unternehmenskristen, S. 178 f.

[345] Vgl. UTHOFF, C., Erfolgsoptimale Kreditwürdigkeitsprüfung, S. 56.

zu erkennen, damit diese Kunden genau geprüft werden können.[346] Wie auch bei der Antragsprüfung ist z. B. eine Einteilung der Kunden nach dem Netzurteil in zwei oder drei Klassen möglich.

Mit Hilfe eines Künstlichen Neuronalen Netzes als automatisches Beurteilungssystem wird also eine Vorauswahl für die Antragsprüfer und die Kartenüberwacher getroffen, damit diese Mitarbeiterressourcen optimal eingesetzt werden können und nur dort weitere Informationen eingeholt werden, wo es notwendig ist.

3) Objektivierung der Bonitätsurteile[347]

Mit einem Künstlichen Neuronalen Netz beurteilt jeder Antragsprüfer und jeder Kartenüberwacher denselben Kunden gleich, d. h. das Verfahren ist unabhängig vom Anwender.[348] Die Merkmale, die für die Bonitätsbeurteilung herangezogen werden, wurden zuvor mit Hilfe der Künstlichen Neuronalen Netzanalyse auf der Grundlage eines großen Datenbestandes von Antragsdaten und Transaktionsdaten gewählt, gewichtet und zusammengefaßt. Dies gewährleistet die bestmögliche Beurteilungsleistung, unabhängig von Erfahrungen und Präferenzen des Entscheidungsträgers.[349]

32   Ablauf der Untersuchung

Die Klassifikatoren zur Antragsprüfung und zur Kartenüberwachung wurden in den drei Phasen Datenerhebung, Datenaufbereitung und Datenanalyse empirisch entwikkelt. In Abbildung 11 sind die drei Phasen mit ihren Inhalten aufgeführt.

---

[346] Vgl. für den Fall der Kontodatenanalyse von Kreditinstituten HACKL, P./KARL, E. W., Kreditüberwachung auf Basis der Kontodatenanalyse, S. 649.

[347] Vgl. DIETZ, J./FÜSER, K./SCHMIDTMEIER, S., Neuronale Kreditwürdigkeitsprüfung im Konsumentenkreditgeschäft, S. 476. Vgl. auch für den Fall der Diskriminanzanalyse INGERLING, R., Das Credit-Scoring-System im Konsumentenkreditgeschäft, S. 40 f.

[348] Vgl. ROSENHAGEN, K., Prüfung der Kreditwürdigkeit im Konsumentenkreditgeschäft mit Hilfe neuronaler Netze, S. 73.

[349] Vgl. für den Fall der Bonitätsprüfung von Unternehmen mit mathematisch-statistischen Verfahren BAETGE, J., Bilanzanalyse, S. 572.

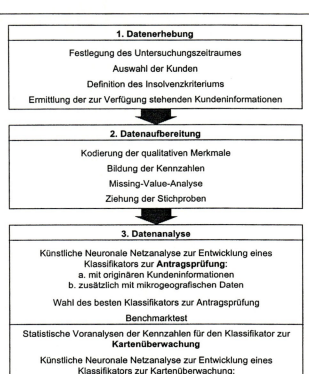

Abb. 11: Ablauf der Untersuchung

Für die Entwicklung standen Antragsdaten und Transaktionsdaten von Kreditkartenkunden zur Verfügung. In der Phase 1, der **Datenerhebung,** wurde zunächst festgelegt, von welchen Kunden die Daten für die folgenden Analysen verwendet werden sollen. Der zu untersuchende Kundenbestand mußte sowohl zeitlich als auch inhaltlich abgegrenzt werden. Mit der Festlegung des Untersuchungszeitraumes wurde der relevante Kundenbestand zeitlich eingegrenzt. Inhaltlich wurden die Kunden nach bestimmten festzulegenden Kriterien ausgewählt. Da die Kunden mit der Künstlichen Neuronalen Netzanalyse in die Gruppen solvente und insolvenzgefährdete Kunden getrennt werden sollten, mußte definiert werden, wann ein Kunde als insolvent gelten sollte.

Nachdem der zu untersuchende Kundenbestand festgelegt worden ist, wurden ebenfalls in der Phase 1 die für die Analysen zur Verfügung stehenden Informationen ermittelt.

In der Phase 2, der **Datenaufbereitung** mußten die von den Kunden zur Verfügung stehenden Informationen so aufbereitet werden, daß sie mit einem Künstlichen Neuronalen Netz verarbeitet werden konnten. Die Antragsdaten, die hauptsächlich aus qualitativen Informationen bestehen, mußten kodiert werden, und aus den Transaktionsdaten mußten Kennzahlen gebildet werden. Außerdem wurden die Datensätze auf Missing Values geprüft. Ein Missing Value liegt dann vor, wenn bei einem Datensatz, also bei einem Kunden, für ein Merkmal keine Ausprägung existiert. Missing Values sind mit geeigneten Schätzern aufzufüllen oder die mit Missing Values behafteten Datensätze sind aus der weiteren Analyse auszuschließen. Anschließend wurden aus der Grundgesamtheit die Stichproben für die Künstliche Neuronale Netzanalyse gezogen.

In der Phase 3, der **Datenanalyse**, war zunächst das Zielkriterium festzulegen. Anhand des Zielkriteriums wurde später die Klassifikationsleistung der Künstlichen Neuronalen Netze gemessen. Das Zielkriterium wurde außerdem bereits bei der Netzentwicklung berücksichtigt, indem die Netzleistung zwischen verschiedenen Entwicklungsschritten nach dem festgelegten Zielkriterium beurteilt wurde. Somit wurde das Netz auf das Zielkriterium hin optimiert.

Nachdem das Zielkriterium festgelegt worden ist, wurden die Kundendaten mit Hilfe von Künstlichen Neuronalen Netzen analysiert. Mit der Künstlichen Neuronalen Netzanalyse wurden von den vorliegenden Kundenmerkmalen die für die Trennung von solventen und später insolventen Kunden relevanten Merkmale ausgewählt, optimal gewichtet und zu einem Bonitätsurteil zusammengefaßt. Der Klassifikator zur Antragsprüfung wurde in einem ersten Versuch nur mit originären Kundeninformationen entwickelt. Diese wurden in einem zweiten Versuch um mikrogeografische Daten ergänzt.

Für den Klassifikator zur Kartenüberwachung sind in der vorangegangenen Phase der Datenaufbereitung Kennzahlen gebildet worden. Diese Kennzahlen wurden in der Phase der Datenanalyse auf ihre univariate Trennfähigkeit und auf Hypothesenverstöße hin untersucht. Bei der anschließenden Künstlichen Neuronalen Netzanalyse wurde der Klassifikator zur Kartenüberwachung in einem ersten Versuch nur mit Kennzahlen aus Transaktionsdaten trainiert. In einem zweiten Versuch wurden zusätzlich Antragsdaten verwendet. Abschließend wurde jeweils der beste Klassifikator zur Antragsprüfung und zur Kartenüberwachung anhand des zuvor festgelegten Zielkriteriums ausgewählt. Der Klassifikator zur Antragsprüfung wurde noch mit einem Antragsscoring-System als Benchmark verglichen.

33 Erhebung des Datenmaterials

331. Abgrenzung der in die Untersuchung einzubeziehenden Kunden

331.1 *Festlegung des Untersuchungszeitraumes*

Für die vorliegende Untersuchung wurden nur die Daten von Kunden verwendet, die ihre erste Privatkarte in dem Zeitraum vom 01.01.1995 bis zum 30.09.1997 erhalten haben. Kunden, die ihre erste Privatkarte vor dem 01.01.1995 erhalten haben, wurden ausgeschlossen, da zu der Zeit andere Antragsformulare verwendet wurden und somit die erfaßten Kundeninformationen differieren. Der 30.09.1997 als Ende des Untersuchungszeitraumes war durch den Beginn der Projektphase *Datenerhebung* vorgegeben.

Da in der Untersuchung auch geprüft werden sollte, ob die Leistung des Klassifikators für die Kartenüberwachung verbessert werden kann, wenn Antragsdaten neben den Transaktionsdaten verwendet werden, mußten für alle Kunden sowohl Antragsdaten als auch Transaktionsdaten vorliegen. Daher galt für beide Klassifikatoren der gleiche Untersuchungszeitraum.

331.2 Auswahlkriterien für die einzubeziehenden Kunden und Karten

In dieser Untersuchung sollten Klassifikatoren für die Antragsprüfung und für die Kartenüberwachung von Privatkunden entwickelt werden. Daher wurden nur Kunden einbezogen, die mindestens eine Privatkarte besaßen. Kunden, die nur Geschäftskarten besaßen, wurden aus der Untersuchung ausgeschlossen. Für den Antragsklassifikator wurde von jedem Kunden sein erster Antrag für eine Privatkarte verwendet, da hier die meisten Informationen vorlagen und außerdem die Angaben aus Erstantrag und Folgeantrag in der Regel übereinstimmten.

Für die Entwicklung des Überwachungsklassifikators wurden nur die Umsätze von Privatkarten genutzt. Privatkarten, die nicht über ein Konto des Karteninhabers abgerechnet wurden, wurden ausgeschlossen, da in diesem Fall noch andere Personen den Kontostand und somit die Zahlungsfähigkeit des Karteninhabers beeinflussen konnten. Wenn der Karteninhaber über ein eigenes Konto abgerechnet hat, war indes nicht bekannt, ob noch weitere Personen Kontovollmacht besaßen, so daß der Einfluß anderer Personen nicht völlig eliminiert werden konnte. Allerdings konnte angenommen werden, daß der Haupteinfluß auf den Stand eines Kontos des Karteninhabers vom Karteninhaber selbst ausging.

331.3 Abgrenzung von solventen und später insolventen Kunden

Für die Künstliche Neuronale Netzanalyse werden Datensätze von guten bzw. solventen und von später schlechten bzw. später insolventen Kunden benötigt, da das fertig entwickelte Künstliche Neuronale Netz die Aufgabe hat, neue Kunden einer der beiden Gruppen *solvent* oder *insolvenzgefährdet* zuzuordnen. Daher muß ein Kriterium gefunden werden, anhand dessen Kunden als solvent bzw. als insolvent gelten.

Ein Kreditkartenkunde wird von der Kartenorganisation als schlecht angesehen, wenn er seine regelmäßigen Abrechnungen nicht pünktlich begleichen kann, also in Zahlungsschwierigkeiten gerät. Denn damit sind Aufwendungen für Mahnwesen und Inkasso verbunden und eventuell fällt die gesamte oder ein Teil der Forderung gegen den Kunden aus.

Zahlungsschwierigkeiten eines Kunden werden durch eine Rücklastschrift angezeigt.[350] Eine Rücklastschrift kommt vor, wenn sich auf dem Konto des Karteninhabers, über das er seine Kreditkarte abrechnen läßt, nicht genügend Guthaben befindet und auch sein Dispositionskredit bereits ausgeschöpft ist, so daß er seine Kreditkartenrechnung nicht begleichen kann. In diesem Fall zieht das Kreditinstitut den Betrag der Lastschrift nicht ein, sondern schickt an den Auftraggeber des Lastschrifteinzugs eine Rücklastschrift.

Die durch die Rücklastschrift angekündigten Zahlungsschwierigkeiten mußten für die Insolvenz nachhaltig sein. Dies war der Fall, wenn der Kunde seine Rechnung auch nach mehrmaliger Mahnung (in der Regel zwei Mahnungen) nicht beglichen hat. Die Forderung der Kreditkartengesellschaft fiel daraufhin völlig oder teilweise aus oder mit dem Kunden wurde eine Ratenzahlung vereinbart. Die Nachhaltigkeit wurde gefordert, damit Kunden aufgrund einer fehlerhaften Rücklastschrift oder Kunden, deren Konto aufgrund einer einmaligen Ausnahmesituation nicht gedeckt war, nicht als insolvent bezeichnet wurden.

Die Rücklastschrift mußte die Umsätze auf einer Privatkarte betreffen, da in dieser Untersuchung nur Privatkunden betrachtet werden sollten. Außerdem mußte die Rücklastschrift im Untersuchungszeitraum liegen.

Als **Insolvenz eines Kunden** wurden also **nachhaltige Zahlungsschwierigkeiten des Kunden mit einer Privatkarte im Laufe des Untersuchungszeitraumes** definiert. Als Insolvenzzeitpunkt galt der Zeitpunkt, an dem die Kartenorganisation eine Rücklastschrift über den Rechnungsbetrag erhalten hat. Falls dem Kunden ein Zahlungsziel eingeräumt wurde, wurde der Insolvenzzeitpunkt ermittelt, indem vom Zeitpunkt der Rücklastschrift die Zahl der Tage des Zahlungsziels zurückgerechnet wurde. Diese Korrektur war notwendig, da sonst der Insolvenzzeitpunkt von Kunden mit einem Zahlungsziel im Vergleich zu Kunden ohne Zahlungsziel zu spät gelegen hätte.

---

[350] Die Kunden in dieser Untersuchung zahlten ihre Rechnungen alle per Lastschrift. Andere Zahlungsweisen wie Überweisung oder Scheck nach Rechnung kamen kaum vor und wurden daher

Bis ein Kunde insolvent wird, dauert es in der Regel einige Zeit, in der sich die Bonität des Kunden verschlechtert. Es kann sein, daß der Kunde bereits einige kritische Symptome aufweist, die aber noch keine nachhaltigen Zahlungsschwierigkeiten bedeuten. Ein solches Symptom ist z. B. eine Rücklastschrift, nach deren Eintreffen der Kunde indes schnell seine Rechnung begleicht. Ein Kunde, der solche kritischen Symptome aufweist, kann entweder weiterhin zahlungsfähig sein, oder aus den leichten entwickeln sich nachhaltige Zahlungsschwierigkeiten. Dieser Kunde kann also nicht klar einer der beiden Gruppen *solvent* oder *später insolvent* zugewiesen werden. Daher wurde ein solcher Kunde der Gruppe der kritischen Kunden zugewiesen. Da für die Künstliche Neuronale Netzanalyse ein möglichst scharfes Trennkriterium zwischen solventen und später insolventen Kunden verwendet werden sollte, damit eher gewährleistet ist, daß nur tatsächlich von der nachhaltigen Zahlungsunfähigkeit bedrohte Kunden als insolvenzgefährdet eingestuft werden,[351] wurden die kritischen Kunden aus den folgenden Analysen ausgeschlossen.

Ebenfalls wurden Kunden, die zwar keine kritischen Symptome aufwiesen aber ihre Kreditkarte zum Zeitpunkt der Datenaufbereitung im April 1998[352] erst weniger als zehn Monate[353] besaßen, zu den kritischen Kunden gezählt. Ein Kunde sollte bereits mindestens zehn Monate die Gelegenheit gehabt haben, seine Kreditkarte einzusetzen und zu zeigen, ob er seine Umsätze begleichen kann oder nicht, bevor er für die Analysen als solvent oder als später insolvent eingestuft wird. Diese Grenze wurde gesetzt, damit eher gewährleistet ist, daß der Kunde richtig eingestuft wird.

---

ausgeschlossen.

[351] Vgl. für den Fall eines Insolvenzkriteriums für Unternehmen FEIDICKER, M., Kreditwürdigkeitsprüfung, S. 38.

[352] Zu diesem Zeitpunkt wurde noch einmal abschließend geprüft, welche Kunden, die ihre erste Karte in dem in Abschnitt 331.1 beschriebenen Untersuchungszeitraum erhalten haben, inzwischen Rücklastschriften aufweisen. Diese Kunden wurden ebenfalls zu den kritischen Kunden gezählt.

[353] Zehn Monate ist die durchschnittliche Dauer bis zur Insolvenz im untersuchten Datenbestand. Allerdings ist zu berücksichtigen, daß dieser Wert relativ stark streut.

Kunden, die zum Zeitpunkt der Datenaufbereitung im April 1998 kein einziges kritisches Symptom auf keiner ihrer Karten aufwiesen und die zu diesem Zeitpunkt ihre erste Karte bereits mindestens zehn Monate besaßen, wurden der Gruppe der solventen Kunden zugeordnet.

332. Ermittlung der zur Verfügung stehenden Kundeninformationen

332.1 *Informationen für die Entwicklung eines Klassifikators zur Antragsprüfung*

Für die vorliegende Untersuchung standen von den einzubeziehenden Kunden[354] das SCHUFA-Urteil und die Selbstauskünfte der Kunden auf ihren Kreditkartenanträgen zur Verfügung. Eine Bankauskunft lag nicht für jeden Kunden und auch nicht auf Datenträgern vor, so daß Bankauskünfte für die Analysen nicht verwendet werden konnten.

Außerdem bestand die Möglichkeit, mikrogeografische Informationen, die von der Firma microm Micromarketing-Systeme und Consult GmbH, Neuss, zur Verfügung gestellt wurden, zu verwenden. Indes sollten diese Informationen erst in einem zweiten Versuchsaufbau genutzt werden, damit geprüft werden konnte, ob mit mikrogeografischen Informationen eine bessere Klassifikationsleistung erreicht werden kann als ohne diese Informationen.

Die für die Künstliche Neuronale Netzanalyse zur Antragsprüfung verwendeten Merkmale sind in Tabelle 1 aufgeführt. Sie lassen sich den in Abschnitt 231. beschriebenen Einflußfaktoren der personellen und der materiellen Bonität zuordnen.[355]

---

[354] Vgl. Abschnitt 331.

[355] Der Einflußfaktor der personellen Bonität *physischer Zustand* ist nicht aufgeführt, da für diesen Einflußfaktor keine Merkmale vorlagen.

Personelle Bonität				Materielle Bonität
1	2	3	4	5
Persönliche Merkmale	*Beruf*	*Auftreten im Zahlungsverkehr/ Kreditgeschäft*	*Soziales Umfeld*	*Meßbare wirtschaftliche Größen*
Alter	Angestellt seit	Bank, Kontoverbindung seit	Privatadresse, PLZ	Immobilienbesitz
Familienstand	Arbeit, PLZ	Bank, PLZ	Privatadresse, Staat	Jahreseinkommen
Geschlecht	Arbeit, Staat	Bankkundenbetreuer, Kontakt zu	Mikrogeografische Daten	
Staatsangehörigkeit	Arbeit, Telefon	BLZ, Bankinstitut		
Telefon privat	Berufsgruppe	BLZ, Clearinggebiet		
Titel	Firmenrahmenvereinbarung	Karten, Amexco		
Unterhaltsber. Personen	Selbständig/ angestellt	Karten, Diners		
Wohnhaft seit	Selbständig seit	Karten, ec		
	Staff	Karten, Euro		
		Karten, Visa		
		Lufthansa-Status		
		SCHUFA-Auskunft		

Tab. 1: *Merkmale für die Entwicklung des Klassifikators zur Antragsprüfung*

1) Persönliche Merkmale

Das Merkmal *Alter* wurde aus der Angabe des Geburtsdatums auf dem Kreditkartenantrag ermittelt. Das Geburtsdatum ist eine Pflichtangabe, so daß für jeden Kunden sein Alter zum Zeitpunkt der Antragstellung berechnet werden konnte. Die Altersangaben der Kunden wurden für die folgenden Analysen zu den acht Altersgruppen *0 bis 25 Jahre, 26 bis 30 Jahre, 31 bis 35 Jahre, 36 bis 40 Jahre, 41 bis 45 Jahre, 46 bis 50 Jahre 51 bis 55 Jahre* und *über 55* Jahre zusammengefaßt.

Das Merkmal *Familienstand* gibt an, ob der Antragsteller ledig, verheiratet, geschieden oder verwitwet ist, und das Merkmal *Geschlecht*, ob der Antragsteller männlich oder weiblich ist.

Das Merkmal *Staatsangehörigkeit* wurde für die folgenden Analysen auf die beiden Ausprägungen *Inländer* (Deutscher) und *Ausländer* reduziert, da für eine weitere Aufgliederung der ausländischen Staatsangehörigkeiten jeweils nicht genügend Fälle vorhanden waren.

Das Merkmal *Telefon privat* wurde aus der Angabe der privaten Telefonnummer auf dem Kreditkartenantrag gewonnen und gibt an, ob es sich um die Nummer eines Handys, um eine ausländische Nummer oder eine sonstige Nummer handelt.

Das Merkmal *Titel* wurde auf die beiden Ausprägungen *vorhanden* und *nicht vorhanden* reduziert, da bei diesem Merkmal auf den Kreditkartenanträgen sehr viele verschiedene Ausprägungen vorkamen, von denen jeweils nicht genügend Fälle vorlagen.

Das Merkmal *Unterhaltsber. Personen* gibt die Zahl der Personen an, für die der Antragsteller zum Unterhalt verpflichtet ist. Für die folgenden Analysen wurden für dieses Merkmal die sechs Ausprägungen *0, 1, 2, 3, 4* und *≥ 5* gebildet.

Das Merkmal *Wohnhaft seit* gibt an, wie viele Jahre der Antragsteller zum Zeitpunkt der Antragstellung bereits an der von ihm auf dem Antrag angegebenen Adresse wohnt. Aus der Angabe des Jahres, in dem der Antragsteller die Wohnung bezogen hat, wurden die Ausprägungen dieses Merkmals *0 bis 5 Jahre, 6 bis 10 Jahre, 11 bis 15 Jahre, 16 bis 20 Jahre* und *über 20 Jahre* ermittelt.

2) Beruf

Das Merkmal *Angestellt seit* gibt an, wie viele Jahre der Antragsteller zum Zeitpunkt der Antragstellung bereits bei seinem auf dem Antrag genannten Arbeitgeber beschäftigt ist. Aus der Angabe des Jahres, in dem der Antragsteller seine Beschäftigung bei diesem Arbeitgeber begonnen hat, wurden die Ausprägungen dieses Merkmals *0, 1 bis 2 Jahre, 3 bis 5 Jahre, 6 bis 10 Jahre, 11 bis 15 Jahre, 16 bis 20 Jahre* und *über 20 Jahre* ermittelt.

Das Merkmal *Arbeit, PLZ* gibt die Postleitzahl der Arbeitsstelle des Antragstellers an. Für die weiteren Analysen wurde nur die erste Ziffer der Postleitzahl verwendet.

Das Merkmal *Arbeit, Staat* bezeichnet den Staat, in dem die Arbeitsstelle des Antragstellers liegt. Die Merkmalsausprägungen wurden wieder auf *Ausland* und *Inland* reduziert.

Das Merkmal *Arbeit, Telefon* wurde aus der auf dem Antrag angegebenen dienstlichen Telefonnummer des Antragstellers ermittelt. Wie schon bei der privaten Telefonnummer wird wieder zwischen einer Handynummer einer ausländischen Nummer und einer sonstigen Nummern unterschieden.

Anhand des Merkmals *Berufsgruppe* kann unterschieden werden, ob der Kunde Geschäftsführer/Vorstand, Angestellter/Beamter, leitender Angestellter oder Facharbeiter ist.

Das Merkmal *Firmenrahmenvereinbarung* gibt an, ob die beantragte Kreditkarte unter einer Firmenrahmenvereinbarung läuft oder nicht. Eine Firmenrahmenvereinbarung kann ein Unternehmen mit einer Kreditkartenorganisation abschließen, wenn mehrere Mitarbeiter des Unternehmens Kreditkarten für geschäftliche Ausgaben benötigen. Neben den geschäftlich genutzten Kreditkarten können auch privat genutzte Karten der Mitarbeiter unter der Firmenrahmenvereinbarung ausgegeben werden. Nur diese Privatkarten werden in der vorliegenden Untersuchung betrachtet.

Aus den Merkmalen *Angestellt seit* und *Selbständig seit* wurde ein weiteres Merkmal *Selbständig/angestellt* gebildet. Während die beiden Merkmale *Angestellt seit* und *Selbständig seit* angeben, wie lange der betreffende Kunde zum Zeitpunkt der Antragstellung angestellt oder selbständig ist, gibt das Merkmal *Selbständig/angestellt* an, ob der Kunde auf dem Kartenantrag nur bei dem Merkmal *Angestellt seit*, nur bei dem Merkmal *Selbständig seit*, bei beiden Merkmalen oder bei keinem der beiden Merkmale eine Angabe gemacht hat.

Das Merkmal *Selbständig seit* wird aus der Jahresangabe für den Beginn der Selbständigkeit des Antragstellers ermittelt. Es bezeichnet die Zahl der Jahre, die der Antragsteller bereits selbständig ist. Die Ausprägungen dieses Merkmals lauten *0 bis 5 Jahre, 6 bis 10 Jahre, 11 bis 15 Jahre, 16 bis 20 Jahre* und *über 20 Jahre*.

Das Merkmal *Staff* gibt an, ob der Antragsteller Lufthansa-Mitarbeiter ist oder nicht.

3) Auftreten im Zahlungsverkehr/Kreditgeschäft

Das Merkmal *Bank, PLZ* bezeichnet die Postleitzahl der Adresse des kontoführenden Kreditinstituts des Antragstellers. Als Ausprägung wird nur die erste Ziffer der Postleitzahl verwendet.

Das Merkmal *Bank, Kontoverbindung seit* wird aus der Angabe des Jahres ermittelt, in welchem der Antragsteller sein Konto eröffnet hat, über das die Karte abgerechnet werden soll. Dieses Merkmal bezeichnet die Zahl der Jahre, die der Antragsteller sein Konto bereits zum Zeitpunkt der Antragstellung innehatte. Dieses Merkmal hat die Ausprägungen *0 bis 5 Jahre, 6 bis 10 Jahre, 11 bis 15 Jahre, 16 bis 20 Jahre* und *über 20 Jahre*.

Das Merkmal *Bankkundenbetreuer, Kontakt zu* gibt an, ob der Antragsteller auf dem Antrag einen Ansprechpartner in seinem kontoführenden Kreditinstitut benannt hat.

Das Merkmal *BLZ, Bankinstitut* gibt an, ob es sich bei dem kontoführenden Institut des Antragstellers z. B. um die Postbank, eine Privatbank, die Commerzbank, eine Sparkasse, eine Genossenschaftsbank, die Deutsche Bank oder die Dresdner Bank handelt. Dieses Merkmal wird aus der vierten Stelle der Bankleitzahl des kontoführenden Kreditinstituts des Antragstellers ermittelt.

Aus der ersten Stelle der Bankleitzahl des kontoführenden Kreditinstituts des Antragstellers wird das Merkmal *BLZ, Clearinggebiet* ermittelt. Dieses Merkmal gibt an, in welchem Clearinggebiet (Abrechnungsgebiete der Kreditinstitute, z. B. Westfalen oder Bayern) sich das betreffende Kreditinstitut befindet.

Das Merkmal *Karten, Amexco* gibt an, ob der Antragsteller eine Kreditkarte von American Express besitzt, das Merkmal *Karten, Diners*, ob der Antragsteller eine Diners Club Karte besitzt, das Merkmal, *Karten, ec*, ob der Antragsteller eine ec-Karte besitzt, das Merkmal *Karten, Euro*, ob der Antragsteller bereits eine Eurocard besitzt und das Merkmal *Karten, Visa*, ob der Antragsteller bereits eine Visa-Karte besitzt.

Das Merkmal *Lufthansa-Status* gibt an, ob der Antragsteller ein Basiskunde der Lufthansa ist oder ob er eine Lufthansa Frequent Traveller Karte oder eine Lufthansa Senator Karte besitzt.

Für das Merkmal *SCHUFA-Auskunft* hat die Lufthansa AirPlus die SCHUFA-Auskünfte über ihre Antragsteller in fünf Klassen eingeteilt. Allerdings war zu vermuten, daß die SCHUFA-Auskunft mit der Künstlichen Neuronalen Netzanalyse nicht als relevant erachtet wird, da Kunden mit einer schlechten SCHUFA-Auskunft bei dem früheren Antragsprüfungsprozeß in der Regel abgelehnt wurden und sich daher kaum Kunden mit einer schlechten SCHUFA-Auskunft im Kundenbestand befanden.

4) Soziales Umfeld

Das Merkmal *Privatadresse, PLZ* gibt die Postleitzahl der Privatadresse des Kunden an, die er auf dem Antragsformular angegeben hat. Von diesem Merkmal wird wieder nur die erste Ziffer der Postleitzahl verwendet.

Das Merkmal *Privatadresse, Staat* bezeichnet den Staat, in dem der Antragsteller zum Zeitpunkt der Antragstellung lebt. Hier wird wie schon bei den Merkmalen *Staatsangehörigkeit* und *Arbeit, Staat* nur nach Inland und Ausland unterschieden.

Die mikrogeografischen Daten werden im folgenden noch einzeln erläutert.

5) Meßbare wirtschaftliche Größen

Das Merkmal *Immobilienbesitz* gibt an, ob der Antragsteller Eigentümer von Immobilien ist oder nicht.

Das Jahreseinkommen wird auf dem Kreditkartenantrag bei einem Betrag unter 100.000 DM genau angegeben. Ansonsten wird angegeben, ob das Jahreseinkommen des Antragstellers über 100.000 DM, über 150.000 DM oder über 200.000 DM liegt. Für das Merkmal *Jahreseinkommen* wurden für die folgenden Analysen die sieben Einkommensgruppen *bis 25.000 DM, über 25.000 DM bis 50.000 DM, über 50.000 DM bis 75.000 DM, über 75.000 DM bis 100.000 DM, über 100.000 DM bis 150.000 DM, über 150.000 DM bis 200.000 DM* und *über 200.000 DM* gebildet.

In Tabelle 2 sind die zur Verfügung stehenden mikrogeografischen Merkmale, die sogenannten MOSAIC-Variablen, aufgeführt.[356]

Nr.	Merkmal	Nr.	Merkmal
1	Familienstruktur	10	Straßentyp
2	Anteil der unter 30-jährigen an den Haushaltsvorständen	11	PKW-Dichte
3	Anteil der über 60-jährigen an den Haushaltsvorständen	12	PKW-Größenindex
4	Durchschnittsalter des Haushaltsvorstandes	13	PKW-Leistungsindex
5	Ausländeranteil	14	PKW-Alters- und Halterindex
6	Status	15	MOSAIC-Typen
7	Statistisches Risiko von Zahlungsausfällen	16	Zahl Privathaushalte
8	Anonymitätsbedürfnis	17	Zahl Gewerbebetriebe
9	Haustyp		

Tab. 2: Mikrogeografische Merkmale (MOSAIC-Variablen)

Das Merkmal *Familienstruktur* gibt an, ob in der Wohngegend des Antragstellers eher Singlehaushalte oder Familien mit Kindern vorkommen. Die Ausprägungen dieses Merkmals werden anhand von Daten über das Kaufverhalten und anhand des Namens, auf den das Telefon angemeldet ist, geschätzt. Ist das Telefon auf einen Frauennamen angemeldet, ist dies ein Indiz für einen Singlehaushalt.

Die Ausprägungen des Merkmals *Anteil der unter 30-jährigen an den Haushaltsvorständen*, des Merkmals *Anteil der über 60-jährigen an den Haushaltsvorständen* und des Merkmals *Durchschnittsalter des Haushaltsvorstandes* werden aus konkreten Altersangaben und einer Vornamensanalyse ermittelt. Verwendet werden hierfür Daten des Verbandes der Vereine Creditreform e. V., des Versandhandels und der Touristik.

Die Ausprägungen des Merkmals *Ausländeranteil* werden ebenfalls aus der Vornamensanalyse geschätzt.

Das Merkmal *Status* gruppiert die Haushalte nach Bildung und Einkommen. Die Ausprägungen dieses Merkmals werden aus den Berufsangaben und den Angaben von

---

[356] Vgl. zu den Merkmalen MICROM, Unser Angebot im Überblick, S. 9-23.

akademischen Titeln der Telefonteilnehmer geschätzt. Außerdem gehen die Adressen des Verbandes der Vereine Creditreform e. V. von Führungskräften der Wirtschaft in die Schätzung ein. Wenn Mitglieder freier Berufe (z. B. Notare, Rechtsanwälte) im Haus oder der näheren Wohnumgebung vorhanden sind, erhöht dies zusätzlich den Status.

Die Ausprägungen des Merkmals *Statistisches Risiko von Zahlungsausfällen* werden aus dem Anteil der Haushalte mit Zahlungsproblemen in der jeweiligen Zelle ermittelt. Außerdem gehen in den alten Bundesländern noch das Durchschnittsalter, die Fluktuation der Haushalte, der Anteil der Deutschen, der Anteil der Alleinstehenden, die Hausgröße und der Bebauungstyp, d. h. ob die Straße oder der Straßenabschnitt homogen bebaut ist oder nicht, ein. In den neuen Bundesländern gehen der Anteil der Kinder und die Kombination von Bebauungstyp und Straßentyp mit ein.

Auf die Ausprägungen des Merkmals *Anonymitätsbedürfnis* wird aus den Angaben zu Beruf, vollständigem Vornamen und vollständiger Adresse der Telefonteilnehmer geschlossen. Wer viele Angaben macht, hat eher ein geringes, wer kaum Angaben macht, ein hohes Anonymitätsbedürfnis.

Das Merkmal *Haustyp* gibt die Größe und die Nutzung (privat oder gewerblich) des jeweiligen Hauses an. Die Merkmalsausprägungen basieren auf der Summe der Haushalte und der Zahl der Firmen pro Haus. Zusätzlich wird für Ein- bis Zweifamilienhäuser unterschieden, ob die Bebauung in der Straße oder dem Straßenabschnitt homogen ist oder nicht. Die Bebauung ist homogen, wenn über 75 % der Häuser in dem Straßenabschnitt Ein- bis Zweifamilienhäuser sind.

Das Merkmal *Straßentyp* gibt an, wie stark die Häuser in der Straße gewerblich genutzt werden. In dieses Merkmal gehen die Zahl der Läden, Freiberufler und Gaststätten und die Zahl der Betriebe mit beeinträchtigendem Gewerbe ein.

Das Merkmal *PKW-Dichte* gibt die durchschnittliche Zahl der PKW pro Haushalt an. Zugrunde liegen Daten des Kraftfahrtbundesamtes in Flensburg.

In die Ausprägungen des Merkmals *PKW-Größenindex* gehen vor allem Informationen über die Zahl der Sitzplätze des PKW und ob es sich um einen Kombi oder einen Kleinbus handelt ein. Zugrunde liegen wieder Daten des Kraftfahrtbundesamtes.

Die Ausprägungen des Merkmals *PKW-Leistungsindex* werden vorwiegend von der KW-Leistung und dem Gewicht des Fahrzeugs bestimmt. Die Daten stammen wiederum vom Kraftfahrtbundesamt.

Um die Ausprägungen des Merkmals *PKW-Alters- und Halterindex* zu ermitteln, werden das Datum der Erstzulassung eines PKW und die Zahl der bisherigen Halter des PKW herangezogen. Zugrunde liegen wieder Daten des Kraftfahrtbundesamtes.

Das Merkmal *MOSAIC-Typen* gibt komprimiert Auskunft über das Wohnumfeld eines Haushaltes. In die Ausprägungen dieses Merkmals gehen die oben beschriebenen MOSAIC-Variablen ein. Mikrozellen mit einer ähnlichen Variablenkombination werden in einem MOSAIC-Typ zusammengefaßt. Es existieren 38 MOSAIC-Typen, die zehn Gruppen zugeordnet werden. Z. B. gehören in die Gruppe *Statushohe Großstädter* die drei MOSAIC-Typen *Attraktive innerstädtische Wohnlagen, Wohlhabende Ältere in Villenvororten* und *„Suburbia": neue Eigenheime im Umland*.

332.2 Informationen für die Entwicklung eines Klassifikators zur Kartenüberwachung

Für die Entwicklung des Klassifikators zur Kartenüberwachung standen neben den in Abschnitt 332.1 genannten Informationen noch die Informationen über die getätigten Umsätze jedes Kunden mit seiner Kreditkarte bzw. mit seinen Kreditkarten zur Verfügung. Zu diesen Umsatzdaten gehört für jeden Umsatz das Datum, an dem der Kunde den Umsatz getätigt hat, die Höhe des Umsatzes und die Währung, in der der Umsatz getätigt wurde. Außerdem ist bekannt, bei welchem Vertragsunternehmen der Umsatz getätigt wurde, in welchem Ort und Land sich das Vertragsunternehmen befindet und um welche Art von Unternehmen es sich bei dem Vertragspartner handelt, d. h. ob der Umsatz z. B. in einem Hotel oder in einem Bekleidungsgeschäft getätigt wurde. Die Informationen über den Ort und das Land, in dem sich das Vertragsunternehmen befindet und die Art des Vertragsunternehmens werden insbesondere für Untersuchungen zur Vermeidung von Kreditkartenbetrug genutzt.[357]

Neben den Umsatzdaten stand für die Entwicklung des Klassifikators zur Kartenüberwachung noch das Limit des Kreditkartenkunden zur Verfügung. Das Limit ist der Betrag, bis zu dessen Höhe der Kunde mit seiner Kreditkarte bzw. mit seinen Kreditkarten in einer Rechnungsperiode Umsätze tätigen darf. Das Limit wurde bisher bei der Antragsprüfung nach den Vorschlägen des Antragsprüfungssystems unseres Projektpartners festgesetzt. Der Antragsprüfer konnte indes auch von dem jeweiligen Vorschlag abweichen, wenn dafür Gründe vorlagen.

Die Umsatzdaten und das Limit werden in dieser Untersuchung als Transaktionsdaten bezeichnet. Denn die Umsatzdaten stellen Informationen über die einzelnen Transaktionen des Kunden dar, und das Limit begrenzt die Höhe dieser Transaktionen. Die Transaktionsdaten können dem Einflußfaktor auf die personelle Bonität *Auftreten im Zahlungsverkehr/Kreditgeschäft* zugeordnet werden.[358] In Tabelle 3 sind die zur Verfügung stehenden Transaktionsdaten aufgeführt.

Transaktionsdaten	
Limit des Kunden für alle seine Karten	
Umsatzdaten	Datum des Umsatzes
	Höhe des Umsatzes
	Währung des Umsatzes
	Name des Vertragsunternehmens
	Ort des Vertragsunternehmens
	Land des Vertragsunternehmens
	Art des Vertragsunternehmens

Tab. 3: Transaktionsdaten

---

[357] Vgl. zu der Arbeitsweise eines solchen Systems MARTIN, L. E./KÜPFER, R. M., Künstliche Intelligenz: High-Tech Waffe gegen Kreditkartenbetrug, S. 19; FÜSER, K., Neuronale Netze in der Finanzwirtschaft, S. 319.

[358] Vgl. zu den Einflußfaktoren auf die personelle und materielle Bonität des privaten Kreditkartenkunden Abschnitt 231.

333. Beschreibung des Datenbestandes

333.1 Datenbestand für die Entwicklung eines Klassifikators zur Antragsprüfung

Insgesamt standen von 61.082 Privatkunden die Erstanträge zur Verfügung. Davon wurden 21.324 als kritisch eingestuft, d. h. sie konnten weder klar den solventen noch den später insolventen Kunden zugeordnet werden.[359] Die kritischen Kunden wurden für die Künstliche Neuronale Netzanalyse nicht verwendet. 38.733 Erstanträge gehörten zu solventen Kunden, 1.025 zu später insolventen Kunden. Abbildung 12 zeigt die Verteilung der Erstanträge von Privatkunden nach ihrem Status *solvent*, *später insolvent* oder *kritisch*.

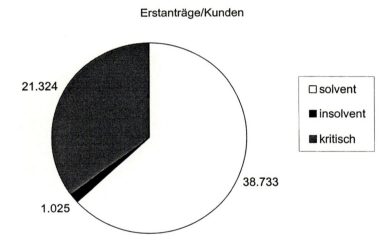

Abb. 12: *Verteilung der Erstanträge bzw. Kunden nach ihrem Status „solvent", „später insolvent" oder „kritisch"*

---

[359] Vgl. zur Abgrenzung von solventen und später insolventen Kunden Abschnitt 331.3.

In Abbildung 13 ist die prozentuale Verteilung der solventen, später insolventen und kritischen Kunden der Grundgesamtheit nach dem Jahr, in dem sie ihren ersten Kreditkartenantrag gestellt haben, dargestellt.

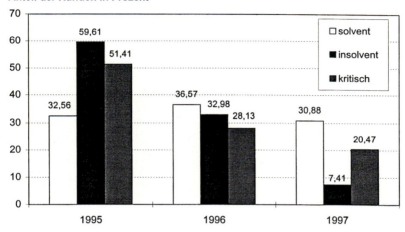

Abb. 13: Verteilung der solventen, insolventen und kritischen Kunden nach dem Jahr, in dem sie ihren ersten Antrag gestellt haben

32,56 % aller in Abbildung 13 erfaßten solventen Kunden haben ihren Erstantrag 1995 gestellt. 1996 haben 36,57 % der solventen Kunden ihre erste Privatkarte beantragt. 1997 sinkt der Anteil etwas und zwar auf 30,88 %, da der Untersuchungszeitraum bereits am 30.09.1997 endet. Dieser Effekt ist im folgenden auch bei den später insolventen und den kritischen Kunden zu berücksichtigen.

Fast 60 % der später insolventen Kunden haben ihren Erstantrag 1995 gestellt. Für 1996 beträgt der Anteil 32,98 % und für 1997 nur 7,41 %. Dies liegt daran, daß Kunden, die ihren Erstantrag früher gestellt haben, ihre Karte schon länger nutzen. Somit konnte sich die Insolvenz bereits ausprägen. Bei einigen kritischen Kunden wird wahrscheinlich die Insolvenz nach dem Untersuchungszeitraum eintreten.

Auch bei den kritischen Kunden ist zu beobachten, daß die meisten, nämlich 51,41 %, ihren Antrag 1995 gestellt haben. Der Anteil für 1996 beträgt 28,13 % und für 1997 20,47 %. Die abnehmende Tendenz ist nicht so stark wie bei den später insolventen Kunden. Dies liegt daran, daß sich unter den kritischen Kunden sehr viele eigentlich solvente Kunden befinden, die aber ein kritisches Symptom aufweisen. Zu einem kritischen Symptom kann es schon nach wesentlich kürzerer Zeit kommen als zu einer Insolvenz. Natürlich ist das Risiko größer, ein kritisches Symptom aufzuweisen, wenn der Kunde seine Kreditkarte bereits länger nutzt. Dies belegt der hohe Anteil von kritischen Kunden, die ihren Antrag 1995 gestellt haben.

Abbildung 14 zeigt die prozentuale Verteilung der später insolventen Kunden nach dem Jahr, in dem sie insolvent geworden sind.

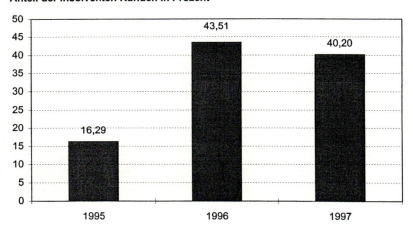

Abb. 14: Verteilung der insolventen Kunden nach dem Jahr, in dem sie insolvent geworden sind

Hier bestätigen sich die oben angeführten Erläuterungen. Die 16,29 % für 1995 umfassen nur Kunden, die ihren Antrag im gleichen Jahr gestellt haben, während in den 43,51 % für 1996 und den 40,20 % für 1997 zusätzlich Kunden erfaßt sind, die ihre Karte bereits länger nutzen und erst nach einer längeren Zeit insolvent geworden sind.

Bei der Zahl für 1997 ist wieder zu berücksichtigen, daß Kunden, die nach dem 30.09.1997 insolvent geworden sind, nicht im Datenbestand enthalten sind.

333.2 Datenbestand für die Entwicklung eines Klassifikators zur Kartenüberwachung

Das zu entwickelnde Künstliche Neuronale Netz zur Kartenüberwachung soll vor allem aus den Transaktionsdaten eines Kunden erkennen, ob dieser insolvenzgefährdet ist. Neue Umsätze kann ein Kunde jeden Tag tätigen. Indes ist es oft aus Kapazitätsgründen nicht sinnvoll, daß ein Klassifikator jeden Kunden, der einen neuen Umsatz getätigt hat, sofort neu beurteilt, sobald die Kartenorganisation von dem Umsatz erfährt. Stattdessen wird der gesamte Kundenbestand nach festgelegten Zeitintervallen beurteilt. Die Umsätze eines Kunden zwischen zwei Prüfzeitpunkten gehen in die Beurteilung des Kunden zum zweiten Prüfzeitpunkt ein.

In der vorliegenden Untersuchung wurde dieses Prüfintervall an die Länge der Abrechnungsperiode der Kunden geknüpft. In der Regel war dies ein vierwöchiger Rechnungszyklus. Je nach der Dauer des Kartenbesitzes lagen unterschiedlich viele Rechnungsperioden für die einzelnen Kunden vor.

Die Rechnungsperioden der später insolventen Kunden wurden abhängig von ihrem Abstand zum Insolvenzzeitpunkt t_0 gekennzeichnet. Die Periode direkt vor dem Insolvenzzeitpunkt wurde mit $t-1$, die Periode davor mit $t-2$ und so fortlaufend benannt. Für die Künstliche Neuronale Netzanalyse wurden indes nicht alle Perioden verwendet, die von einem später insolventen Kunden vorlagen. Denn für das Kreditkartengeschäft ist es nicht notwendig, daß ein später insolventer Kunde bereits z. B. ein halbes Jahr vor dem Insolvenzzeitpunkt erkannt wird. Da der Kartenorganisation nicht bekannt ist, ob die Insolvenz im nächsten Monat oder in einem halben Jahr eintritt, könnte dem Kunden eventuell zu früh gekündigt werden, obwohl er noch durch die mit seinen Umsätzen verbundenen Disagien zum Erfolg der Kartengesellschaft beigetragen hätte.

Außerdem hat der grafische Mittelwertvergleich[360] einiger Kennzahlen aus Transaktionsdaten[361] gezeigt, daß deren Mittelwerte der solventen und später insolventen Kunden weiter entfernt vom Insolvenzzeitpunkt (bis zu *t-6*) sehr nah beieinander liegen oder daß sogar gegen die für die Kennzahl geltende Hypothese verstoßen wird. Das diskriminatorische Potential dieser Kennzahlen nimmt also weiter entfernt vom Insolvenzzeitpunkt ab.

Zudem sollten für die folgenden Analysen von allen Kunden möglichst gleich viele Datensätze verwendet werden, damit das Künstliche Neuronale Netz mit einer annähernd gleich großen Zahl an Datensätzen für jeden Klassifikationszeitpunkt *t-n* (n = Zahl der Perioden vor der Insolvenz) trainiert, getestet und validiert werden kann. Dies hat den Vorteil, daß für ein so entwickeltes Netz die Klassifikationsleistung zu jedem Zeitpunkt *t-n* angegeben werden kann.[362] Allerdings waren nicht von jedem Kunden gleich viele Rechnungsperioden vorhanden, denn die Zahl der Rechnungsperioden für einen Kunden ist davon abhängig, wann der Kunde seinen Kreditkartenantrag gestellt hat und, im Falle eines später insolventen Kunden, wann er insolvent geworden ist. Z. B sind gut 20 % der später insolventen Kunden der Grundgesamtheit bereits nach spätestens drei Rechnungsperioden insolvent geworden. Sollten also z. B. vier Rechnungsperioden von jedem Kunden einbezogen werden, wären von 20 % der insolventen Kunden nicht genügend Rechnungsperioden vorhanden. Der Anteil der insolventen Kunden, von denen nicht genügend Rechnungsperioden vorliegen, würde zunehmen, je mehr Rechnungsperioden von jedem Kunden einbezogen werden sollen.

Aus den genannten Gründen wurden in dieser Analyse von den später insolventen Kunden soweit vorhanden nur die Rechnungsperioden *t-1*, *t-2* und *t-3* herangezogen. Von den solventen Kunden wurden ebenfalls, soweit vorhanden, drei aufeinanderfolgende Rechnungsperioden verwendet. Die Rechnungsperioden der solventen Kunden

---

[360] Zum grafischen Mittelwertvergleich vgl. Abschnitt 354.1.

[361] Zu den Kennzahlen vgl. Abschnitt 341.32.

[362] Vgl. die Angaben der Klassifikationsleistung der Klassifikatoren zur Kartenüberwachung in den Abschnitten 354.214. und 354.224.

wurden so gewählt, daß sie bzgl. der Verteilung der Dauer, die die Kunden zum jeweiligen Rechnungszeitpunkt bereits ihre Kreditkarte besaßen, mit den Rechnungsperioden der später insolventen Kunden vergleichbar waren.

Da fast für jeden Kunden drei Rechnungsperioden herangezogen wurden, erhöhte sich die Zahl der zu verarbeitenden Datensätze stark. Große Datenmengen führen allerdings zu sehr langen Trainingszeiten bei der Künstlichen Neuronalen Netzanalyse oder können von der Software für die Netzentwicklung nicht mehr verarbeitet werden. Daher wurde die Zahl der einbezogenen Kunden im Vergleich zum Datenbestand für die Entwicklung des Klassifikators zur Antragsprüfung reduziert. Die Zahl der verwendeten Datensätze ist dennoch höher als bei der Entwicklung des Klassifikators zur Antragsprüfung. Insgesamt wurden für die Entwicklung und Validierung des Klassifikators für die Kreditüberwachung 58.386 Datensätze (Transaktionsdaten der Rechnungsperioden *t-1*, *t-2*, *t-3*) verwendet, davon 56.036 von solventen und 2.350 von später insolventen Kunden.

34 Aufbereitung des Datenmaterials

341. Aufbereitung der Kundeninformationen

341.1 Die Problematik der Missing Values

341.11 Möglichkeiten der Behandlung von Missing Values

Ein Missing Value, also ein fehlender Werte, tritt auf, wenn in einem Datensatz bei einem Merkmal keine Ausprägung vorhanden ist. Ein Datensatz, der mit einem Missing Value oder mehreren Missing Values behaftet ist, kann grundsätzlich auf drei Arten behandelt werden:[363]

---

[363] Vgl. REHKUGLER, H./SCHMIDT-VON RHEIN, A., Kreditwürdigkeitsanalyse und -prognose für Privatkundenkredite, S. 9; SCHMIDT-VON RHEIN, A./REHKUGLER, H., KNN zur Kreditwürdigkeitsprüfung bei Privatkundenkrediten, S. 510.

1) Der unvollständige Datensatz wird aus der Analyse ausgeschlossen. Wenn ein Merkmal bei der Mehrzahl der Datensätze nicht vorhanden ist, kann statt der Datensätze das Merkmal aus der Analyse ausgeschlossen werden.[364] Jeder Datensatz wird dann um das ausgeschlossene Merkmal verkürzt. Dies verhindert, daß der Datenbestand zu stark reduziert wird.

2) Die Missing Values des Datensatzes werden durch geeignete Schätzwerte ersetzt. Der Datensatz wird mit den Schätzwerten in die Analyse einbezogen.

3) Der Datensatz wird ohne Veränderung trotz Missing Values in die Analyse einbezogen.

Der Vorteil der ersten Vorgehensweise liegt darin, daß nur Datensätze in die Analyse einbezogen werden, bei denen vollständige Informationen vorliegen, so daß die Situation des Kunden, soweit mit den insgesamt vorhandenen Merkmalen möglich, genau abgebildet wird. Zu Verzerrungen durch Schätzwerte kann es nicht kommen. Der Nachteil dieser Vorgehensweise ist, daß ein Teil der Datensätze und somit des Informationspotentials für die Analyse verlorengeht.[365] Außerdem könnte es sein, daß Datensätze, bei denen ein Merkmal fehlt, typisch sind für Solvenz oder für Insolvenz. Wenn bei der Mehrzahl der Datensätze ein bestimmtes Merkmal die Missing Values verursacht, sollte statt der Datensätze mit Missing Values das häufig nicht vorhandene Merkmal ausgeschlossen werden.

Der Vorteil der zweiten Vorgehensweise besteht darin, daß kein Informationspotential durch Ausschluß von Datensätzen oder Merkmalen verlorengeht. Da der Schätzer nicht die tatsächliche Merkmalsausprägung abbildet, kommt es allerdings zu Verzerrungen im Datenmaterial. An dieser Stelle ist abzuwägen, ob der zusätzliche Informationsge-

---

[364] Vgl. UTHOFF, C., Erfolgsoptimale Kreditwürdigkeitsprüfung, S. 203.

[365] Vgl. SCHMIDT-VON RHEIN, A./REHKUGLER, H., KNN zur Kreditwürdigkeitsprüfung bei Privatkundenkrediten, S. 510 f.

winn eventuell auftretende Verzerrungen durch die unvollständigen Datensätze aufwiegt.[366]

Die dritte Vorgehensweise hat ebenfalls den Vorteil, daß kein Informationspotential verlorengeht. Außerdem treten keine Verzerrungen durch Schätzwerte auf. Indes führt auch ein Missing Value zu Verzerrungen, da die tatsächlichen aber unbekannten Daten des Kunden nicht exakt wiedergegeben werden. Außerdem benötigen einige Typen von Künstlichen Neuronalen Netzen vollständige Eingabevektoren, so daß diese Vorgehensweise bei den betreffenden Netztypen nicht anwendbar ist.[367]

In der vorliegenden Untersuchung werden Künstliche Neuronale Netze verwendet, die vollständige Eingabevektoren benötigen. Weil in sehr vielen Datensätzen zumindest ein Missing Value vorkam, wären zu viele Informationen verlorengegangen, wenn alle unvollständigen Datensätze ausgeschlossen worden wären. Auch einzelne Merkmale wurden nicht ausgeschlossen, da jedes Merkmal für den größten Teil der Datensätze vorhanden war. Daher wurde die zweite Vorgehensweise gewählt, so daß ein geeigneter Schätzer für jeden Missing Value gefunden werden mußte.

Der bei der zweiten Vorgehensweise für einen Missing Value zu ermittelnde Schätzwert sollte so bestimmt werden, daß der Schätzfehler möglichst gering ausfällt. Da die tatsächliche Ausprägung des fehlenden Merkmalswertes indes nicht bekannt ist und somit auch der Schätzfehler nicht berechnet und minimiert werden kann, bleibt nur, einen möglichst zweckmäßigen Schätzwert zu finden.[368]

Ein möglicher Schätzer ist der Mittelwert über ausgewählte Datensätze einer Stichprobe. Dabei sind der gruppenspezifische und der merkmalsspezifische Mittelwert zu unterscheiden. In dieser Untersuchung liegen Datensätze der zwei Kundengruppen *sol-*

---

[366] Vgl. SCHMIDT-VON RHEIN, A./REHKUGLER, H., KNN zur Kreditwürdigkeitsprüfung bei Privatkundenkrediten, S. 510 f.

[367] Vgl. SCHMIDT-VON RHEIN, A./REHKUGLER, H., KNN zur Kreditwürdigkeitsprüfung bei Privatkundenkrediten, S. 510.

[368] Vgl. SCHMIDT-VON RHEIN, A./REHKUGLER, H., KNN zur Kreditwürdigkeitsprüfung bei Privatkundenkrediten, S. 511.

vent und *später insolvent* vor. Für jede Gruppe läßt sich für jedes Merkmal ein gruppenspezifischer Mittelwert bestimmen. Der gruppenspezifische Mittelwert für ein Merkmal wird aus den Ausprägungen dieses Merkmals für die Gruppe der solventen und für die Gruppe der später insolventen Kunden jeder Stichprobe ermittelt. Der merkmalsspezifische Mittelwert für ein Merkmal wird aus den Ausprägungen dieses Merkmals aller Datensätze einer Stichprobe berechnet.[369]

Aus ökonomischer Sicht sollte für die Datensätze der Analysestichprobe der gruppenspezifische Mittelwert verwendet werden, da dieser Mittelwert für den ersetzten Merkmalswert eine bessere Schätzung darstellt als der merkmalsspezifische Mittelwert.[370] UTHOFF erzielte bei Verwendung des gruppenspezifischen Mittelwertes in der Analysestichprobe bessere Klassifikationsergebnisse als bei Verwendung des merkmalsspezifischen Mittelwertes.[371]

Für die Datensätze der Teststichprobe und der Validierungsstichprobe darf der gruppenspezifische Mittelwert nicht herangezogen werden, da damit schon Informationen über die erst zu bestimmende Gruppenzugehörigkeit vorweggenommen würden. Für die Teststichprobe und die Validierungsstichprobe sollte daher der merkmalsspezifische Mittelwert als Schätzer gesetzt werden. Dieser Mittelwert ist neutral, da in seine Berechnung sowohl Werte solventer als auch Werte später insolventer Kunden eingehen. Allerdings hängt die Neutralität des merkmalsspezifischen Mittelwertes davon ab, wie das Zahlenverhältnis der Datensätze beider Gruppen aussieht. Sind gleich viele Datensätze von solventen und von später insolventen Kunden vorhanden, ist der Neutralitätsgrad des merkmalsspezifischen Mittelwertes am höchsten. Die Neutralität nimmt umso mehr ab, je stärker das Übergewicht einer der beiden Gruppen ist. Im Ex-

---

[369] Vgl. SCHMIDT-VON RHEIN, A./REHKUGLER, H., KNN zur Kreditwürdigkeitsprüfung bei Privatkundenkrediten, S. 511.

[370] Vgl. SCHMIDT-VON RHEIN, A./REHKUGLER, H., KNN zur Kreditwürdigkeitsprüfung bei Privatkundenkrediten, S. 511 f.

[371] Vgl. UTHOFF, C., Erfolgsoptimale Kreditwürdigkeitsprüfung, S. 235.

tremfall entspricht der merkmalsspezifische Mittelwert dem gruppenspezifischen Mittelwert der am stärksten vertretenen Gruppe.[372]

Falls das Übergewicht einer Gruppe lediglich im vorhandenen Datenmaterial begründet ist, die Verhältnisse in der Realität aber anders sind, können für die Berechnung des merkmalsspezifischen Mittelwertes die vorhandenen solventen und später insolventen Kunden so gewichtet werden, daß ihr jeweiliger Anteil der für die Realität angenommenen a-priori Solvenzwahrscheinlichkeit bzw. der a-priori Insolvenzwahrscheinlichkeit[373] entspricht.

Abhängig vom Skalenniveau der Merkmale sind die in Tabelle 4 aufgeführten Mittelwerte als Schätzer verwendbar.[374]

Skalenniveau	Mittelwert als Schätzer	Erläuterung für den Mittelwert
Nominalskaliert	Modus	Die Ausprägung, die in einer Datenreihe am häufigsten vorkommt.
Ordinalskaliert	Median	Die Ausprägung in der Mitte einer nach der Größe sortierten Datenreihe.
Intervallskaliert	Gewogenes arithmetisches Mittel	Summe der mit ihren Häufigkeiten gewichteten Merkmalsausprägungen einer Datenreihe.
Verhältnisskaliert		

Tab. 4: *Vom Skalenniveau abhängige mögliche Mittelwerte als Schätzer*

341.12 Missing Values bei Antragsdaten

Missing Values kamen in dieser Untersuchung zunächst bei den Antragsdaten vor, da nicht sämtliche Angaben auf den Antragsformularen Pflichtangaben sind. Der Kunde bekommt auch eine Kreditkarte, wenn er nicht alle Angaben vollständig ausfüllt. Le-

---

[372] Vgl. SCHMIDT-VON RHEIN, A./REHKUGLER, H., KNN zur Kreditwürdigkeitsprüfung bei Privatkundenkrediten, S. 511 f.

[373] Zu den a-priori Wahrscheinlichkeiten vgl. die Abschnitte 352.22 und 412.1.

[374] Vgl. UTHOFF, C., Erfolgsoptimale Kreditwürdigkeitsprüfung, S. 208. Vgl. zu den Erläuterungen zu den Mittelwerten BLEYMÜLLER, J./GEHLERT, G./GÜLICHER, H., Statistik für Wirtschaftswissenschaftler, S. 13-17; HARTUNG, J., Statistik, S. 31-35.

diglich bei Pflichtangaben fragt der Antragsprüfer fehlende Daten beim Kunden nach. Fragen auf dem Antragsformular, die nur mit *ja* oder *nein* beantwortet werden können, indem ein Feld auf dem Formular angekreuzt wird oder nicht (z. B. bei dem Merkmal *Karten, ec*, können nicht zu Missing Values führen. Denn bedeutet z. B. ein Kreuz in dem betreffenden Feld *ja* und ist das Feld nicht angekreuzt, wird die Antwort als *nein* gewertet, da nicht unterschieden werden kann, ob der Kunde keine Angabe machen oder ob er mit *nein* antworten wollte.

Die Vermutung besteht, daß ein Kunde Gründe hat, wenn er bestimmte Antragsfelder nicht ausfüllt. Ein Grund könnte z. B. sein, daß der Kunde fürchtet, bestimmte Informationen könnten dazu führen, daß er die beantragte Kreditkarte nicht erhält. Somit kann auch darin eine Information liegen, daß der Kunde keine Information geben wollte. Daher wurde in der vorliegenden Untersuchung kein Schätzer für den realen Wert des Missing Value gesucht, sondern es wurde die neue Merkmalsausprägung *keine Angabe* eingeführt. Durch diese Vorgehensweise existieren bei den Antragsdaten keine Missing Values.

Das Merkmal *Jahreseinkommen* aus den Antragsdaten wird sowohl für die Entwicklung des Klassifikators zur Antragsprüfung als auch für die Entwicklung des Klassifikators zur Kartenüberwachung genutzt. Für den Antragsklassifikator wurden wie oben beschrieben fehlende Werte für das Merkmal *Jahreseinkommen* mit der Ausprägung *keine Angabe* belegt. Dies ist für den Überwachungsklassifikator nicht möglich, da mit dem Jahreseinkommen Kennzahlen berechnet werden sollen. Da die Datensätze mit fehlendem Jahreseinkommen nicht ausgeschlossen werden sollten, um die restlichen Informationen dieser Datensätze nicht zu verlieren, mußte ein geeigneter Schätzer gefunden werden. Für die Analysestichprobe war dies der gruppenspezifische Mittelwert.[375] Da das Jahreseinkommen verhältnisskaliert ist, wurde als Mittelwert das gewogene arithmetische Mittel herangezogen.[376] In der Teststichprobe und der Analyse-

---

[375] Vgl. zur Begründung der Wahl des gruppenspezifischen Mittelwertes als Schätzer für die Datensätze der Analysestichprobe Abschnitt 341.11.

[376] Vgl. zu den vom Skalenniveau abhängigen Mittelwerten Abschnitt 341.11.

stichprobe wurde der merkmalsspezifische Mittelwert verwendet.[377] Da nach ökonomischen Überlegungen ein Zusammenhang zwischen der Berufsgruppe und dem Jahreseinkommen besteht, wurde sowohl bei dem gruppenspezifischen als auch bei dem merkmalsspezifischen Mittelwert das gewogene arithmetische Mittel des Jahreseinkommens für die verschiedenen Berufsgruppen getrennt berechnet.

341.13 Missing Values bei Kennzahlen aus Transaktionsdaten

Die Kennzahlen für den Klassifikator zur Kartenüberwachung sollten aus Zahl und Höhe der Umsätze, dem Limit und dem Jahreseinkommen des Kunden gebildet werden. Dies sind die vorhandenen quantitativen Merkmale, die sinnvoll zu Kennzahlen verknüpft werden können. Missing Values konnten hier zum einen auftreten, wenn ein Kunde in einer bestimmten Periode keine Umsätze getätigt hat. Bei Kennzahlen, die die Umsätze im Nenner haben, konnte es somit zu einer Division durch Null und damit zu einem Missing Value kommen. Dieses Problem wurde gelöst, indem die entsprechende Kennzahl bei einem Periodenumsatz von Null ebenfalls auf Null gesetzt wurde oder indem die Kennzahl statt als Quotient einer Größe zum Zeitpunkt t und der gleichen Größe zum Zeitpunkt $t-1$ als Steigungswinkel der Verbindungsgeraden zwischen der Größe zu beiden Zeitpunkten definiert wurde.[378] Somit mußten keine Kennzahlen durch Schätzwerte ersetzt werden.

341.2 Kodierung der Antragsdaten

341.21 Vorbemerkung

Merkmale können nur direkt in ein Künstliches Neuronales Netz übernommen werden, wenn sie verhältnisskaliert sind. Die Merkmale aus den Kreditkartenanträgen sind indes überwiegend nominalskaliert. Einige Merkmale sind auch ordinalskaliert oder in-

---

[377] Vgl. zur Begründung der Wahl des merkmalsspezifischen Mittelwertes als Schätzer für die Datensätze der Teststichprobe und der Validierungsstichprobe Abschnitt 341.11.

[378] Vgl. dazu ausführlich die Ausführungen in Abschnitt 341.32.

tervallskaliert. Damit das Netz diese Daten verarbeiten kann, müssen sie kodiert werden.[379]

Die Art der Kodierung eines Merkmals ist von seiner Skalierung abhängig.[380] Daher muß zunächst für jedes Merkmal das Skalenniveau bestimmt werden. Danach kann festgelegt werden, nach welcher Regel das Merkmal kodiert werden soll. Je nachdem welche Kodierungsregel angewendet wird, werden mehr oder weniger Neuronen in der Eingabeschicht des Netzes benötigt. Die Entscheidung für eine Kodierungsregel beeinflußt also die Lerngeschwindigkeit des Netzes. Denn je länger der Eingabevektor des Netzes ist, desto langsamer lernt das Netz.

341.22 Formen der Kodierung von Antragsdaten

341.221. One-of-n Kodierung

Bei der one-of-n Kodierung wird für jede Merkmalsausprägung ein Eingabeneuron benötigt (Prinzip der lokalen Repräsentation).[381] Das Neuron, das die abzubildende Ausprägung repräsentiert, erhält den Wert Eins. Die Neuronen, die die anderen Ausprägungen für dieses Merkmal repräsentieren, erhalten den Wert Null.[382] Voraussetzung ist lediglich eine nominale Skalierbarkeit der Merkmalsausprägungen.[383] Die one-of-n Kodierung ist in Tabelle 5 am Beispiel des Merkmals *Berufsgruppe* dargestellt. Da dieses Merkmal fünf Ausprägungen hat, werden für die one-of-n Kodierung dieses Merkmals fünf Eingabeneuronen benötigt.

---

[379] Vgl. REHKUGLER, H./KERLING, M., Einsatz Neuronaler Netze für Analyse- und Prognose-Zwecke, S. 317. Vgl. zur Notwenigkeit der Kodierung auch SCHÖNEBURG, E./HANSEN, N./GAWELCZYK, A., Neuronale Netzwerke, S. 152.

[380] Vgl. zur Abhängigkeit der möglichen Kodierungen vom Skalenniveau der Merkmale UTHOFF, C., Erfolgsoptimale Kreditwürdigkeitsprüfung, S. 211; SCHNURR, C., Kreditwürdigkeitsprüfung mit Künstlichen Neuronalen Netzen, S. 141.

[381] Vgl. SCHUMANN, M./LOHRBACH, T./BÄHRS, P., Versuche zur Kreditwürdigkeitsprognose mit Künstlichen Neuronalen Netzen, S. 6; SCHNURR, C., Kreditwürdigkeitsprüfung mit Künstlichen Neuronalen Netzen, S. 142.

[382] Vgl. GUIVER, J. P./KLIMASAUSKAS, C. C., Improving Performance, S. 34 f.

Ausprägung des Merkmals	Werte der benötigten Eingabeneuronen (EN)				
Berufsgruppe	EN1	EN2	EN3	EN4	EN5
Geschäftsführer/in	1	0	0	0	0
Leitende/r Angestellte/r	0	1	0	0	0
Angestellte/r, Beamter/in	0	0	1	0	0
Facharbeiter/in	0	0	0	1	0
Keine Angabe	0	0	0	0	1

Tab. 5: One-of-n Kodierung des Merkmals „Berufsgruppe"

Neben der oben beschriebenen einfachen one-of-n Kodierung gibt es noch die fuzzy-one-of-n Kodierung, die gradient-one-of-n Kodierung und die thermometer Kodierung.[384] Diese drei Varianten der one-of-n Kodierung setzen eine ordinale Skalierbarkeit der Merkmale voraus und dienen dazu, Unschärfen in den Merkmalsausprägungen abzubilden. Unschärfen entstehen, wenn den Ausprägungen subjektive Einschätzungen zugrundeliegen oder die Ausprägungen nicht klar abgegrenzt sind. In der vorliegenden Untersuchung bieten sich diese drei Varianten der one-of-n Kodierung nicht an, da die Merkmale entweder nur nominal skaliert sind oder die Merkmalsausprägungen klar abgegrenzt sind und ihnen keine subjektiven Bewertungen zugrundeliegen. Wenn im folgenden von der one-of-n Kodierung gesprochen wird, ist daher immer die einfache one-of-n Kodierung gemeint.

341.222. Binäre Kodierung

Bei der binären Kodierung bilden alle Eingabeneuronen gemeinsam ein Muster, um die jeweilige Ausprägung eines Merkmals darzustellen (Prinzip der verteilten Repräsentation).[385] Auf diese Weise werden weniger Eingabeneuronen als bei der one-of-n Kodierung benötigt, um sämtliche Ausprägungen eines Merkmals abzubilden. Mit n Einga-

---

[383] Vgl. ZIMMERMANN, H.-G., Neuronale Netze als Entscheidungskalkül, S. 25.

[384] Zu diesen Formen der one-of-n Kodierung vgl. NEURAL WARE INC., Using NeuralWorks, S. 137-140.

[385] Vgl. SCHUMANN, M./LOHRBACH, T./BÄHRS, P., Versuche zur Kreditwürdigkeitsprognose mit Künstlichen Neuronalen Netzen, S. 5.

beneuronen können bis zu 2^n Ausprägungen repräsentiert werden.[386] Voraussetzung für die binäre Kodierung ist die nominale Skalierung. Tabelle 6 zeigt die binäre Kodierung für das Merkmal *Berufsgruppe*. Es werden drei Eingabeneuronen benötigt.

Ausprägung des Merkmals Berufsgruppe	Werte der benötigten Eingabeneuronen (EN)		
	EN1	EN2	EN3
Geschäftsführer/in	0	0	0
Leitende/r Angestellte/r	1	0	0
Angestellte/r, Beamter/in	0	1	0
Facharbeiter/in	0	0	1
Keine Angabe	1	1	0

Tab. 6:   *Binäre Kodierung des Merkmals „Berufsgruppe"*

Das Merkmal Berufsgruppe hat fünf Ausprägungen. Um fünf Ausprägungen darzustellen, werden bei der binären Kodierung nur drei Eingabeneuronen benötigt, statt fünf wie bei der one-of-n Kodierung. Mit drei Eingabeneuronen können maximal acht Ausprägungen abgebildet werden ($2^3 = 8$). Für ein Merkmal mit vier Ausprägungen werden nur zwei Eingabeneuronen benötigt ($2^2 = 4$).

341.23   Kodierungen der Antragsdaten der vorliegenden Untersuchung

In Tabelle 7 sind die originären Kundenmerkmale aufgeführt, die für die Entwicklung des Klassifikators zur Antragsprüfung zur Verfügung standen. Zu jedem Merkmal sind das Skalenniveau und die sich daraus ergebenden möglichen Kodierungen angegeben. Die Zahl in Klammern hinter der Kodierungsregel gibt die Zahl der benötigten Neuronen in der Eingabeschicht an.

---

[386] Vgl. SCHNURR, C., Kreditwürdigkeitsprüfung mit Künstlichen Neuronalen Netzen, S. 142 f.

Merkmal	Skalierung	Kodierung (Zahl der Eingabeneuronen)
Personelle Bonität		
Persönliche Merkmale		
Alter	intervallskaliert	binär (3)
		one-of-n (8)
Familienstand	nominalskaliert	binär (3)
		one-of-n (5)
Geschlecht	nominalskaliert	binär (1)
		one-of-n (2)
Staatsangehörigkeit	nominalskaliert	binär (2)
		one-of-n (3)
Telefon privat	nominalskaliert	binär (2)
		one-of-n (4)
Titel	nominalskaliert	binär (1)
		one-of-n (2)
Unterhaltsber. Personen	nominalskaliert	binär (4)
		one-of-n (11)
Wohnhaft seit	nominalskaliert	binär (3)
		one-of-n (6)
Beruf		
Angestellt seit	nominalskaliert	binär (3)
		one-of-n (8)
Arbeit, PLZ	nominalskaliert	binär (4)
		one-of-n (11)
Arbeit, Staat	nominalskaliert	binär (2)
		one-of-n (3)
Arbeit, Telefon	nominalskaliert	binär (2)
		one-of-n (4)
Berufsgruppe	nominalskaliert	binär (3)
		one-of-n (5)
Firmenrahmenvereinbarung	nominalskaliert	binär (1)
		one-of-n (2)
Selbständig/angestellt	nominalskaliert	binär (2)
		one-of-n (4)
Selbständig seit	nominalskaliert	binär (3)
		one-of-n (6)
Staff	nominalskaliert	binär (1)
		one-of-n (2)
Auftreten im Zahlungsverkehr/Kreditgeschäft		
Bank, Kontoverbindung seit	nominalskaliert	binär (3)
		one-of-n (6)
Bank ,PLZ	nominalskaliert	binär (4)
		one-of-n (11)
Bankkundenbetreuer, Kontakt zu	nominalskaliert	binär (1)
		one-of-n (2)
BLZ, Bankinstitut	nominalskaliert	binär (4)
		one-of-n (10)

Merkmal	Skalierung	Kodierung (Zahl der Eingabeneuronen)
BLZ, Clearinggebiet	nominalskaliert	binär (3)
		one-of-n (8)
Karten, Amexco	nominalskaliert	binär (1)
		one-of-n (2)
Karten, Diners	nominalskaliert	binär (1)
		one-of-n (2)
Karten, ec	nominalskaliert	binär (1)
		one-of-n (2)
Karten, Euro	nominalskaliert	binär (1)
		one-of-n (2)
Karten, Visa	nominalskaliert	binär (1)
		one-of-n (2)
Lufthansa-Status	ordinalskaliert	binär (2)
		one-of-n (3)
SCHUFA-Auskunft	nominalskaliert	binär (3)
		one-of-n (6)
Soziales Umfeld		
Privatadresse, PLZ	nominalskaliert	binär (4)
		one-of-n (10)
Privatadresse, Staat	nominalskaliert	binär (1)
		one-of-n (2)
Materielle Bonität		
Meßbare wirtschaftliche Größen		
Immobilienbesitz	nominalskaliert	binär (2)
		one-of-n (3)
Jahreseinkommen	nominalskaliert	binär (3)
		one-of-n (8)

Tab. 7: Kodierung der Antragsmerkmale

Wenn es sich bei einem Merkmal um eine freiwillige Angabe des Kunden handelt, kann es vorkommen, daß zu diesem Merkmal auf einem Antrag keine Ausprägung angegeben ist. In diesem Fall wurde für den fehlenden Wert die Ausprägung *keine Angabe* eingesetzt.[387] Wenn die Ausprägung *keine Angabe* vorkommt, kann das Skalenniveau des betreffenden Merkmals nur noch nominal sein, auch wenn das Merkmal ohne

---

[387] Vgl. Abschnitt 341.12.

die Ausprägung *keine Angabe* verhältnisskaliert, intervallskaliert oder ordinalskaliert wäre. Dies wird im folgenden am Beispiel des Merkmals *Jahreseinkommen* erläutert.[388] Ein Merkmal kann nur dann auf einer Verhältnisskala abgetragen werden, wenn zwischen den einzelnen Merkmalsausprägungen Abstände angegeben werden können und wenn ein absoluter Nullpunkt existiert. Dies ist bei dem Merkmal *Jahreseinkommen* der Fall, wenn das exakte Jahreseinkommen angegeben wird.

Bei einer Intervallskala können ebenfalls Abstände angegeben werden, allerdings existiert kein absoluter Nullpunkt. Dementsprechend sind keine Aussagen möglich, daß eine Ausprägung das Vielfache einer anderen Ausprägung ist. Intervallskaliert ist das Merkmal *Jahreseinkommen*, wenn nicht der exakte Wert sondern nur Einkommensklassen erfaßt werden.

Bei einer Ordinalskala besteht zwischen den einzelnen Merkmalsausprägungen eine natürliche Rangfolge, so daß sich „größer als"- oder „besser als"-Beziehungen aufstellen lassen. Allerdings können die Abstände zwischen den Merkmalsausprägungen nicht quantifiziert werden. Das Merkmal *Jahreseinkommen* kann auch auf einer Ordinalskala abgetragen werden, da diese Skala ein niedrigeres Niveau als die Intervallskala besitzt. Ein höchstens ordinal skalierbares Merkmal wäre z. B. die *Schufa-Auskunft*.[389]

Auf einer Nominalskala werden Merkmale abgetragen, die gleichberechtigt nebeneinanderstehen, also keine natürliche Rangfolge bilden. Die Merkmalsausprägung *keine Angabe* läßt sich nicht in eine natürliche Rangfolge einordnen, so daß das Merkmal *Jahreseinkommen* mit der Merkmalsausprägung *keine Angabe* nur nominal skalierbar ist.

---

[388] Zu den folgenden Ausführungen zu den Skalenarten vgl. SACHS, L., Angewandte Statistik, S. 204-206; BACKHAUS, K./ERICHSON, B./PLINKE, W./WEIBER, R., Multivariate Analysemethoden, S. XV-XVII; BLEYMÜLLER, J./GEHLERT, G./GÜLICHER, H., Statistik für Wirtschaftswissenschaftler, S. 3 f.

[389] Vgl. zu dem Merkmal SCHUFA-Auskunft Abschnitt 332.1.

Dadurch, daß die Ausprägung *keine Angabe* bei vielen Merkmalen zugelassen wurde, sind die meisten Merkmale nominal skaliert. Für nominal skalierte Merkmale kommt nur die einfache one-of-n Kodierung[390], d. h. jede Merkmalsausprägung wird durch ein Eingabeneuron repräsentiert, oder die binäre Kodierung[391] in Frage.

341.3 Die Entwicklung von Kennzahlen aus Transaktionsdaten

341.31 Grundsätze der Kennzahlenbildung

Für die Entwicklung des Klassifikators zur Kartenüberwachung standen die Transaktionsdaten der Kunden in den einzelnen Rechnungsperioden zur Verfügung. Wie in Abschnitt 332.2 beschrieben gehören die Umsatzdaten und das Limit der Kunden zu den Transaktionsdaten. Diese quantitativen Daten mußten für die Künstliche Neuronale Netzanalyse so verdichtet werden, daß sie komprimiert Informationen über bestimmte Verhaltensweisen des Kunden liefern. Denn anhand des Kundenverhaltens, das sich in den Transaktionsdaten widerspiegelt, sollen die Kunden in die Gruppen *solvent* und *insolvenzgefährdet* klassifiziert werden. Daher wurden aus den Transaktionsdaten Kennzahlen gebildet. Eine Kennzahl gibt einen bestimmten quantitativ erfaßbaren Sachverhalt verdichtet wieder.[392] Als weitere quantitative Information neben den Transaktionsdaten stand das Jahreseinkommen der Kunden aus dem Kreditkartenantrag zur Kennzahlenbildung zur Verfügung. Sowohl das Jahreseinkommen als auch das Limit sind Größen, zu denen die Umsätze eines Kunden in Relation gesetzt werden können. Ohne diese Größen kann nicht beurteilt werden, ob die Umsätze eines Kunden z. B. als niedrig, mittel oder hoch einzustufen sind. Daher werden sowohl das Limit als auch das Jahreseinkommen neben den Umsatzdaten für die Bildung von Kennzahlen benötigt.

---

[390] Zur einfachen one-of-n Kodierung vgl. Abschnitt 341.221.

[391] Zur binären Kodierung vgl. Abschnitt 341.222.

[392] Vgl. zum Kennzahlenbegriff STAEHLE, W. H., Kennzahlen und Kennzahlensysteme, S. 49-57; BAETGE, J./APELT, B., Allgemeine Grundsätze für die Aufstellung von Jahresabschlüssen, S. 161; KÜTING, K./WEBER, C.-P., Die Bilanzanalyse, S. 23.

Da zu dem Problem der Klassifikation von privaten Kreditkartenkunden für die Kartenüberwachung bisher noch keine Untersuchungen bekannt sind, mußten die zu verwendenden Kennzahlen neu entwickelt werden. Bei der Bildung von Kennzahlen sind folgende Punkte zu beachten:[393]

1) **Bildung von Verhältniszahlen**

Kennzahlen können sowohl absolute Zahlen als auch Verhältniszahlen sein.[394] Eine absolute Kennzahl aus den für diese Untersuchung vorliegenden Daten wäre z. B. der Umsatz eines Kunden in einer Rechnungsperiode. Diese Zahl an sich hat indes kaum Aussagegehalt, ohne daß Vergleichsgrößen wie das Einkommen des Kunden oder sein Limit bekannt sind. Daher werden in dieser Untersuchung nur Verhältniszahlen gebildet. Verhältniszahlen stellen die Relation einer Zählergröße zu einer Nennergröße dar.[395] Z. B. kann der Umsatz eines Kunden im Zähler und das Limit des Kunden im Nenner einer solchen Kennzahl stehen. Bei Verhältniszahlen ist zu beachten, daß die Werte im Zähler und im Nenner der Kennzahl die gleiche Zeit-, Sach- und Wertdimension aufweisen.[396]

Verhältniszahlen können als Gliederungszahlen, Beziehungszahlen oder Indexzahlen gebildet werden.[397] **Gliederungszahlen** setzen eine Teilgröße zu der zugehörigen Gesamtgröße in Relation. Eine solche Kennzahl wäre z. B. der Bargeldumsatz im Verhältnis zum gesamten Umsatz einer Periode.

---

[393] Vgl. HÜLS, D., Früherkennung insolvenzgefährdeter Unternehmen, S. 70-74.

[394] Vgl. BAETGE, J./THIELE, S., Bilanzanalyse, Sp. 254; KÜTING, K./WEBER, C.-P., Die Bilanzanalyse, S. 23-26.

[395] Vgl. KÜTING, K./WEBER, C.-P., Die Bilanzanalyse, S. 25.

[396] Vgl. BAETGE, J./THIELE, S., Bilanzanalyse, Sp. 254.

[397] Vgl. zu den folgenden Ausführungen über die Arten von Verhältniszahlen MERKLE, E., Betriebswirtschaftliche Formeln und Kennzahlen, S. 326; STAUDT, E./GROETERS, U./HAFKESBRINK, J./TREICHEL, H.-R., Kennzahlen und Kennzahlensysteme, S. 26-27; BAETGE, J./KÖSTER, H., Grundzüge der Bilanzanalyse, S. 389; BAETGE, J./THIELE, S., Bilanzanalyse, Sp. 254; KÜTING, K./WEBER, C.-P., Die Bilanzanalyse, S. 25 f.

Beziehungszahlen setzen zwei verschiedenartige Größen in Relation. Eine solche Kennzahl wäre z. B. das Verhältnis von Umsatz zu Limit.

Indexzahlen setzen zwei gleiche Größen zu verschiedenen Zeitpunkten zueinander in Relation. Eine solche Kennzahl ist z. B. der Umsatz in Periode 2 im Verhältnis zum Umsatz in Periode 1.

2)　Aufstellung von Arbeitshypothesen

Bei Klassifikationsaufgaben sollte für jede Kennzahl eine Hypothese aufgestellt werden können, auf welche Gruppe von Untersuchungsobjekten (solvente Kunden oder später insolvente Kunden) hohe bzw. niedrige Kennzahlenwerte hinweisen.[398] Für die vorliegende Untersuchung sollte also für jede Kennzahl eine Hypothese aufgestellt werden, ob die Ausprägung der jeweiligen Kennzahl bei später insolventen Kunden (I) durchschnittlich höher (>) oder niedriger (<) ausfällt als bei solventen Kunden (S) (I>S oder I<S).

3)　Zusammenhang zwischen Kennzahlen und Untersuchungsziel

Da Kennzahlen gebildet werden, um eine bestimmte Fragestellung zu untersuchen, sollten die aus den gebildeten Kennzahlen abgeleiteten Aussagen zur Beantwortung der Fragestellung beitragen können.[399] Für die Aufgabe der Klassifikation von solventen und später insolventen Kreditkartenkunden ist also darauf zu achten, daß mit diesen Kennzahlen vor allem solche Sachverhalte abgebildet werden, die zur Unterscheidung von solventen und später insolventen Kunden geeignet erscheinen. Wenn eine Kennzahl einen Sachverhalt abbildet, der bei solventen und später insolventen Kunden bereits einige Zeit vor der Insolvenz unterschiedlich ausgeprägt ist, wird auch die Kennzahl bei solventen und später insolventen Kunden unterschiedliche Ausprägungen an-

---

[398] Vgl. THANNER, W., Die Analyse der Kontokorrentverbindung, S. 92-102; PIETRZAK, M., Die Entwicklung eines auf Kontodaten basierenden Risikobeurteilungssystems, 67-71; HÜLS, D., Früherkennung insolvenzgefährdeter Unternehmen, S. 71; KRALICEK, P., Kennzahlen für Geschäftsführer, S. 148; BAETGE, J., Bilanzanalyse, S. 33-35.

[399] Vgl. STAUDT, E./GROETERS, U./HAFKESBRINK, J./TREICHEL, H.-R., Kennzahlen und Kennzahlensysteme, S. 24; SIENER, F., Der Cash-Flow als Instrument der Bilanzanalyse, S. 5.

nehmen und somit dazu beitragen, daß das Untersuchungsziel, nämlich die Trennung dieser beiden Kundengruppen, erreicht wird.[400]

4) Einhaltung formaler Regeln

Bei der Bildung von Kennzahlen sollten einige Regeln beachtet werden, um Ausreißer, nicht definierte Werte, Fehlbeurteilungen und Hypothesenverstöße zu vermeiden.

a. Der Nenner einer Kennzahl sollte nicht nahezu Null werden können, damit der Wert der Kennzahl nicht besonders groß werden kann. Sonst kann es zu Ausreißern kommen.[401]

b. Der Nenner einer Kennzahl sollte nicht Null werden können, da die Division durch Null nicht definiert ist und es somit zu einem Missing Value kommen würde.[402]

c. Zähler und Nenner einer Kennzahl sollten nicht gleichzeitig negativ werden können. Denn in diesem Fall würde ein Kunde, bei dem die Kennzahl im Zähler und im Nenner jeweils einen positiven Wert aufweist, genauso beurteilt werden wie ein Kunde, bei dem bei gleichen absoluten Werten Zähler und Nenner der Kennzahl negativ sind.[403]

d. Der Nenner einer Kennzahl sollte nicht negativ werden können, da es dann dazu kommen kann, daß die Arbeitshypothese für diese Kennzahl nicht über den gesamten Wertebereich der Kennzahl gilt.[404]

---

[400] Vgl. HÜLS, D., Früherkennung insolvenzgefährdeter Unternehmen, S. 73.

[401] Vgl. HAUSCHILDT, J., Vorgehensweise und Ergebnisse der statistischen Insolvenzdiagnose, S. 119; GEMÜNDEN, H. G., Defizite der empirischen Insolvenzforschung, S. 145; BRETZGER, T. M., Die Anwendung statistischer Verfahren zur Risikofrüherkennung bei Dispositionskrediten, S. 51.

[402] Vgl. HÜLS, D., Früherkennung insolvenzgefährdeter Unternehmen, S. 74.

[403] Vgl. NIEHAUS, H.-J., Früherkennung von Unternehmenskrisen, S. 73; GEMÜNDEN, H. G., Defizite der empirischen Insolvenzforschung, S. 145.

[404] Vgl. NIEHAUS, H.-J., Früherkennung von Unternehmenskrisen, S. 73.

341.32 Konzeption des Kennzahlenkataloges für die Analyse

Grundlage für die Kennzahlenbildung in der vorliegenden Untersuchung waren Erfahrungen aus der Praxis und theoretische Überlegungen über Unterschiede in den Verhaltensweisen solventer und später insolventer Kreditkartenkunden. Daraus ließen sich drei Grundthesen über das Verhalten später insolventer Kunden im Gegensatz zu dem Verhalten solventer Kunden ableiten:

1) Später insolvente Kunden schöpfen ihre finanziellen Möglichkeiten, die durch ihr Limit und ihr Einkommen begrenzt sind, stärker aus als solvente Kunden oder überschreiten diese Möglichkeiten sogar.

2) Die Umsätze von später insolventen Kunden steigen bis zur Insolvenz stark, während die Umsätze von solventen Kunden über den gesamten Zeitraum ihrer Kreditkartennutzung annähernd konstant bleiben oder nur leicht steigen.

3) Später insolvente Kunden tätigen bestimmte Arten von Umsätzen häufiger oder weniger häufig als solvente Kunden.

Aufgrund der ersten These wurden Kennzahlen gebildet, die die Umsätze eines Kunden zu seinem Limit oder zu seinem Einkommen ins Verhältnis setzen (Kennzahlen zur finanziellen Ausschöpfung). Bei diesen Kennzahlen handelt es sich also um Beziehungszahlen.[405] Die zweite These führte zu Kennzahlen, die die Veränderung der Umsatzhöhe innerhalb eines Zeitraumes oder in aufeinanderfolgenden Zeiträumen gleicher Länge abbilden (Kennzahlen zur Umsatzentwicklung). Bei diesen Kennzahlen handelt es sich somit um Indexzahlen. Auf Basis der dritten These wurden Kennzahlen entwickelt, die den Anteil von bestimmten Umsatzarten am Gesamtumsatz eines Kunden in bestimmten Zeiträumen ermitteln (Kennzahlen zur Umsatzart). Diese Kennzahlen sind daher Gliederungszahlen.

Aus den oben genannten Thesen wurden nur Verhältniszahlen gebildet, so daß der erste Grundsatz der Kennzahlenbildung erfüllt wurde. Außerdem läßt sich zu jeder auf-

---

[405] Vgl. auch im folgenden Abschnitt 341.31.

grund der drei Thesen gebildeten Kennzahl eine Arbeitshypothese aufstellen und bei jeder Kennzahl besteht ein Zusammenhang zu dem Untersuchungsziel, solvente von später insolventen Kunden zu trennen. Somit wurden auch der zweite und dritte Grundsatz der Kennzahlenbildung berücksichtigt.

Schwierigkeiten bezüglich der formalen Regeln *a.* und *b.* des vierten Grundsatzes der Kennzahlenbildung (a. keine Kennzahlen, deren Nenner Werte nahe Null annehmen kann/ b. keine Kennzahlen, deren Nenner den Wert Null annehmen kann) traten bei Kennzahlen auf, die die Veränderung einer Umsatzgröße von einer Periode auf die folgende Periode abbilden, indem die Umsatzgröße der aktuellen Periode durch die Umsatzgröße der vorhergehenden Periode geteilt wird (Indexzahlen). Dies kommt bei einigen Kennzahlen aus dem Bereich Umsatzentwicklung vor. Da im Datenbestand Perioden existieren, in denen keine oder nur vergleichsweise geringe Umsätze getätigt wurden, können Indexzahlen durch eine Division durch Null oder durch sehr geringe Werte im Nenner zu Missing Values oder Ausreißern führen. Um dies zu verhindern, wurde statt des beschriebenen Quotienten der Steigungswinkel der Verbindungsgeraden zwischen der jeweiligen Umsatzgröße zu zwei Zeitpunkten gebildet. Der Wertebereich einer solchen Kennzahl reicht von +90° bis -90°. Ein positiver Steigungswinkel bedeutet, daß sich die Umsatzgröße erhöht, ein negativer Steigungswinkel, daß sich die Umsatzgröße verringert hat. Bei einem Steigungswinkel von Null ist die Umsatzgröße konstant geblieben.

Eine Division durch Null aufgrund einer Periode ohne Umsätze kann nicht nur bei Indexzahlen aus dem Bereich Umsatzentwicklung sondern auch bei Gliederungszahlen aus dem Bereich Umsatzart vorkommen. Wird z. B. der Bargeldumsatz einer Periode zu den gesamten Umsätzen einer Periode ins Verhältnis gesetzt (Bargeldquote), sind sowohl Zähler als auch Nenner der Kennzahl Null, wenn in der betreffenden Periode keine Umsätze getätigt wurden. Damit kein Missing Value auftritt, wird der Wert einer solchen Kennzahl, z. B. der Bargeldquote, in der umsatzlosen Periode auf Null gesetzt. Denn da in der Periode keine Umsätze und somit auch keine Bargeldumsätze getätigt wurden, ist der Anteil der Bargeldumsätze an allen Umsätzen gleich Null.

Die formalen Regeln *c.* und *d.* des vierten Grundsatzes der Kennzahlenbildung (c. Zähler und Nenner einer Kennzahl nicht gleichzeitig negativ/ d. Nenner nicht negativ) werden in allen Fällen eingehalten, da keine negativen Größen auftreten können.

In Tabelle 8 sind beispielhaft einige der gebildeten Kennzahlen mit ihren Arbeitshypothesen und dem Bereich, aus dem sie stammen, aufgeführt. Insgesamt wurden aus den oben genannten Thesen 35 Kennzahlen entwickelt. Jede Kennzahl kann für unterschiedliche Zeiträume T_{p-n} bis T_p, z. B. über eine Woche, einen Monat oder drei Monate, gebildet werden, so daß der Kennzahlenkatalog sehr groß werden kann.

Knz.	Definition	Hyp.	Kennzahlenbereich
JEAQ	$\dfrac{\text{Summe Umsätze von } T_{p-n} \text{ bis } T_p}{\text{Jahreseinkommen}/(m/(n+1))}$	I>S	Finanzielle Ausschöpfung
LAQ	$\dfrac{\text{Summe Umsätze in } T_p}{\text{Limit}_p}$	I>S	
UV	Steigungswinkel (Summe Umsätze in T_{p-n}; Summe Umsätze in T_p)	I>S	Umsatzentwicklung
UDV	Steigungswinkel (durchschnittl. Umsatzhöhe in T_{p-n}; durchschnittl. Umsatzhöhe in T_p)	I>S	
AQ	$\dfrac{\text{Summe Umsätze im Ausland von } T_{p-n} \text{ bis } T_p}{\text{Summe Umsätze von } T_{p-n} \text{ bis } T_p}$	I<S	Umsatzart
BQ	$\dfrac{\text{Summe Bargeldumsätze von } T_{p-n} \text{ bis } T_p}{\text{Summe Umsätze von } T_{p-n} \text{ bis } T_p}$	I>S	
	T = Monat, Woche; p = aktuelle Rechnungsperiode, n = Zahl der Vorperioden; m = 12, falls T = Monat und m = 52, falls T = Woche		
JEAQ	Jahreseinkommensausschöpfungsquote	UDV	Umsatzdurchschnittsveränderung
LAQ	Limitausschöpfungsquote	AQ	Auslandsquote
UV	Umsatzveränderung	BQ	Bargeldquote

Tab. 8: Kennzahlen für den Klassifikator zur Kartenüberwachung

Die Kennzahl *Jahreseinkommensausschöpfungsquote (JEAQ)* ist eine Beziehungszahl aus dem Bereich *Finanzielle Ausschöpfung*. Sie gibt an, wie stark die Umsätze des Kunden in einem bestimmten Zeitraum T_{p-n} bis T_p den auf diesen Zeitraum entfallenden Teil des Jahreseinkommens des Kunden ausschöpfen. Die Arbeitshypothese für diese Kennzahl ist, daß später insolvente Kunden ihr Jahreseinkommen stärker ausschöpfen werden als solvente Kunden (I>S). Die aktuelle Periode, an deren Ende die Kennzahl berechnet wird, wird mit *p* bezeichnet. Die Perioden davor werden mit *p-n* bezeichnet. Wenn nur eine Vorperiode betrachtet werden soll, gilt $n = 1$, wenn zwei Vorperioden betrachtet werden sollen, gilt $n = 2$ und so fort. Eine Periode T kann einen Monat oder eine Woche betragen. Wenn z. B. eine Periode einen Monat umfaßt und die aktuelle Periode und eine Vorperiode ($n = 1$) in die Berechnung der *JEAQ* einbezogen werden, wird das Jahreseinkommen im Nenner der Kennzahl durch sechs geteilt. Damit beziehen sich Zähler und Nenner jeweils auf zwei Perioden.

Die Kennzahl *Limitausschöpfungsquote (LAQ)* ist ebenfalls eine Beziehungszahl aus dem Bereich *Finanzielle Ausschöpfung*. Sie gibt an, wie stark der Kunde mit seinen Umsätzen sein Limit in der aktuellen Periode ausgeschöpft hat. T muß bei dieser Kennzahl dem Zeitraum entsprechen, für den das Limit des Kunden gilt. In der vorliegenden Untersuchung war dies eine Rechnungsperiode von einem Monat bzw. vier Wochen. D. h. in dieser Zeitspanne darf der Kunde nur Umsätze bis zur Höhe seines Limits tätigen. Für die Kennzahl *LAQ* gilt die Hypothese, daß später insolvente Kunden ihr Limit stärker ausschöpfen als solvente Kunden (I>S).

Die Kennzahl *Umsatzveränderung (UV)* aus dem Bereich *Umsatzentwicklung* gibt an, wie stark sich die Summe der Umsätze in der aktuellen Periode T_p im Vergleich zu der Summe der Umsätze in einer vorhergehenden gleich langen Periode T_{p-n} geändert hat. Diese Kennzahl wurde, wie oben beschrieben, statt als Indexzahl als Steigungswinkel definiert, um Ausreißer und Missing Values zu verhindern. Die Arbeitshypothese für diese Kennzahl lautet, daß die Umsätze später insolventer Kunden stärker steigen als die Umsätze solventer Kunden (I>S).

Die Kennzahl *Umsatzdurchschnittsveränderung (UDV)* aus dem Bereich *Umsatzentwicklung* gibt an, wie stark sich die durchschnittliche Umsatzhöhe in der aktuellen Periode T_p im Vergleich zu der durchschnittlichen Umsatzhöhe einer gleich langen Vorperiode T_{p-n} geändert hat. Diese Kennzahl wurde wieder statt als Indexzahl als Steigungswinkel definiert, um Ausreißer und Missing Values zu vermeiden. Auch für die Kennzahl *UDV* lautet die Arbeitshypothese, daß die durchschnittliche Umsatzhöhe bei später insolventen Kunden stärker steigt als bei solventen Kunden (I>S).

Die Kennzahl *Auslandsquote (AQ)* ist eine Gliederungszahl aus dem Bereich *Umsatzart*. Sie gibt den Anteil der Umsätze des Kunden im Ausland an seinen gesamten Umsätzen in einem Zeitraum T_{p-n} bis T_p an. Die Arbeitshypothese für diese Kennzahl lautet, daß später insolvente Kunden einen geringeren Teil ihrer Umsätze im Ausland tätigen als solvente Kunden (I<S).[406]

Die Kennzahl *Bargeldquote (BQ)* ist ebenfalls eine Gliederungszahl aus dem Bereich *Umsatzart*. Sie gibt den Anteil der Bargeldumsätze des Kunden an seinen gesamten Umsätzen in einem Zeitraum T_{p-n} bis T_p an. Die Arbeitshypothese für diese Kennzahl lautet, daß später insolvente Kunden eine höhere Bargeldquote aufweisen als solvente Kunden (I>S).[407]

342. Ziehung der Stichproben für die Künstliche Neuronale Netzanalyse

342.1 *Stichprobenziehung für die Entwicklung eines Klassifikators zur Antragsprüfung*

Für die Künstliche Neuronale Netzanalyse wird die Grundgesamtheit der Daten in drei Stichproben aufgeteilt, in die Analysestichprobe, die Teststichprobe und die Validierungsstichprobe.[408] Die Datensätze der Analysestichprobe werden dem Netz als Ein- und Ausgabemuster während des Trainings präsentiert, damit es anhand dieser Muster lernt, solvente von später insolventen Kunden möglichst gut zu unterscheiden.

An den Datensätzen der Teststichprobe wird nach einer bestimmten Zahl von Iterationen bzw. Lernschritten geprüft, ob sich die Leistung des Netzes verbessert oder verschlechtert hat. Abhängig von diesem Ergebnis wird das Training fortgesetzt oder ab-

---

[406] Vgl. dazu Abschnitt 212.2.

[407] Vgl. dazu Abschnitt 212.2.

[408] So auch für die Entwicklung eines Künstlichen Neuronalen Netzes für die Kreditwürdigkeitsprüfung im Konsumentenkreditgeschäft SCHNURR, C., Kreditwürdigkeitsprüfung mit Künstlichen Neuronalen Netzen, S. 151 und für die Entwicklung eines Künstlichen Neuronalen Netzes zur Bilanzbonitätsbeurteilung von Unternehmen BAETGE, J./HÜLS, D./UTHOFF, C., Bilanzbonitätsanalyse mit Künstlichen Neuronalen Netzen, S. 23; vgl. zur Begründung für diese Stichprobenziehung HECHT-NIELSEN, R., Neurocomputing, S. 115-119.

gebrochen (Stopped Training). Dies geschieht, um zu verhindern, daß das Netz die Strukturen in den Datensätzen der Analysestichprobe zu gut lernt und unbekannte Datensätze schlechter klassifiziert, also seine Generalisierungsfähigkeit verliert (Overtraining oder Overfitting).[409]

Die Datensätze der Validierungsstichprobe werden während des Netztrainings nicht verwendet, so daß sie für das Netz fremde Daten darstellen. An diesen fremden Daten wird die Klassifikationsleistung des Netzes nach Abschluß der Netzentwicklung geprüft,[410] da das Netz beim späteren Einsatz in der Praxis ebenfalls fremde Daten klassifizieren soll.

Die drei Stichproben sollten so gezogen werden, daß sie möglichst repräsentativ für die Grundgesamtheit sind. Die Repräsentativität der Stichproben ist notwendig, damit das Netz an Daten trainiert und validiert wird, die den Verhältnissen in der Grundgesamtheit entsprechen. Nur so kann die bestmögliche Klassifikationsleistung erreicht werden. Die Repräsentativität sollte an den für die Klassifikation wichtigen Merkmalen geprüft werden, da von diesen Mermalen die Klassifikation jedes einzelnen Kunden und somit auch die Gesamtklassifikationsleistung des Netzes abhängig ist. Diese Merkmale sind indes erst nach der Künstlichen Neuronalen Netzanalyse bekannt. Daher wurden die Stichproben so gezogen, daß alle verwendeten Merkmale möglichst repräsentativ verteilt waren. Dies war realisierbar, da für die Entwicklung des Klassifikators zur Antragsprüfung insgesamt nur eine relativ geringe Zahl an Merkmalen zur Verfügung stand.[411] Die Abbildungen 15 bis 18 zeigen beispielhaft die Verteilungen der solventen und der später insolventen Kunden auf die Stichproben bezüglich der Merkmale *Karten, ec* und *Familienstand*.

---

[409] Vgl. zum Overtraining und zum Stopped-Training HECHT-NIELSEN, R., Neurocomputing, S. 115-119; SCHONER, W., Reaching the Generalization Maximum of Backpropagation Networks, S. 92 f.; ZIMMERMANN, H. G., Neuronale Netze als Entscheidungskalkül, S. 60 f.; FÜSER, K., Neuronale Netze in der Finanzwirtschaft, S. 75-77 m. w. N; ANDERS, U., Statistische Neuronale Netze, S. 114-118.

[410] Vgl. BAETGE, J., HÜLS, D., UTHOFF, C., Früherkennung der Unternehmenskrise, S. 23.

[411] Hierbei wurden die mikrogeografischen Merkmale indes nicht berücksichtigt.

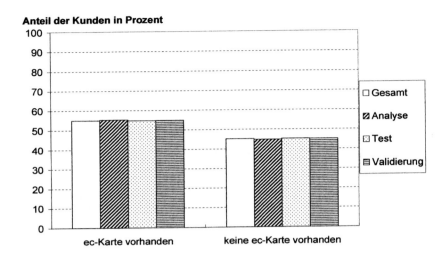

*Abb. 15: Verteilung der **solventen** Kunden auf die Analyse-, Test- und Validierungsstichprobe nach dem Merkmal „Karten, ec"*

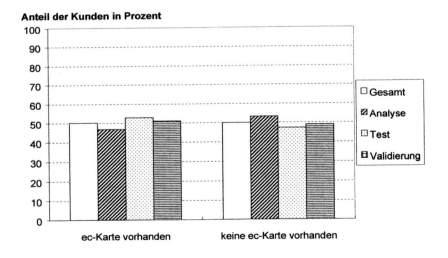

*Abb. 16: Verteilung der **insolventen** Kunden auf die Analyse-, Test- und Validierungsstichprobe nach dem Merkmal „Karten, ec"*

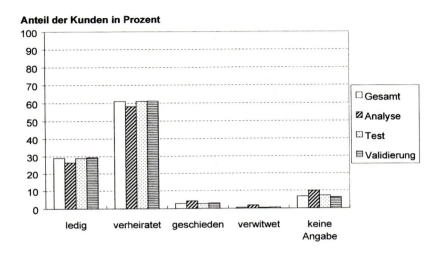

*Abb. 17: Verteilung der **solventen** Kunden auf die Analyse-, Test- und Validierungsstichprobe nach dem Merkmal „Familienstand"*

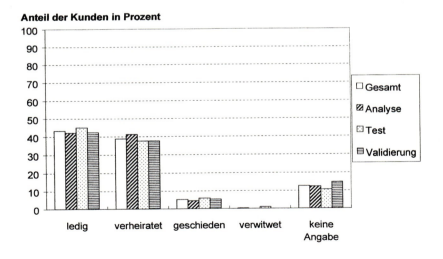

*Abb. 18: Verteilung der **insolventen** Kunden auf die Analyse-, Test- und Validierungsstichprobe nach dem Merkmal „Familienstand"*

In Abbildung 15 ist zu erkennen, daß die Verteilungen der solventen Kunden nach dem Merkmal *Karten, ec* für alle drei Stichproben fast genau der Verteilung in der Grundgesamtheit entspricht. Für die später insolventen Kunden weichen die Verteilungen für die einzelnen Stichproben etwas stärker von der Verteilung in der Grundgesamtheit ab, wie in Abbildung 16 zu sehen ist. Dies ist mit der geringeren Zahl später insolventer Fälle im Vergleich zu der Zahl solventer Fälle zu erklären.

Die Verteilung der solventen Kunden nach dem Merkmal *Familienstand* in Abbildung 17 entspricht für die Teststichprobe und die Validierungsstichprobe nahezu genau der Verteilung in der Grundgesamtheit. Nur die Verteilung in der Analysestichprobe weicht etwas stärker ab, was mit der geringeren Größe der Analysestichprobe zu erklären ist. Zudem weist das Merkmal *Familienstand* mehr Ausprägungen auf, als das Merkmal *Karten, ec*, so daß eine repräsentative Verteilung nach dem Merkmal *Familienstand*, insbesondere bei weniger Datensätzen, schwerer zu erreichen ist als für das Merkmal *Karten, ec*.

Die in Abbildung 18 dargestellten Verteilungen der später insolventen Kunden nach dem Merkmal *Familienstand* auf die Teststichprobe und die Validierungsstichprobe weichen etwas stärker von der Verteilung der Grundgesamtheit ab als dies bei den Verteilungen dieser Stichproben der solventen Kunden der Fall ist. Dies ist wieder mit der geringeren Zahl an insolventen Kunden zu erklären. Für die Analysestichprobe sind die Abweichungen von der Grundgesamtheit der Höhe nach ähnlich wie bei den solventen Kunden, teilweise sogar etwas geringer.

Abbildung 19 stellt die Verteilung der Grundgesamtheit auf die Stichproben für die Entwicklung des Klassifikators zur Antragsprüfung dar. Die Grundgesamtheit für die Antragsprüfung umfaßt 38.733 Erstanträge von solventen und 1.025 Erstanträge von später insolventen Kunden. Davon entfallen je 359 Erstanträge auf die Analysestichprobe. Die Zahl der Datensätze solventer und später insolventer Kunden ist in der Analysestichprobe gleich, damit das Netz die Strukturen solventer und später insolventer Kunden gleichberechtigt lernt. Die Teststichprobe und die Validierungsstichprobe umfassen jeweils 19.187 Erstanträge von solventen und 333 Erstanträge von später insolventen Kunden.

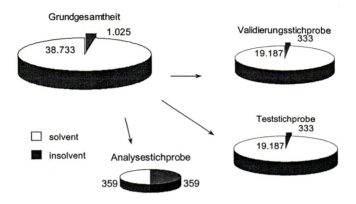

*Abb. 19: Verteilung der Datensätze der Grundgesamtheit auf die Stichproben zur Entwicklung des Klassifikators zur **Antragsprüfung***

342.2 Stichprobenziehung für die Entwicklung eines Klassifikators zur Kartenüberwachung

Für die Entwicklung des Klassifikators zur Kartenüberwachung wurde die Kundenverteilung auf die Stichproben für die Entwicklung des Klassifikators zur Antragsprüfung annähernd übernommen. Da von nahezu jedem Kunden drei Rechnungsperioden einbezogen werden sollten, wuchs die Menge der Datensätze indes so stark, daß sie nicht mehr verarbeitet werden konnte. Daher wurde die Zahl der Kunden und somit auch die Zahl der Rechnungsperioden bzw. Datensätze in den Stichproben unter Beachtung der Repräsentativität gekürzt.[412] Die Zahl der Kunden in der Analysestichprobe und der Teststichprobe wurde soweit reduziert, daß die Zahl der Datensätze in diesen Stichproben bei der Entwicklung der Netze noch in angemessener Zeit zu verarbeiten war. Die Validierungsstichprobe mußte nicht so stark verkleinert werden wie die anderen beiden Stichproben, da die Klassifikationsgüte der Netze an der Validierungs-

---

[412] Vgl. Abschnitt 333.2.

stichprobe nur einmal abschließend gemessen wird und der Rechenaufwand mit diesen Datensätzen daher geringer ist als mit den Datensätzen der Analysestichprobe und der Teststichprobe. Die Validierungsstichprobe wurde daher nur so weit gekürzt, daß das Netzentwicklungsprogramm[413] die Menge an Datensätzen noch verarbeiten konnte. So konnten die Netze zur Kartenüberwachung an einer möglichst großen Zahl von Datensätzen validiert werden. Eine große Validierungsstichprobe ist insbesondere von Bedeutung, da die Netze nicht nur an allen Datensätzen gemeinsam, sondern auch einzeln an den Datensätzen in *t-1*, *t-2* und *t-3* validiert werden sollen.

Abbildung 20 zeigt die Verteilung der Datensätze der Grundgesamtheit für die Entwicklung des Klassifikators zur Kartenüberwachung auf die Stichproben. Die Grundgesamtheit enthält 56.036 Datensätze von solventen und 2.350 Datensätze von später insolventen Kunden. Die Analysestichprobe umfaßt jeweils 933 Datensätze von solventen und von später insolventen Kunden. Die Teststichprobe enthält 18.102 Datensätze von solventen und 479 Datensätze von später insolventen Kunden und die Validierungsstichprobe umfaßt 37.001 Datensätze von solventen und 938 Datensätze von später insolventen Kunden.

---

[413] Für die folgenden Analysen wurde der Stuttgarter Neuronale Netzwerk Simulator (SNNS 4.1) verwendet.

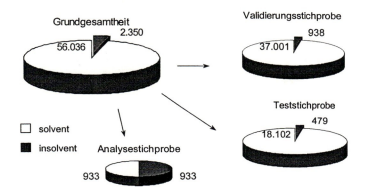

*Abb. 20: Verteilung der Datensätze der Grundgesamtheit auf die Stichproben zur Entwicklung des Klassifikators zur **Kartenüberwachung***

35 Datenanalyse mit Künstlichen Neuronalen Netzen

351. Grundlagen der Künstlichen Neuronalen Netzanalyse

351.1 Informationsfluß und Informationsverarbeitung in einem Künstlichen Neuronalen Netz

Die Neuronen eines Künstlichen Neuronalen Netzes sind nach ihrer Funktion innerhalb des Netzes meist in mehreren Schichten angeordnet. Ein Künstliches Neuronales Netz besteht in der Regel aus einer Eingabeschicht, einer oder mehreren versteckten Schicht(en) und einer Ausgabeschicht,[414] wie in Abbildung 21 beispielhaft dargestellt ist.

---

[414] Vgl. HINTON, G. E., Wie neuronale Netze aus Erfahrung lernen, S. 136; KRATZER, K. P., Neuronale Netze, S. 27; WILBERT, R., Interpretation Neuronaler Netze in den Sozialwissenschaften, S. 770; OBERHOFER, W./ZIMMERER, T., Wie Künstliche Neuronale Netze lernen, S. 11.

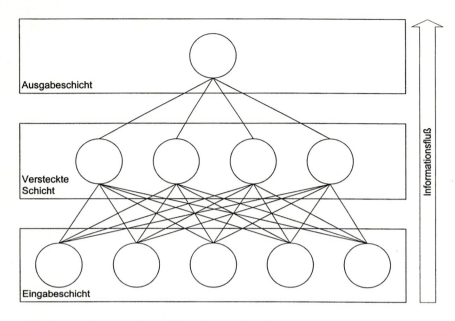

Abb. 21: Aufbau eines Künstlichen Neuronalen Netzes

Die Neuronen der Eingabeschicht nehmen Informationen von außen auf und geben diese an die Neuronen der versteckten Schicht(en) weiter, wo die Informationen verarbeitet und an die Ausgabeschicht geleitet werden. Von dort wird das Netzergebnis nach außen gegeben. Solche Netze, deren Verbindungen von der Eingabeschicht über die versteckte(n) Schichte(n) bis hin zur Ausgabeschicht laufen, werden Feedforward-Netze genannt.[415]

Die Neuronen eines Künstlichen Neuronalen Netzes sind an biologische Neuronen angelehnt.[416] Biologische Neuronen bestehen aus Dendriten, einem Zellkörper, einem Axon und Synapsen. Die Dendriten eines Neurons nehmen Signale von anderen Neuronen auf. Im Zellkörper baut sich aus diesen Signalen das Aktionspotential bzw. der

---

[415] Vgl. STEURER, E., Prognose von 15 Zeitreihen der DGOR mit Neuronalen Netzen, S. 118 f.; ZELL, A., Simulation Neuronaler Netze, S. 73 f.

[416] Vgl. dazu BECKER, J./PRISCHMANN, M., Konnektionistische Modelle, S. 12 f.

Aktivierungszustand des Neurons auf. Überschreitet dieses Aktionspotential eine gewisse Reizschwelle, gibt das Neuron seinerseits ein Signal ab. Das Signal des Neurons wird durch das Axon weitergeleitet und mit Hilfe der Synapsen über elektrische Impulse oder chemische Transmitterstoffe an andere Neuronen über deren Dendriten weitergegeben.[417] In Abbildung 22 sind zwei biologische Neuronen vereinfacht dargestellt.

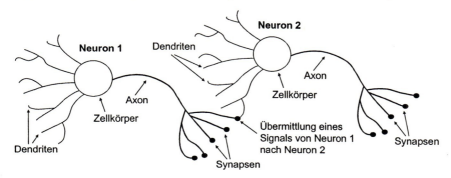

Abb. 22: Biologische Neuronen

In einem Künstlichen Neuronalen Netz wird die Funktion der Dendriten von einer Propagierungsfunktion f_{prop} übernommen, mit der die Zelleingabe net_j in ein künstliches Neuron j in der Regel als Summe der mit den Verbindungsgewichten w_{ij} von Neuron i zu Neuron j multiplizierten Ausgangssignale o_i der Vorgängerneuronen i berechnet wird (Gleichung (1)).[418] Das biologische Vorbild der Verbindungsgewichte sind die Synapsen eines biologischen Neurons.

---

[417] Vgl. zu biologischen Neuronen und ihren Parallelen bei künstlichen Neuronen RADERMACHER, F. J., Biologische und künstliche neuronale Netze, S. 59-61; ROJAS, R., Theorie der neuronalen Netze, S. 10-20; SCHWENKER, F., Künstliche Neuronale Netze, S. 1-7; HORNIK, K., Neuronale Netze in der Finanzwirtschaft und Finanzstatistik, S. 104.

[418] Vgl. SCHÜRMANN, B./SCHÜTT, D., Neuronale Netze - hochparallele, adaptive Modelle für die Informationsverarbeitung, S. 148; SAUERBURGER, H., Grundlagen neuronaler Netze, S. 12; NAUCK, D./KLAWONN, F./KRUSE, R., Neuronale Netze und Fuzzy-Systeme, S. 22 f.; CZAP, H., Clusterbildung, Generalisierung und Abbildungsgüte Neuronaler Feedforward Netze, S. 1249.

(1) $$net_j = f_{prop}(w_{ij}, o_i) = \sum_i w_{ij} o_i$$

Der Aktivierungszustand a_j des Neurons j ermittelt sich mit einer Aktivierungsfunktion f_{akt} aus der Zelleingabe net_j. Als weitere Parameter kommen oft noch der alte Aktivierungszustand $a_{j,alt}$ des Neurons j und ein Schwellwert θ_j hinzu.[419] Im einfachsten Fall berechnet sich der Aktivierungszustand a_j eines Neurons wie folgt:

(2) $$a_j = f_{akt}(net_j)$$

Mögliche Aktivierungsfunktionen sind z. B. die lineare Funktion, die logistische Funktion oder der Tangens hyperbolicus.[420]

Die lineare Funktion transformiert die Eingabewerte über den gesamten Wertebereich konstant, abhängig vom verwendeten Steigungsmaß.[421] Abbildung 23 zeigt beispielhaft den Verlauf einer linearen Aktivierungsfunktion.

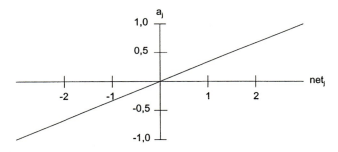

Abb. 23: Lineare Aktivierungsfunktion

---

[419] Vgl. KRATZER, K. P., Neuronale Netze, S. 24 f.; NAUCK, D./KLAWONN, F./KRUSE, R., Neuronale Netze und Fuzzy-Systeme, S. 21 f.; ZELL, A., Simulation Neuronaler Netze, S. 72, 83.

[420] Vgl. KASABOV, N. K., Foundations of Neural Networks, Fuzzy Systems, and Knowledge Engineering, S. 258 f.; ZELL, A., Simulation Neuronaler Netze, S. 89-92. Die logistische Funktion wird auch als sigmoide Funktion bezeichnet, so SAUERBURGER, H., Grundlagen neuronaler Netze, S. 14; KRATZER, K. P., Neuronale Netze, S. 25, 79; ROJAS, R., Theorie der neuronalen Netze, S. 149 f.

[421] Vgl. UTHOFF, C., Erfolgsoptimale Kreditwürdigkeitsprüfung, S. 173.

Mit der logistischen Aktivierungsfunktion werden Eingabewerte nahe Null fast linear transformiert, während hohe Eingabewerte gegen Eins und niedrige Eingabewerte gegen Null gehen. Die logistische Aktivierungsfunktion lautet:

(3)
$$a_j = \frac{1}{1+e^{-net_j}}$$

Abbildung 24 zeigt den Verlauf der logistischen Aktivierungsfunktion.

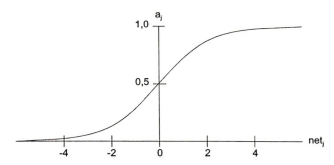

Abb. 24: Logistische Aktivierungsfunktion

Ähnlich werden auch die Eingabewerte bei der Funktion Tangens hyperbolicus transformiert. Dort gehen hohe Eingabewerte nach der Transformation gegen Eins und niedrige Werte gegen minus Eins.[422] Die Funktion Tangens hyperbolicus hat die Form:

(4)
$$a_j = \tanh(net_j) = \frac{e^{net_j} - e^{-net_j}}{e^{net_j} + e^{-net_j}}$$

In Abbildung 25 ist die Funktion Tangens hyperbolicus grafisch dargestellt.

---

[422] Vgl. ZELL, A., Simulation Neuronaler Netze, S. 91 f.

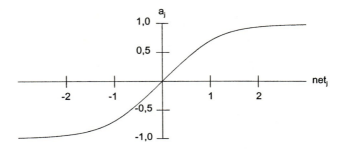

Abb. 25: Aktivierungsfunktion Tangens hyperbolicus

Der Vorteil der beiden s-förmigen Funktionen gegenüber der linearen Transformation ist, daß die Transformation im relevanten Bereich der Eingabewerte am stärksten ist. Der Einfluß von Ausreißern wird durch den flachen Verlauf der Kurven in den Bereichen hoher und niedriger Eingabewerte gedämpft.[423]

Die Ausgabe o_j des Neurons j wird durch eine Ausgabefunktion f_{aus} aus dem Aktivierungszustand a_j des Neurons j bestimmt. Oft wird als Ausgabefunktion die Identitätsfunktion gewählt, so daß der Aktivierungszustand des Neurons gleichzeitig der Ausgabewert des Neurons ist (Gleichung (5)).[424]

(5) $$o_j = f_{aus}(a_j) = a_j$$

In Abbildung 26 ist ein künstliches Neuron schematisch dargestellt.

---

[423] Vgl. zu den Vorteilen s-förmiger Funktionen RUMELHART, D. E./HINTON, G. E./WILLIAMS, R. J., Learning Internal Representations by Error Propagation, S. 329; BRAUSE, R., Neuronale Netze, S. 42; KRATZER, K. P., Neuronale Netze, S. 25.

[424] Vgl. SAUERBURGER, H., Grundlagen neuronaler Netze, S. 13; NAUCK, D./KLAWONN, F./KRUSE, R., Neuronale Netze und Fuzzy-Systeme, S. 22; KASABOV, N. K., Foundations of Neural Networks, Fuzzy Systems, and Knowledge Engineering, S. 257.

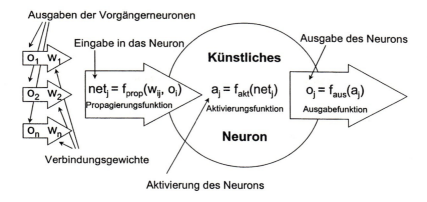

Abb. 26: Künstliches Neuron

351.2 Lernen in einem Künstlichen Neuronalen Netz

351.21 Der Backpropagation-Algorithmus

Ein Künstliches Neuronales Netz lernt, indem die Verbindungsgewichte zwischen seinen Neuronen so verändert werden, daß das Netz die jeweilige Problemstellung möglichst gut lösen kann.[425] Das Lernen geschieht über Lernalgorithmen, d. h. Rechenregeln, die vorschreiben, wann sich die Gewichte wie ändern sollen. Drei Arten des Lernens sind zu unterscheiden, das überwachte Lernen, das bestärkende Lernen und das unüberwachte Lernen. Beim überwachten Lernen werden dem Künstlichen Neuronalen Netz Paare von Eingabemustern und zugehörigen Ausgabemustern präsentiert. Das Netz lernt durch einen Vergleich der gewünschten mit der tatsächlichen Ausgabe. Beim bestärkenden Lernen wird dem Netz nur mitgeteilt, ob die erzeugte Ausgabe zu einem Eingabemuster richtig oder falsch ist. Der genaue Wert des Ausgabemusters wird nicht angegeben. Gar keine Informationen über die gewünschte Ausgabe oder die Güte der Ergebnisse werden dem Netz beim unüberwachten Lernen mitgeteilt. Das

---

[425] Vgl. REHKUGLER, H./KERLING, M., Einsatz Neuronaler Netze für Analyse- und Prognosezwecke, S. 312; vgl. zu anderen Arten des Lernens ZELL, A., Simulation Neuronaler Netze, S. 84.

Netz versucht selbst, ähnliche Eingabemuster in Gruppen zusammenzufassen und diese bestimmten Ausgabemustern zuzuordnen.[426]

Eine häufig verwendete Lernregel ist der Backpropagation-Algorithmus, der zu den Verfahren des überwachten Lernens gehört. Dieser Algorithmus ist geeignet, Klassifikationsprobleme zu lösen.[427] Daher wird eine Variation des Backpropagation-Algorithmus auch in der vorliegenden Untersuchung verwendet.

Der Backpropagation-Algorithmus ist ein Gradientenabstiegsverfahren.[428] Ziel dieses Lernverfahrens ist es, den Netzfehler, der als Differenz zwischen der gewünschten und der tatsächlichen Netzausgabe definiert ist, zu minimieren. Da die Fehlerfunktion E des Netzes, wie im folgenden noch genauer erläutert wird, von den Verbindungsgewichten w_{ij} zwischen den Neuronen zweier aufeinanderfolgender Schichten abhängt, gilt es, den Gewichtsvektor zu finden, bei dem der Netzfehler minimal ist. Dies soll erreicht werden, indem die Gewichte des Netzes in der Richtung des negativen Gradienten der Fehlerfunktion variiert werden, da der negative Gradient in einem Punkt stets in die Richtung des größten Abstiegs zeigt.[429] Deshalb muß die Fehlerfunktion

---

[426] Vgl. HASSOUN, M. H., Fundamentals of Artificial Neural Networks, S. 57; JAFAR-SHAGHAGHI, F., Maschinelles Lernen, Neuronale Netze und Statistische Lernverfahren zur Klassifikation und Prognose, S. 191; ZELL, A., Simulation neuronaler Netze, S. 93-96.

[427] Vgl. BECKER, J./PRISCHMANN, M., Anwendungen konnektionistischer Systeme, S. 20; KRAUSE, C., Kreditwürdigkeitsprüfung mit Neuronalen Netzen, S. 210-215.

[428] Vgl. zu den folgenden Ausführungen zum Backpropagation-Algorithmus RUMELHART, D. E./HINTON, G. E./WILLIAMS, R. J., Learning Internal Representations by Error Propagation, S. 322-329; BRAUSE, R., Neuronale Netze, S. 107-111; NAUCK, D./KLAWONN, F./KRUSE, R., Neuronale Netze und Fuzzy-Systeme, S. 74-77; ZIMMERMANN, H. G., Neuronale Netze als Entscheidungskalkül, S. 37-40; HASSOUN, M. H., Fundamentals of Artificial Neural Networks, S. 199-202; ROJAS, R., Theorie der Neuronalen Netze, S. 154-165; OBERHOFER, W./ZIMMERER, T., Wie Künstliche Neuronale Netze lernen, S. 16-39; ZELL, A., Simulation Neuronaler Netze, S. 105-110.

[429] Vgl. JACOBS, R. A., Increased Rates of Convergence Through Learning Rate Adaption, S. 296; CRUSE, C./LEPPELMANN, S., Neuronale Netze, S. 169 f.

stetig differenzierbar sein.[430] Der Backpropagation-Algorithmus läuft in folgenden Schritten ab:[431]

1) Initialisierung der Anfangsgewichte

Zu Beginn der Netzentwicklung müssen sämtliche Gewichte w_{ij} zwischen den Neuronen i und j zweier aufeinanderfolgender Schichten mit Werten belegt werden.

2) Ermittlung der Ausgabewerte für die einzelnen Muster

Für jedes Eingabemuster wird die Netzausgabe berechnet, indem das Muster von der Eingabeschicht über die versteckte(n) Schicht(en) bis hin zur Ausgabeschicht propagiert wird.

3) Ermittlung des Netzfehlers

Der Fehler für ein Eingabemuster wird ermittelt, indem die gewünschte Ausgabe mit der tatsächlichen Ausgabe verglichen wird.

4) Berechnung der Gewichtsänderungen

Die Gewichtsänderungen werden durch die partiellen Ableitungen der Fehlerfunktion nach den einzelnen Gewichten, multipliziert mit einer Lernschrittweite η berechnet. Dazu wird der Fehler rückwärts von der Ausgabeschicht zur Eingabeschicht durch das Netz propagiert. Für die Ausgabeschicht ist der Fehler bekannt. Für die versteckte(n) Schicht(en) wird der Fehler mit dem Backpropagation-Algorithmus geschätzt.

5) Änderung der Gewichte

Die Gewichte zwischen den Neuronen des Netzes werden um die in Schritt 4 ermittelten Gewichtsänderungen variiert. Dadurch soll es zu einem geringeren Netzfehler kommen.

---

[430] Vgl. ADAM, D./HERING, T./WELKER, M., Künstliche Intelligenz durch neuronale Netze (I), S. 509; ROJAS, R., Theorie der neuronalen Netze, S. 149.

[431] Ähnlich HASSOUN, M. H., Fundamentals of Artificial Neural Networks, S. 201 f.; ROJAS, R., Theorie der neuronalen Netze, S. 161 f.; ZELL, A., Simulation neuronaler Netze, S. 94.

Um die Netzausgabe, also die Ausgaben o_{pk} der Neuronen der Ausgabeschicht, für ein Eingabemuster p zu ermitteln, muß dieses Eingabemuster zunächst den Neuronen der Eingabeschicht präsentiert werden.[432] Aus der Netzeingabe net_{pi} eines Musters für ein Neuron der Eingabeschicht wird in diesem Neuron mit einer Aktivierungsfunktion f_{akt} der Aktivierungszustand a_{pi} des jeweiligen Neurons berechnet. Bei der Identitätsfunktion als Ausgabefunktion ist der Aktivierungszustand gleichzeitig die Ausgabe o_{pi} des Neurons. Die Ausgabewerte der Neuronen der Eingabeschicht werden durch die Propagierungsfunktion f_{prop} mit den Verbindungsgewichten w_{ij} zwischen den Neuronen der Eingabeschicht und der ersten versteckten Schicht gewichtet und zur Netzeingabe net_{pj} in die Neuronen der versteckten Schicht aufsummiert. Aus dieser Netzeingabe wird wieder mit einer Aktivierungsfunktion der Aktivierungszustand a_{pj} diesmal für die Neuronen der ersten versteckten Schicht ermittelt. Das Verfahren setzt sich wie bei der Informationsverarbeitung zwischen Eingabeschicht und der ersten versteckten Schicht fort, bis die Ausgabewerte der Ausgabeschicht berechnet wurden. Auf diese Weise wird für jedes Eingabemuster p die Netzausgabe o_{pk} berechnet.

Der Netzfehler E_p für ein Eingabemuster p ist die quadrierte Differenz zwischen der tatsächlichen Netzausgabe o_{pk} und der gewünschten Ausgabe des Netzes t_{pk} summiert über alle Ausgabeneuronen k. Diese Summe wird noch mit 0,5 multipliziert, damit sich dieser Faktor gegen den Faktor 2 kürzt, der bei der für den Backpropagation-Algorithmus benötigten Ableitung der Fehlerfunktion entsteht.

(6)
$$E_p = \frac{1}{2} \sum_k \left(o_{pk} - t_{pk}\right)^2$$

Der gesamte Fehler des Netzes E ist die Summe der Fehler der einzelnen Eingabemuster p.

(7)
$$E = \sum_p E_p$$

---

[432] Mit dem Index i werden im folgenden Werte der Eingabeschicht, mit dem Index j Werte der versteckten Schicht(en) und mit dem Index k Werte der Ausgabeschicht versehen.

Der Netzfehler ist also das Ergebnis einer Funktionenkette, die sich von der Eingabeschicht bis zur Ausgabeschicht und von dort bis zur Fehlerfunktion aufbaut. Um die partiellen Ableitungen der Fehlerfunktion nach den Verbindungsgewichten berechnen zu können, muß daher die Kettenregel angewendet werden. Der Backpropagation-Algorithmus geht dabei so vor, daß während ein Eingabemuster wie eben beschrieben vorwärts durch das Netz propagiert wird, um schließlich den Fehlerwert für dieses Muster zu berechnen, der Wert der Ableitung der einzelnen Aktivierungsfunktionen in dem Punkt in den einzelnen Neuronen berechnet und gespeichert wird. Die gesuchten partiellen Ableitungen der Fehlerfunktion nach den Verbindungsgewichten können dann durch Multiplikation der gespeicherten Werte der Ableitungen der einzelnen Funktionen ermittelt werden.

Die Berechnung der Gewichtsänderungen soll im folgenden am Beispiel eines Künstlichen Neuronalen Netzes mit einer versteckten Schicht für ein Eingabemuster dargestellt werden. Der Übersicht halber wird auf den Index p zur Kennzeichung eines Eingabemusters verzichtet. Als Propagierungsfunktion wird die Summe der mit den Verbindungsgewichten multiplizierten Ausgaben der Vorgängerneuronen, als Aktivierungsfunktion die logistische (sigmoide) Funktion s und als Ausgabefunktion die Identitätsfunktion gewählt. Die logistische Funktion ist folgendermaßen definiert:

(8)
$$f_{akt}(net) = s(net) = \frac{1}{1+e^{-net}}$$

Die Ableitung der logistischen Funktion lautet:

(9)
$$s'(net) = \frac{e^{-net}}{\left(1+e^{-net}\right)^2} = \frac{1}{1+e^{-net}}\left(1-\frac{1}{1+e^{-net}}\right) = s(net)(1-s(net))$$

Die Abbildung 27 zeigt die Informationsverarbeitung nach dem Backpropagation-Algorithmus. Die Kreise stellen Neuronen dar. Im oberen Teil jedes Neurons ist die Berechnung des Ausgabewertes des Neurons mit der Aktivierungsfunktion dargestellt. Im unteren Teil jedes Neurons ist die Ableitung der Aktivierungsfunktion aufgeführt, die für die Berechnung der partiellen Ableitungen der Fehlerfunktion nach den Verbindungsgewichten mit Hilfe der Kettenregel benötigt wird. Vor jedem Neuron ist die

Berechnung des Eingabesignals *net* des Neurons dargestellt. Darunter stehen die partiellen Ableitungen nach den Verbindungsgewichten *w* und den Ausgaben *o* der Vorgängerneuronen, die ebenfalls für die Berechnung der partiellen Ableitungen der Fehlerfunktion nach den Verbindungsgewichten benötigt werden. In dem Viereck rechts ist im oberen Teil die Fehlerfunktion für ein Ausgabeneuron und im unteren Teil die Ableitung der Fehlerfunktion nach o_k aufgeführt. Die Fehler E_k der einzelnen Ausgabeneuronen addieren sich zu dem Gesamtfehler des Netzes E_p für ein Muster *p*. Da die partiellen Ableitungen der Gesamtfehlerfunktion nach den einzelnen Fehlern der Ausgabeneuronen jeweils gleich Eins sind und daher bei der Anwendung der Kettenregel das Ergebnis nicht verändern, ist die Gesamtfehlerfunktion in der Abbildung 27 nicht mit aufgeführt.

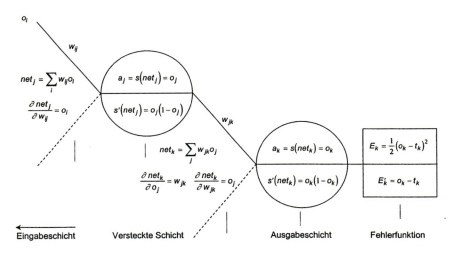

Abb. 27: *Informationsverarbeitung beim BP-Algorithmus*[433]

Die Änderungen Δw_{jk} der Gewichte zwischen Ausgabeschicht und versteckter Schicht sind wie folgt definiert:

---

[433] In Anlehnung an ROJAS, R., Theorie der neuronalen Netze, S. 162 und 164.

(10) $$\Delta w_{jk} = -\eta \frac{\partial E}{\partial w_{jk}}$$

mit:

$\frac{\partial E}{\partial w_{jk}}$ = partielle Ableitung der Fehlerfunktion nach dem Gewicht w_{jk}

η = Lernschrittweite

Die Gewichte sollen um einen Bruchteil des negativen Gradienten der Fehlerfunktion korrigiert werden. Für die Berechnung der Gewichtsänderungen werden daher die Werte der partiellen Ableitungen nach diesen Gewichten benötigt. Um diese Werte zu ermitteln, werden zunächst der Wert der Ableitung der Fehlerfunktion für ein einzelnes Ausgabeneuron und der in dem jeweiligen Ausgabeneuron gespeicherte Wert der Ableitung der Aktivierungsfunktion multipliziert. Dabei ergibt sich der zurückpropagierte negative Fehler $-\delta_k$.

(11) $$-\delta_k = o_k(1-o_k)(o_k - t_k)$$

Dieser Wert wird im nächsten Schritt mit dem Wert der Ableitung der Propagierungsfunktion nach dem Verbindungsgewicht w_{jk} multipliziert. Dies ergibt die partielle Ableitung der Fehlerfunktion nach dem Gewicht w_{jk}.

(12) $$\frac{\partial E}{\partial w_{jk}} = -\delta_k o_j$$

Wird Gleichung (12) in Gleichung (10) eingesetzt, beträgt die Änderung Δw_{jk} des Gewichts w_{jk}:

(13) $$\Delta w_{jk} = \eta \delta_k o_j$$

Analog zu den Gewichtsänderungen Δw_{jk} werden auch die Änderungen Δw_{ij} der Gewichte zwischen der Eingabeschicht und der versteckten Schicht berechnet.

(14) $$\Delta w_{ij} = -\eta \frac{\partial E}{\partial w_{ij}}$$

mit:

$\frac{\partial E}{\partial w_{ij}}$ = partielle Ableitung der Fehlerfunktion nach dem Gewicht w_{ij}

η = Lernschrittweite

Für die Berechnung des Wertes der partiellen Ableitung der Fehlerfunktion nach dem Gewicht w_{ij} wird wieder zunächst der zurückpropagierte Fehler $-\delta_j$ berechnet. Dieser ist das Produkt zwischen dem Wert der Ableitung der Fehlerfunktion, des im jeweiligen Ausgabeneuron gespeicherten Wertes der Ableitung der Aktivierungsfunktion, des Wertes der Ableitung der Propagierungsfunktion nach o_j und des im jeweiligen Neuron der Zwischenschicht gespeicherten Wertes der Ableitung der Aktivierungsfunktion. Die ersten beiden Multiplikatoren ergeben wieder den bereits ermittelten zurückpropagierten Fehler $-\delta_k$, so daß sich der neue zurückpropagierte Fehler $-\delta_j$ wie folgt berechnet:

(15) $$-\delta_j = -o_j(1-o_j)\sum_k w_{jk}\delta_k$$

Der zurückpropagierte Fehler δ_j wird dann mit dem Wert der Ableitung der Propagierungsfunktion nach w_{ij} multipliziert, so daß sich folgender Wert der partiellen Ableitung der Fehlerfunktion nach w_{ij} ergibt:

(16) $$\frac{\partial E}{\partial w_{ij}} = -\delta_j o_i$$

Gleichung (16) wird in Gleichung (14) eingesetzt. Die Änderungen der Gewichte Δw_{ij} zwischen der Eingabeschicht und der versteckten Schicht betragen somit:

(17) $$\Delta w_{ij} = \eta \delta_j o_i$$

Nachdem auf diese Weise alle Gewichtsänderungen ermittelt wurden, werden die Gewichte korrigiert. Dabei besteht zum einen die Möglichkeit, die Gewichte nach jedem

dem Netz präsentierten Muster anzupassen (Online-Verfahren). Zum anderen können die Gewichtsänderungen nach jedem Muster gespeichert und, nachdem alle Muster präsentiert wurden, zu der Gesamtänderung aufsummiert werden (Offline- oder Batch-Verfahren).[434] Für die Änderung eines Gewichtes w_{ij} ergibt sich nach dem Batch-Verfahren:

(18) $$\Delta w_{ij} = \sum_p \Delta_p w_{ij}$$

351.22 Probleme des Backpropagation-Algorithmus

Durch die eben erläuterte Vorgehensweise des Backpropagation-Algorithmus entstehen einige Probleme bei der Suche nach dem Minimum der Fehlerfunktion.

1) Stagnation des Verfahrens auf flachen Plateaus

Die Fehlerfunktion stellt sich grafisch als ein Fehlergebirge[435] dar, dessen Täler Regionen niedriger Fehler und dessen Berge Regionen hoher Fehler abbilden. Die Fehlerhöhe in einem Punkt ist abhängig von der jeweiligen Kombination der Verbindungsgewichte. Mit dem Backpropagation-Algorithmus werden die Gewichte in Richtung des negativen Gradienten der Fehlerfunktion korrigiert, um zu Regionen mit geringeren Fehlerwerten im Fehlergebirge zu gelangen. Dabei kann es vorkommen, daß sich das Lernverfahren auf einem flachen Plateau befindet, wie in Abbildung 28 zu sehen ist, wo vereinfachend die Fehlerfunktion nur abhängig von einem Gewicht dargestellt ist. Da der Gradient in diesem Fall sehr gering ist, benötigt der Algorithmus sehr viele Iterationsschritte, bis er das Plateau verlassen kann, d. h. das Verfahren wird sehr langsam. Ist die zulässige Zahl an Iterationsschritten begrenzt, wird das Verfahren abgebrochen, ohne daß das Minimum des Fehlergebirges erreicht wurde.[436]

---

[434] Vgl. ZELL, A., Simulation neuronaler Netze, S. 107.

[435] DORFFNER spricht von einer Hyperfläche im n+1-dimensionalen Raum, wobei n die Zahl der Gewichte des Netzes ist, vgl. DORFFNER, G., Konnektionismus, S. 123.

[436] Vgl. JACOBS, R. A., Increased Rates of Convergence Through Learning Rate Adaption, S. 296; RITTER, H./MARTINETZ, T./SCHULTEN, K., Neuronale Netze, S. 57 f.; HASSOUN, M. H., Funda-

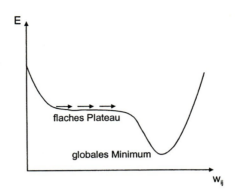

Abb. 28: Stagnation des BP-Algorithmus auf flachen Plateaus[437]

2) Oszillation in steilen Schluchten

Befindet sich das gesuchte Minimum der Fehlerfunktion in einer steilen Schlucht und befindet sich der Startpunkt des Verfahrens an einem Abhang dieser Schlucht, kann es sein, daß der Gradient in dieser Schlucht so groß ist, daß durch die daraus folgende starke Gewichtsänderung das Minimum übersprungen wird.[438] Im nächsten Iterationsschritt befindet sich der Algorithmus folglich auf der anderen ebenso steilen Seite der Schlucht, so daß die Gewichte wiederum stark variiert werden, diesmal in die entgegengesetzte Richtung. Somit wird das Minimum ein weiteres Mal übersprungen. Dies setzt sich so fort, bis das Verfahren abgebrochen wird.[439] Abbildung 29 veranschaulicht dieses Phänomen.

---

mentals of Artificial Neural Networks, S. 210; ROJAS, R., Theorie der neuronalen Netze, S. 168; ZELL, A., Simulation Neuronaler Netze, S. 112.

[437] In Anlehnung an ZELL, A., Simulation Neuronaler Netze, S. 113.

[438] Vgl. JACOBS, R. A., Increased Rates of Convergence Through Learning Rate Adaption, S. 296.

[439] Vgl. NAUCK, D./KLAWONN, F./KRUSE, R., Neuronale Netze und Fuzzy-Systeme, S. 78.

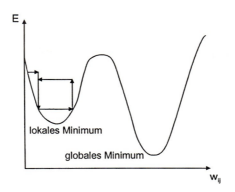

Abb. 29: Oszillation des BP-Algorithmus in steilen Schluchten[440]

3) **Beendigung in einem lokalen Minimum**

In dem Fehlergebirge existieren mehrere Täler, d. h. neben dem gesuchten globalen Minimum kommen auch lokale Minima vor. Da beim Backpropagation-Algorithmus die Gewichte abhängig vom negativen Gradienten der Fehlerfunktion geändert werden, stagniert das Verfahren in der Regel in einem lokalen Minimum und findet das globale Minimum nicht.[441] Dies ist in Abbildung 30 dargestellt.

---

[440] In Anlehnung an ZELL, A., Simulation Neuronaler Netze, S. 113.

[441] Vgl. SCHÖNEBURG, E./HANSEN, N./GAWELCZYK, A., Neuronale Netzwerke, S. 97; RITTER, H./MARTINETZ, T./SCHULTEN, K., Neuronale Netze, S. 57; FREEMAN, J. A./SKAPURA, D. M., Neural Networks, S. 105 f.; NAUCK, D./KLAWONN, F./KRUSE, R., Neuronale Netze und Fuzzy-Systeme, S. 78 f.

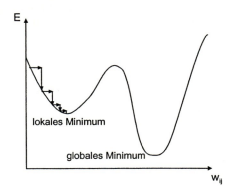

Abb. 30: Beendigung des BP-Algorithmus in einem lokalen Minimum[442]

4) Große Gewichte

Durch große Gewichte wird das Fehlergebirge steiler und zerklüfteter. Daher kann es leichter zu Oszillationen und unvorhergesehenen Sprüngen im Fehlergebirge kommen.[443]

5) Keine Gewichtsänderungen bei gleich großen Startgewichten

Werden zu Beginn des Lernverfahrens in einem vollständig verbundenen Netz alle Startgewichte gleich groß gewählt, bleiben auch im Verlauf des Algorithmus alle Gewichte gleich, die von einem Eingabeneuron zu allen Neuronen der versteckten Schicht reichen. Ebenso bleiben alle Gewichte gleich, die von allen Neuronen der versteckten Schicht zu einem Ausgabeneuron gehen.[444]

Für die eben dargestellten Probleme des Backpropagation-Algorithmus gibt es folgende Lösungsmöglichkeiten.

---

[442] In Anlehnung an ZELL, A., Simulation Neuronaler Netze, S. 113.

[443] Vgl. ZELL, A., Simulation Neuronaler Netze, S. 117.

Zu 1) Stagnation des Verfahrens auf flachen Plateaus und 2) Oszillation in steilen Schluchten

Eine Lösungsmöglichkeit für diese beiden Probleme ist, eine eigene Lernschrittweite für jedes Gewicht zu verwenden, die im Laufe des Trainigs verändert werden kann. Hat die partielle Ableitung der Fehlerfunktion nach mehreren Lernschritten das gleiche Vorzeichen, wird die Lernschrittweite erhöht. Bei einem Vorzeichenwechsel wird die Lernschrittweite vermindert.[445]

Eine weitere Lösungsmöglichkeit ist, bei der Berechnung der Gewichts-änderung für den Zeitpunkt t einen sogenannten **Momentum-Term** einzufügen, mit dem ein Teil α der vorherigen Gewichtsänderung $\Delta w_{ij}(t-1)$ berücksichtigt wird,[446] wie in Gleichung (19) dargestellt. Dies führt zu einer Vergrößerung der Gewichtsänderung auf flachen Plateaus, da in diesem Fall zwei negative oder zwei positive Werte addiert werden. In steilen Schluchten wird die Gewichtsänderung reduziert, da aufgrund des Überspringens des Minimums die beiden in Gleichung (19) dargestellten Terme der Gewichtsänderung in t unterschiedliche Vorzeichen haben.

(19) $$\Delta w_{ij}(t) = \eta \delta_j o_i + \alpha \Delta w_{ij}(t-1)$$

Auch das **Manhattan-Training**, bei dem statt des zurückpropagierten Fehlers δ_j nur sein Vorzeichen $sgn(\delta_j)$ für die Gewichtsänderung relevant ist, wie in Gleichung (20) dargestellt, bietet eine weitere Lösungsmöglichkeit. Damit werden die Gewichtsänderungen quasi-normiert.[447]

---

[444] Vgl. RUMELHART, D. E./HINTON, G. E./WILLIAMS, R. J., Learning Internal Representations by Error Propagation, S. 330.

[445] Vgl. ZELL, A., Simulation Neuronaler Netze, S. 118. Eine eigene Lernschrittweite für jedes Gewicht verwendet auch JACOBS, R. A., Increased Rates of Convergence Through Learning Rate Adaption, S. 299.

[446] Vgl. RUMELHART, D. E./HINTON, G. E./WILLIAMS, R. J., Learning Internal Representations by Error Propagation, S. 330; JACOBS, R. A., Increased Rates of Convergence Through Learning Rate Adaption, S. 299; FREEMAN, J. A./SKAPURA, D. M., Neural Networks, S. 105; HASSOUN, M. H., Fundamentals of Artificial Neural Networks, S. 213 f.

[447] Vgl. ZELL, A., Simulation Neuronaler Netze, S. 117 f.

(20) $\quad \Delta w_{ij} = \eta o_i \, \text{sgn}(\delta_j)$

Ähnlich geht der **Resilient Propagation Algorithmus** vor. Bei dieser Modifikation des Backpropagation Algorithmus sind die Gewichtsänderungen nicht vom Betrag des Gradienten der Fehlerfunktion, sondern nur von seinem Vorzeichen zum aktuellen und zum vorherigen Zeitpunkt abhängig.[448] Der Resilient Propagation Algorithmus wird ausführlicher in Abschnitt 351.23 erläutert.

Zu 3) Verbleiben in einem lokalen Minimum
Ob der Algorithmus in einem lokalen Minimum verbleibt, hängt stark von der jeweiligen Anwendung und der Kodierung der Eingabedaten ab. Zudem wird das Fehlergebirge umso zerklüfteter und die Gefahr, in einem lokalen Minimum stecken zu bleiben, umso größer, je mehr Verbindungen das Netz aufweist.[449] Auch die Anfangsinitialisierung der Gewichte und die Lernschrittweite beeinflussen, ob das globale oder nur ein lokales Minimum gefunden wird.[450] Daher kann durch Variation dieser Größen versucht werden, lokalen Minima zu entkommen.[451] Überdies reicht es für viele Anwendungen aus, wenn lediglich ein nah am globalen Minimum liegendes lokales Minimum gefunden wird,[452] was in der Regel durch eine genügend kleine Lernschrittweite erreicht werden kann.[453]

---

[448] Vgl. RIEDMILLER, M./BRAUN, H., Rprop - a fast adaptive learning algorithm.

[449] Vgl. ZELL, A., Simulation Neuronaler Netze, S. 112.

[450] Vgl. RITTER, H./MARTINETZ, T./SCHULTEN, K., Neuronale Netze, S. 57; HASSOUN, M. H., Fundamentals of Artificial Neural Networks, S. 210.

[451] Vgl. BRAUSE, R., Neuronale Netze, S. 117; FREEMAN, J. A./SKAPURA, D. M., Neural Networks, S. 105.

[452] Vgl. DORFFNER, G., Konnektionismus, S. 125.

[453] Vgl. ZELL, A., Simulation Neuronaler Netze, S. 112.

Zu 4) Große Gewichte

Große Gewichte können verhindert werden, indem in die Fehlerfunktion ein Term aufgenommen wird, der große Gewichte bestraft,[454] wie in Gleichung (21) dargestellt ist.

(21)
$$E^{neu} = E + \frac{d}{2}\sum_{i,j} w_{ij}^2$$

Die Werte von d befinden sich in der Regel im Bereich von 0,005 bis 0,03. Die partielle Ableitung für diese Fehlerfunktion lautet:

(22)
$$\frac{\partial E^{neu}}{\partial w_{ij}} = \frac{\partial E}{\partial w_{ij}} + dw_{ij}$$

Damit ergibt sich die in Gleichung (23) dargestellte Modifikation der Gewichtsänderung nach dem ursprünglichen Backpropagation-Algorithmus. Die Formel für die Gewichtsänderung enthält hier zusätzlich einen Term, der abhängig von dem alten Gewicht die neue Gewichts-änderung vermindert (**weight decay**).[455]

(23)
$$\Delta w_{ij}(t) = \eta o_i \delta_j - dw_{ij}(t-1)$$

Zu 5) Keine Gewichtsänderungen bei gleich großen Startgewichten

Die Symmetrie der Gewichtsänderungen bei gleich großen Startgewichten kann unterbrochen werden, wenn die Startgewichte zufällig initialisiert werden (**symmetry breaking**). Dabei werden möglichst kleine Werte verwendet,[456] in der Regel zwischen Eins und minus Eins, da z. B. die Ableitung der logistischen Aktivierungsfunktion bei Werten nahe Null am größten ist und der Algorithmus die Gewichte somit zu Beginn schnell anpassen kann.[457]

---

[454] Vgl. WERBOS, P., Backpropagation: Past and Future, S. 347 f.

[455] Vgl. ZELL, A., Simulation Neuronaler Netze, S. 117.

[456] Vgl. RUMELHART, D. E./HINTON, G. E./WILLIAMS, R. J., Learning Internal Representations by Error Propagation, S. 330; NAUCK, D./KLAWONN, F./KRUSE, R., Neuronale Netze und Fuzzy-Systeme, S. 79.

351.23 Resilient Propagation

Im vorhergehenden Abschnitt wurden die Probleme bei der Anwendung des Backpropagation-Algorithmus als Lernregel dargestellt und mögliche Lösungen gezeigt. Eine Modifikation von Backpropagation, der Resilient Propagation Algorithmus, ist besonders dazu geeignet, die Schwierigkeiten auf flachen Plateaus und in steilen Schluchten zu beheben. In vergleichenden Untersuchungen[458] war Resilient Propagation anderen getesteten Lernverfahren, darunter Backpropagation und weiteren seiner Modifikationen, in bezug auf die Schnelligkeit klar überlegen. Außerdem erschien Resilient Propagation relativ unempfindlich gegenüber der Anfangsinitialisierung der Verbindungsgewichte. Allerdings führt Resilient Propagation leichter zum Overtraining als Backpropagation.[459] Dies resultiert daraus, daß der Resilient Propagation Algorithmus schneller konvergiert und daher mit weniger Iterationen mehr von den Strukturen der Analysestichprobe lernen kann. Dies kann indes mit einem weight-decay Term behoben werden.[460] Aufgrund der genannten Vorteile wurden die Netze in der vorliegenden Untersuchung nach dem Resilient Propagation Algorithmus mit einem zusätzlichen weight-decay[461] Term trainiert.

Der Resilient Propagation Algorithmus wurde 1992 von RIEDMILLER und BRAUN von der Universität Karlsruhe entwickelt.[462] Bei diesem Algorithmus wird zunächst der Betrag $\Delta_{ij}(t)$ der Gewichtsänderung im Zeitpunkt t und danach die gesamte Gewichtsänderung $\Delta w_{ij}(t)$ berechnet. Der Betrag der Gewichtsänderung ist von den Vorzeichen der Steigung S der Fehlerfunktion zum aktuellen Zeitpunkt t und zum vorhergehenden

---

[457] Vgl. ZELL, A., Simulation Neuronaler Netze, S. 111.
[458] Vgl. RIEDMILLER, M./BRAUN, H., Rprop - a fast adaptive learning algorithm.
[459] Vgl. ZELL, A., Simulation Neuronaler Netze, S. 126.
[460] Vgl. RIEDMILLER, M., Untersuchungen zu Konvergenz und Generalisierungsfähigkeit, S. 107-116.
[461] Vgl. Abschnitt 351.22.

Zeitpunkt *t-1* abhängig. Die Steigung S der Fehlerfunktion zum Zeitpunkt t ist definiert als:

(24) $$S(t) = \frac{\partial E}{\partial w_{ij}}(t)$$

Der Betrag $\Delta_{ij}(t)$ der Gewichtsänderung wird wie folgt berechnet, wobei η^+ größer als Eins ist und η^- zwischen Null und Eins liegt. Am Anfang der Berechnung werden alle $\Delta_{ij}(t)$ auf einen Wert Δ_0 gesetzt.

(25) $$\Delta_{ij}(t) = \begin{cases} \Delta_{ij}(t-1)\eta^+ & \text{falls } S(t-1)S(t) > 0 \quad (1) \\ \Delta_{ij}(t-1)\eta^- & \text{falls } S(t-1)S(t) < 0 \quad (2) \\ \Delta_{ij}(t-1) & \text{sonst} \quad (3) \end{cases}$$

Betragsänderung Fall (1):

Falls die Richtung der Steigung der Fehlerfunktion vom vorhergehenden zum aktuellen Zeitpunkt gleich geblieben ist, ist der Betrag $\Delta_{ij}(t)$ der aktuellen Gewichtsänderung durch die Multiplikation mit dem Faktor η^+ etwas höher als der Betrag $\Delta_{ij}(t-1)$ der vorhergehenden Änderung.

Betragsänderung Fall (2):

Hat sich die Richtung der Steigung verändert, wird der Betrag $\Delta_{ij}(t-1)$ der vorhergehenden Gewichtsänderung für die Berechnung des Betrags $\Delta_{ij}(t)$ der aktuellen Gewichtsänderung durch die Multiplikation mit dem Faktor η^- reduziert.

Betragsänderung Fall (3):

Ist die Steigung in *t-1* gleich Null und somit das Produkt beider Steigungen gleich Null, ist der neue Betrag $\Delta_{ij}(t)$ gleich dem alten Betrag $\Delta_{ij}(t-1)$ der Gewichtsänderung. Dieser Fall kommt vor, wenn im vorhergehenden Schritt die Steigung auf Null gesetzt

---

[462] Vgl. zu der folgenden Darstellung des Resilient-Propagation-Algorithmus RIEDMILLER, M./BRAUN, H., Rprop - a fast adaptive learning algorithm; ZELL, A., Simulation Neuronaler Netze, S. 124-126.

wurde, um ein Oszillieren des Algorithmus zu vermeiden (siehe unten Gewichtsänderung Fälle (3) und (4)).

Mit dem oben angeführten Betrag $\Delta_{ij}(t)$ der Gewichtsänderung berechnet sich die Gewichtsänderung $\Delta w_{ij}(t)$ wie folgt:

(26)
$$\Delta w_{ij}(t) = \begin{cases} -\Delta_{ij} & \text{falls } S(t-1)S(t) > 0 \land S(t) > 0 \quad (1) \\ \Delta_{ij} & \text{falls } S(t-1)S(t) > 0 \land S(t) < 0 \quad (2) \\ \Delta w_{ij}(t-1) & \text{falls } S(t-1)S(t) < 0 \quad (3) \\ -\text{sgn}(S(t))\Delta_{ij}(t) & \text{sonst} \quad (4) \end{cases}$$

Gewichtsänderung Fall (1):

Wenn die Richtung der Steigung von *t-1* auf *t* gleich geblieben und die Steigung in *t* positiv ist, wird das Gewicht w_{ij} in *t* um einen Betrag vermindert, der etwas größer als der Betrag der letzten Gewichtsänderung ist (Betragsänderung Fall (1)). Damit wird die Richtung der letzten Ge-wichtsänderung beibehalten. Es gilt:

(27) $\qquad \Delta w_{ij}(t) = -\Delta_{ij}(t) \quad \text{mit: } \Delta_{ij}(t) = \Delta_{ij}(t-1)\eta^+$

Daraus folgt:

(28) $\qquad \Delta w_{ij}(t) = -\Delta_{ij}(t-1)\eta^+$

Gewichtsänderung Fall (2):

Wenn die Richtung der Steigung von *t-1* auf *t* gleich geblieben und die Steigung in *t* negativ ist, wird das Gewicht w_{ij} in *t* um einen Betrag erhöht, der etwas größer als der Betrag der letzten Gewichtsänderung ist (Betragsänderung Fall (1)). Die Richtung der Gewichtsänderung wird damit beibehalten. Es gilt:

(29) $\qquad \Delta w_{ij}(t) = \Delta_{ij}(t) \quad \text{mit: } \Delta_{ij}(t) = \Delta_{ij}(t-1)\eta^+$

Daraus folgt:

(30) $\qquad \Delta w_{ij}(t) = \Delta_{ij}(t-1)\eta^+$

Gewichtsänderung Fall (3):

Wenn sich die Richtung der Steigung von *t-1* auf *t* geändert hat, wird die letzte Gewichtsänderung wieder rückgängig gemacht. Es gilt:

(31) $$\Delta w_{ij}(t) = -\Delta w_{ij}(t-1)$$

Der Betrag *Δ$_{ij}$(t)* der Gewichtsänderung in *t* wird im Vergleich zu dem Betrag der Gewichtsänderung in *t-1* etwas reduziert (Betragsänderung Fall (2)).

(32) $$\Delta_{ij}(t) = \Delta_{ij}(t-1)\eta^-$$

Allerdings wirkt sich diese Betragsänderung erst im nächsten Schritt auf die Gewichtsänderung aus. Im aktuellen Schritt wird lediglich die letzte Gewichtsänderung rückgängig gemacht. Gleichzeitig wird die Steigung *S(t)* auf Null gesetzt. Dies ist notwendig, da sonst in den nächsten Schritten ständig der Fall (3) der Gewichtsänderung eintreten und das Gewicht um den gleichen Betrag erhöht und wieder reduziert würde. Wird die Steigung auf Null gesetzt, tritt im nächsten Schritt der Fall (4) ein.

Gewichtsänderung Fall (4):

Da im vorhergehenden Schritt (Gewichtsänderung Fall (3)) die davor erfolgte Gewichtsänderung rückgängig gemacht wurde, entspricht die aktuelle Steigung *S(t)* der Steigung *S(t-2)*. Die Steigung *S(t)* des vorhergehenden Schrittes ist im aktuellen Schritt die Steigung *S(t-1)*. Wenn diese Steigung im vorhergehenden Schritt auf Null gesetzt wurde, berechnet sich die Gewichtsänderung wie folgt:

(33) $$\Delta w_{ij}(t) = -\text{sgn}(S(t))\Delta_{ij}(t) \quad \text{mit: } \Delta_{ij}(t) = \Delta_{ij}(t-1) = \Delta_{ij}(t-2)\eta^-$$

Hier wird die Betragsänderung im vorhergehenden Schritt relevant. Im aktuellen Schritt wird diese Änderung beibehalten (Betragsänderung Fall (3)).

Resilient Propagation hat also gegenüber Backpropagation den Vorteil, daß die Gewichtsänderungen nicht vom Betrag des Gradienten, sondern nur von seinem Vorzeichen abhängen. Außerdem wird berücksichtigt, ob die Steigung sich vom vorhergehenden auf den aktuellen Schritt geändert hat, so daß zum einen eine Anpassung der Schrittweite im Fehlergebirge möglich wird und zum anderen bemerkt wird, wenn ein

Minimum in einer Schlucht übersprungen wurde. Damit wird den Problemen der Stagnation auf flachen Plateaus und der Oszillation in steilen Schluchten entgegengewirkt.

352. Festlegung des Zielkriteriums

352.1 Vorbemerkung

Bei der Künstlichen Neuronalen Netzanalyse sind zwei Phasen zu unterscheiden: die Entwicklung und die Anwendung.[463] Während der Entwicklung eines Künstlichen Neuronalen Netzes wird seine Klassifikationsleistung nach einer bestimmten Zahl von Iterationen regelmäßig an der Teststichprobe geprüft. Dies dient z. B. der Entscheidung, ob noch weitere Lernschritte durchgeführt werden sollen[464] oder ob ein bestimmtes Neuron im Netz verbleiben soll. Nach der Entwicklung wird die Netzleistung noch einmal abschließend an den dem Netz unbekannten Daten der Validierungsstichprobe geprüft.[465] Durch einen Vergleich der Klassifikationsgüte von so validierten Netzen kann festgestellt werden, welches das beste Netz ist und somit für den praktischen Einsatz gewählt werden sollte.

In der Anwendungsphase eines Künstlichen Neuronalen Netzes muß bestimmt werden, ab welchem Ausgabewert des Netzes (N-Wert) ein Kunde als solvent bzw. als insolvenzgefährdet zu beurteilen ist. Denn die Netzausgabe nimmt nicht nur die Werte *solvent* und *insolvenzgefährdet*, also z. B. Null und Eins an, sondern sie nimmt kontinuierliche Werte zwischen einer oberen und einer unteren Grenze an. Daher muß definiert werden, in welchem Intervall der Ausgabewerte die Kunden als solvent und in welchem Intervall sie als insolvenzgefährdet zu beurteilen sind.[466] Dazu muß ein kritischer N-Wert gefunden werden, der die Kundengruppen in *solvent* und *insolvenzge-*

---

[463] Vgl. BECKER, J./PRISCHMANN, M., Konnektionistische Modelle, S. 16.

[464] Vgl. Abschnitt 342.1.

[465] Vgl. BECKER, J./PRISCHMANN, M., Anwendungen konnektionistischer Systeme, S. 24.

[466] Vgl. LOHRBACH, T., Einsatz von Künstlichen Neuronalen Netzen für ausgewählte betriebswirtschaftliche Aufgabenstellungen, S. 24; SCHNURR, C., Kreditwürdigkeitsprüfung mit Künstlichen Neuronalen Netzen, S. 149.

fährdet trennt. Sofern ein höherer N-Wert eine bessere Bonität bedeutet,[467] werden alle Kunden, die N-Werte oberhalb des Trennwertes aufweisen, als solvent klassifiziert. Alle Kunden mit N-Werten, die kleiner als der oder gleich dem Trennwert sind, werden als insolvenzgefährdet klassifiziert. Der Trennwert sollte so gewählt werden, daß die Klassifikationsleistung des Netzes möglichst gut ist.

Sowohl für die Optimierung und Validierung des Künstlichen Neuronalen Netzes während der Entwicklungsphase als auch für die optimale Festlegung des Trennwertes in der Anwendungsphase muß ein Zielkriterium bestimmt werden, mit dem die Klassifikationsgüte des Netzes gemessen werden kann. Die Klassifikationsleistung eines Netzes ist abhängig von den Fehlklassifikationen des Netzes. Zwei Arten von Fehlklassifikationen sind zu unterscheiden. Der Alpha-Fehler ist der Fehler, wenn ein später insolventer Kunde fälschlich als solvent klassifiziert wird. Der Beta-Fehler ist der Fehler, wenn ein solventer Kunden fälschlich als insolvenzgefährdet klassifiziert wird. Alpha-Fehler (α) und Beta-Fehler (β) sind also wie folgt definiert:[468]

(34)
$$\alpha = \frac{n_{i/s}}{n_i}$$

mit:

$n_{i/s}$ = *Zahl der insolventen Fälle, die als solvent klassifiziert werden*

n_i = *Zahl aller insolventen Fälle*

(35)
$$\beta = \frac{n_{s/i}}{n_s}$$

mit:

$n_{s/i}$ = *Zahl der solventen Fälle, die als insolvent klassifiziert werden*

n_s = *Zahl aller solventen Fälle*

---

[467] Dieser Fall wird bei den folgenden Ausführungen unterstellt.

[468] Vgl. NIEHAUS, H.-J., Früherkennung von Unternehmenskrisen, S. 130. Der Index *i* steht im folgenden immer für insolvent und der Index *s* für solvent.

Hat ein später insolventer Kunde einen N-Wert oberhalb des Trennwertes, führt dies zu einem Alpha-Fehler. Weist das Netz einem tatsächlich solventen Kunden einen N-Wert unterhalb des Trennwertes zu, führt dies zu einem Beta-Fehler. Alpha-Fehler und Beta-Fehler sind also von der Wahl des Trennwertes abhängig. Wird der Trennwert auf der N-Wert-Skala in Richtung niedrigerer Werte verschoben, erhöht sich der Alpha-Fehler und verringert sich der Beta-Fehler. Wird der Trennwert erhöht, sinkt der Alpha-Fehler und steigt der Beta-Fehler. Die beiden Fehler stehen also in einem Austauschverhältnis zueinander.

Alpha-Fehler und Beta-Fehler lassen sich abhängig vom Trennwert N_k auch als Wahrscheinlichkeiten interpretieren.[469] Der Alpha-Fehler ist die Wahrscheinlichkeit, daß ein später insolventer Kunde über oder auf dem Trennwert liegt. Der Beta-Fehler ist die Wahrscheinlichkeit, daß ein tatsächlich solventer Kunde unter dem Trennwert liegt. Damit lassen sich Alpha-Fehler und Beta-Fehler wie folgt darstellen:[470]

(36)
$$\alpha = \frac{n_{i/s}}{n_i} = p(N \geq N_k / z_i)$$

(37)
$$\beta = \frac{n_{s/i}}{n_s} = p(N < N_k / z_s)$$

mit:

z_i = Tatsächlicher Zustand "*insolvent*"

z_s = Tatsächlicher Zustand "*solvent*"

Bei einer genügend großen Zahl an solventen und insolventen Kunden kann angenommen werden, daß ihre Dichtefunktionen $f_i(N=N_x/z_i)$ bzw. $f_s(N=N_x/z_s)$ normalverteilt und stetig sind. Die Dichtefunktion $f_i(N=N_x/z_i)$ [$f_s(N=N_x/z_s)$] gibt die Wahrscheinlichkeit für einen bestimmten N-Wert N_x an, wenn der Kunde tatsächlich später insolvent [solvent] ist. Im Überschneidungsbereich der beiden Dichtefunktionen liegen

---

[469] Vgl. zum Wahrscheinlichkeitsbegriff BLEYMÜLLER, J.,/ GEHLERT, G./GÜLICHER, H., Statistik für Wirtschaftswissenschaftler, S. 27.

[470] Vgl. HENO, R., Kreditwürdigkeitsprüfung mit Hilfe von Verfahren der Mustererkennung, S. 63 f.

der Alpha-Fehler (karierte Fläche in Abbildung 31) und der Beta-Fehler (schraffierte Fläche in Abbildung 31). Die Abbildungen 32 und 33 zeigen die Veränderungen von Alpha-Fehler und Beta-Fehler, wenn der Trennwert nach links bzw. nach rechts verschoben wird.

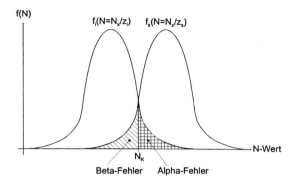

Abb. 31: Dichtefunktionen der N-Werte der solventen und insolventen Kunden[471]

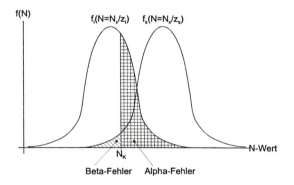

Abb. 32: Dichtefunktionen der N-Werte der solventen und insolventen Kunden bei einer Verschiebung des Trennwertes nach links

---

[471] Vgl. GEBHARDT, G., Insolvenzprognosen, S 202 f.

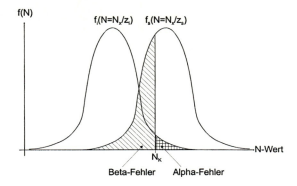

Abb. 33: Dichtefunktionen der N-Werte der solventen und insolventen Kunden bei einer Verschiebung des Trennwertes nach rechts

Aus den Dichtefunktionen[472] der solventen und später insolventen Kunden können der Alpha-Fehler und der Beta-Fehler abhängig von dem kritischen N-Wert N_k ermittelt werden.[473]

(38)
$$\alpha = 1 - \int_{-\infty}^{N_k} f_i(N)\, dN = 1 - F_i(N_k)$$

(39)
$$\beta = \int_{-\infty}^{N_k} f_s(N)\, dN = F_s(N_k)$$

Sämtliche im folgenden vorgestellte Zielkriterien werden mit Hilfe des Alpha-Fehlers und des Beta-Fehlers bestimmt.

---

[472] Dichtefunktionen werden im folgenden stets mit f und Verteilungsfunktionen mit F bezeichnet.

[473] Ähnlich UTHOFF, C., Erfolgsoptimale Kreditwürdigkeitsprüfung, S. 90 f., der indes den N-Wert umgekehrt skaliert.

352.2 Mögliche Zielkriterien

352.21 Kostenminimierung

Ein Künstliches Neuronales Netz soll im Prozeß der Antragsprüfung bzw. im Prozeß der Kartenüberwachung eingesetzt werden, um zuverlässig zu erkennen, welcher Antragsteller bzw. Kunde solvent und welcher insolvenzgefährdet ist. Damit sollen Ausfallkosten durch fälschlich angenommene bzw. nicht gekündigte insolvenzgefährdete Kunden und Opportunitätskosten durch fälschlich abgelehnte bzw. gekündigte solvente Kunden reduziert werden.

Der Prozeß der Antragsprüfung bzw. der Kartenüberwachung unter Einsatz eines Klassifikators kann unterschiedlich gestaltet werden. Bei einem einstufigen Prozeß stellt das Urteil des Klassifikators gleichzeitig die Entscheidung über Annahme oder Ablehnung des Kartenantrages bzw. über Kündigung oder Verbleib des Kunden dar. Die gesamten Kosten des einstufigen Prozesses sind abhängig von der Leistung und den Kosten des Klassifikators und den Kosten für den Alpha-Fehler und den Beta-Fehler. Außerdem werden die Prozeßkosten durch die Zahl der zu prüfenden Fälle und die tatsächliche Verteilung von solventen und später insolventen Kunden beeinflußt (a-priori Wahrscheinlichkeiten).

Der Prozeß kann indes auch zweistufig gestaltet werden, indem z. B. alle Kunden, die der Klassifikator als insolvenzgefährdet beurteilt, noch durch Mitarbeiter genau geprüft werden.[474] Erst der Mitarbeiter entscheidet dann endgültig über den Kunden. Das Klassifikatorurteil hat in diesem Fall nicht nur Einfluß auf die Fehlklassifikationskosten, sondern auch auf die Höhe der Nachbearbeitungskosten. Die gesamten Kosten des Prozesses sind im Vergleich zum einstufigen Prozeß zusätzlich noch von der Zuverlässigkeit der Mitarbeiter und von den Bearbeitungskosten abhängig.

Das Ziel des Einsatzes eines Klassifikators ist also, die Kosten des Prozesses der Antragsprüfung bzw. der Kartenüberwachung zu minimieren. Dies kann erreicht werden,

---

[474] Vgl. die Abschnitte 31, 422.1 und 423.1.

indem der Trennwert so gelegt wird, daß die für einen spezifischen Prozeß kostenoptimale Alpha-Beta-Fehlerkombination bei gegebenen sonstigen Prozeßeinflußgrößen realisiert wird.

Ein Klassifikator kann nach dem Zielkriterium Kostenminimierung bereits bei seiner Entwicklung optimiert werden. In diesem Fall wird bereits bei der Optimierung des Klassifikators der Prozeß berücksichtigt, in den der Klassifikator in der Anwendungsphase eingebunden wird. Dafür ist für den spezifischen Prozeß eine Kostenfunktion zu ermitteln, nach der der Klassifikator optimiert wird. So wird gleichzeitig während der Entwicklungphase die kostenminimale Alpha-Beta-Fehlerkombination für die Anwendungsphase ermittelt.[475]

Die Voraussetzung für eine prozeßspezifische Optimierung ist, daß der entsprechende Prozeß mit seinen Parametern bereits in der Entwicklungsphase genau bekannt ist. Soll der Prozeß neu gestaltet werden oder können sich Parameter noch ändern, sollte der Klassifikator prozeßneutral optimiert und somit ein anderes Zielkriterium für die Entwicklung verwendet werden. In der Anwendungsphase kann der Trennwert dann kostenminimal eingestellt werden, sobald der Prozeß und die Parameterwerte feststehen.

Mit der prozeßneutralen Entwicklung und der prozeßoptimalen Festlegung des Trennwertes wird zwar vielleicht nicht die bestmögliche Alpha-Beta-Fehlerkombination erreicht. Indes besteht der Vorteil, daß der Trennwert aufgrund von sich ändernden Prozeßgrößen leicht angepaßt werden kann und dennoch stabile Klassifikationsergebnisse erzielt werden können. Denn die Alpha-Beta-Fehlerkombinationen eines prozeßneutral entwickelten Klassifikators, die mit einer Alpha-Beta-Fehlerfunktion im Alpha-Beta-Fehlerdiagramm dargestellt werden können, entwickeln sich in dem Intervall der Alpha-Beta-Fehlerpaare von $(\alpha, \beta) = (0\,\%, 100\,\%)$ bis $(\alpha, \beta) = (100\,\%, 0\,\%)$ relativ gleichmäßig konvex vom Ursprung aus betrachtet, während es bei einem prozeßspezifisch entwickelten Klassifikator auch zu konkaven Bereichen der Funktion kommt,

---

[475] Vgl. Uthoff, C., Erfolgsoptimale Kreditwürdigkeitsprüfung, S. 84-87, der auch Erfolgsgrößen einbezieht.

weil es im Bereich der prozeßoptimalen Alpha-Beta-Fehlerkombination zu starken Vorteilen zu Lasten der übrigen Kombinationen (konkave Bereiche) kommen kann. Änderungen der Prozeßparameter haben dann eventuell wesentlich höhere Kosten zur Folge, als sie bei einem prozeßneutral optimierten Klassifikator anfallen würden.

Um die kostenminimale Alpha-Beta-Fehlerkombination eines Klassifikators zu bestimmen, muß für den Prozeß - sowohl bei der prozeßspezifischen Optimierung als auch bei der Festlegung eines Trennwertes für einen prozeßneutral optimierten Klassifikator - eine Kostenfunktion abhängig von den relevanten Parametern aufgestellt werden. Bis auf den Alpha-Fehler und den Beta-Fehler werden alle Größen als konstant unterstellt. Zu einer Alpha-Beta-Fehlerkombination gehört bei der Annahme der Konstanz der anderen Parameter eine bestimmte Kostenhöhe, die mit der Kostenfunktion ermittelt werden kann. Eine Kostenhöhe kann indes durch verschiedene Alpha-Beta-Fehlerkombinationen erreicht werden. Dies läßt sich in einem Alpha-Beta-Fehlerdiagramm darstellen, indem beliebig viele Iso-Kostengeraden in das Diagramm gelegt werden, von denen jede eine bestimmte Kostenhöhe repräsentiert.[476] Der Alpha-Fehler wird im Alpha-Beta-Fehlerdiagramm auf der Abzisse und der Beta-Fehler auf der Ordinate mit einem Wertebereich von jeweils 0 % bis 100 % abgetragen.[477] Entlang einer Iso-Kostengerade können alle Alpha-Beta-Fehlerkombinationen abgelesen werden, mit denen die von der Iso-Kostengerade repräsentierte Kostenhöhe erreicht werden kann. Je näher eine Iso-Kostengerade am Ursprung liegt, desto geringer sind die Kosten, die sie repräsentiert.[478]

Mit einem Klassifikator sind nur bestimmte Alpha-Beta-Fehlerkombi-nationen möglich, die alle durch die Alpha-Beta-Fehlerfunktion des Klassifikators dargestellt werden. Die Alpha-Beta-Fehlerfunktion eines Klassifikators wird theoretisch aus den Funktionen für den Alpha-Fehler (Gleichung (38)) und den Beta-Fehler (Glei-

---

[476] Vgl. UTHOFF, C., Erfolgsoptimale Kreditwürdigkeitsprüfung, S. 98.

[477] Vgl. BAETGE, J./UTHOFF, C., Development of a Credit-Standing-Indicator for Companies, S. 25.

[478] Vgl. UTHOFF, C., Erfolgsoptimale Kreditwürdigkeitsprüfung, S. 98 f., der Iso-Erfolgsgeraden bestimmt.

chung (39)) ermittelt, die sich, wie in Abschnitt 352.1 beschrieben, aus den vom kritischen N-Wert abhängigen Dichtefunktionen bzw. Verteilungsfunktionen ergeben.[479]

Wenn neben der Annahme stetiger Verteilungen weiter gilt, daß der Alpha-Fehler bei sinkendem Trennwert streng monoton wächst, kann eine Umkehrfunktion zu α gebildet werden, die an jeder Stelle eindeutig ist:

(40) $$N_k = F_i^{-1}(1-\alpha)$$

Im letzten Schritt der Herleitung der Alpha-Beta-Fehlerfunktion wird die Umkehrfunktion von α in die Funktion für β eingesetzt:

(41) $$\beta = F_s\left[F_i^{-1}(1-\alpha)\right]$$

Empirisch wird die Alpha-Beta-Fehlerkurve erstellt, indem die mit den Fällen z. B. der Teststichprobe oder der Validierungsstichprobe möglichen Alpha-Beta-Fehlerkombinationen durch Auszählen bei verschiedenen Trennwerten ermittelt und als Kurve im Alpha-Beta-Fehlerdiagramm dargestellt werden.[480]

Die kostenminimale Alpha-Beta-Fehlerkombination auf der Alpha-Beta-Fehlerkurve eines Klassifikators liegt dort, wo die Kurve eine Iso-Kostengerade tangiert. Ein geringeres Kostenniveau ist mit dem zu der Alpha-Beta-Fehlerkurve gehörenden Klassifikator nicht möglich.

---

[479] Vgl. zu der Herleitung der Alpha-Beta-Fehlerfunktion UTHOFF, C., Erfolgsoptimale Kreditwürdigkeitsprüfung, S. 91.

[480] Vgl. JERSCHENSKY, A., Messung des Bonitätsrisikos von Unternehmen, S. 186.

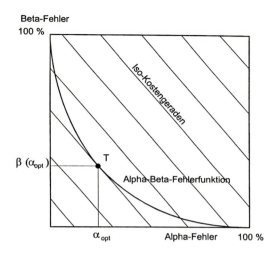

Abb. 34: Alpha-Beta-Fehlerfunktion und Iso-Kostengeraden

Abbildung 34 zeigt die Alpha-Beta-Fehlerkurve eines Klassifikators mit möglichen Iso-Kostengeraden. Die kostenminimale Alpha-Beta-Fehlerkombination ist im Tangentialpunkt $T(\alpha_{opt}, \beta(\alpha_{opt}))$ gegeben.

352.22 Minimierung des Gesamtfehlers

Der Gesamtfehler eines Künstlichen Neuronalen Netzes gibt die Zahl aller Fehlklassifikationen im Verhältnis zur Gesamtzahl der Klassifikationen an. Er kann somit als die Wahrscheinlichkeit einer Fehlklassifikation, gleich welcher Art, definiert werden. Der Gesamtfehler ist die Summe aus dem mit der a-priori Insolvenzwahrscheinlichkeit gewichteten Alpha-Fehler und dem mit der a-priori Solvenzwahrscheinlichkeit gewichteten Beta-Fehler.[481]

---

[481] Vgl. NIEHAUS, H.-J., Früherkennung von Unternehmenskrisen, S. 130.

(42)
$$\begin{aligned}\text{Gesamtfehler} &= \frac{n_{i/s} + n_{s/i}}{n_i + n_s} \\ &= \frac{n_{i/s}}{n_i + n_s} + \frac{n_{s/i}}{n_i + n_s} \\ &= \frac{n_{i/s} n_i}{(n_i + n_s) n_i} + \frac{n_{s/i} n_s}{(n_i + n_s) n_s} \\ &= \frac{n_i}{n_i + n_s} \cdot \frac{n_{i/s}}{n_i} + \frac{n_s}{n_i + n_s} \cdot \frac{n_{s/i}}{n_s} \\ &= p(z_i)\alpha + p(z_s)\beta\end{aligned}$$

mit:

$a - priori$ Insolvenzwahrscheinlichkeit $= \dfrac{n_i}{n_i + n_s} = p(z_i)$

$a - priori$ Solvenzwahrscheinlichkeit $= \dfrac{n_s}{n_i + n_s} = p(z_s)$

Die a-priori Wahrscheinlichkeiten geben den Anteil der tatsächlich später insolventen bzw. solventen Fälle an allen zu klassifizierenden Fällen an. Die a-priori Insolvenz- bzw. Solvenzwahrscheinlichkeit ist also die Wahrscheinlichkeit für einen tatsächlich später insolventen bzw. solventen Fall in der Gesamtheit aller zu klassifizierenden Fälle.

Nach dem Zielkriterium Minimierung des Gesamtfehlers ist der Klassifikator zu wählen, der den geringsten Gesamtfehler aufweist. Damit der Gesamtfehler berechnet werden kann, muß zunächst der kritische N-Wert bestimmt werden. Dieser ist so zu legen, daß insgesamt möglichst wenige Fälle fehlklassifiziert werden. Bei diesem Zielkriterium wird nicht berücksichtigt, daß mit den zwei existierenden Arten von Fehlklassifikationen, dem Alpha-Fehler und dem Beta-Fehler, unterschiedliche Kosten verbunden sein können. Tritt bei der Künstlichen Neuronalen Netzanalyse ein Alpha-Fehler auf, wird also ein später insolventer Kunde nicht erkannt und daher im Falle der Antragsprüfung angenommen oder im Falle der Kartenüberwachung nicht gekündigt, sind Ausfallkosten die Folge. Tritt ein Beta-Fehler auf, wird also ein solventer Kunde im Falle der Antragsprüfung abgelehnt oder im Falle der Kreditüberwachung gekündigt, entgehen Gewinne (Opportunitätskosten). Das Zielkriterium Gesamtfehler berücksichtigt solche Kostenwirkungen allerdings nicht. Sind aber z. B. die Ausfallkosten für einen nicht erkannten später insolventen Kunden wesentlich höher als die Opportunitätskosten für einen fälschlich als insolvenzgefährdet angesehenen solventen Kunden, sollte der Trennwert so gelegt werden, daß der Alpha-Fehler eher gering und der Beta-Fehler dafür höher ausfällt.

352.23 Minimierung des Beta-Fehlers bei einem konstanten Alpha-Fehler

Bei diesem Zielkriterium wird das Netz mit dem geringsten Beta-Fehler bei einem zuvor festgelegten konstanten Alpha-Fehler gewählt. Der Alpha-Fehler sollte so festgelegt werden, daß er für den Antragsprüfungsprozeß bzw. für den Kartenüberwachungsprozeß optimal ist. Optimal bedeutet, daß für den jeweiligen Prozeß möglichst geringe Kosten auftreten. Der optimale Alpha-Fehler kann indes nur zusammen mit dem Beta-Fehler bestimmt werden, da sich nur so ermitteln läßt, bei welcher möglichen Kombination von Alpha-Fehler und Beta-Fehler das Kostenminimum erreicht ist. Wird der Alpha-Fehler hingegen unabhängig vom Beta-Fehler festgelegt, kann es sein, daß ein Klassifikator K_A zwar bei dem festgelegten Alpha-Fehler einen geringeren Beta-Fehler und somit auch geringere Kosten aufweist als ein Klassifikator K_B, daß der Klassifikator K_B indes bei einer anderen Alpha-Beta-Fehlerkombination zu noch geringeren Kosten führt. Dies ist dann möglich, wenn der Klassifikator K_A den Klassifikator K_B nicht bei jeder Alpha-Beta-Fehlerkombination dominiert. Grafisch läßt sich die Dominanz eines Klassifikators zu einem anderen mit den Alpha-Beta-Fehlerfunktionen der Klassifikatoren darstellen.

In Abbildung 35 sind die Alpha-Beta-Fehlerfunktionen für zwei Klassifikatoren, von denen der Klassifikator K_A den Klassifikator K_B in jedem Punkt dominiert, grafisch dargestellt.

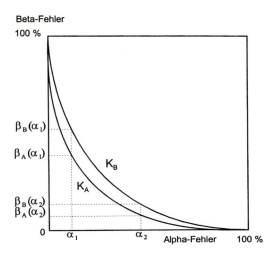

Abb. 35: Alpha-Beta-Fehlerfunktionen des Klassifikators K_B und des dominanten Klassifikators K_A

Sowohl bei dem Alpha-Fehler α_1 als auch bei dem Alpha-Fehler α_2 ist der Beta-Fehler des Klassifikators K_A geringer als der Beta-Fehler des Klassifikators K_B. Da die Alpha-Beta-Fehlerfunktion des Klassifikators K_A stets unterhalb der Alpha-Beta-Fehlerfunktion des Klassifikators K_B liegt, dominiert der Klassifikator K_A den Klassifikator K_B in jedem Punkt. Für diesen Fall ist es für die Wahl des besten Klassifikators unerheblich, für welchen festen Alpha-Fehler der Beta-Fehler minimiert werden soll. Der Beta-Fehler des Klassifikators K_A ist bei jedem Alpha-Fehler geringer als der Beta-Fehler des Klassifikators K_B. Indes können sich die Alpha-Beta-Fehlerkurven von Klassifikatoren auch schneiden, so daß in verschiedenen Bereichen des Alpha-Fehlers andere Klassifikatoren dominant sind, d. h. den geringsten Beta-Fehler aufweisen.[482] Dies ist in Abbildung 36 veranschaulicht.

---

[482] Vgl. UTHOFF, C., Erfolgsoptimale Kreditwürdigkeitsprüfung, S. 92-94. Vgl. zu sich schneidenden Alpha-Beta-Fehlerfunktionen empirischer Klassifikatoren Abschnitt 353.114.

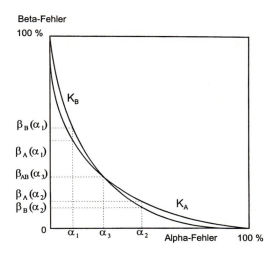

Abb. 36: Alpha-Beta-Fehlerfunktionen der wechselnd dominanten Klassifikatoren K_A und K_B

Bei dem Alpha-Fehler α_1 ist der Beta-Fehler des Klassifikators K_A geringer, während bei dem Alpha-Fehler α_2 der Klassifikator K_B dominant ist. Für den gesamten Kurvenverlauf gilt, daß in dem Intervall für den Alpha-Fehler $0\% < \alpha < \alpha_3$ der Klassifikator K_A dominant ist. Für $\alpha = \alpha_3$ gilt, daß keiner der beiden Klassifikatoren dominant ist. Für den Alpha-Fehler α_3 haben beide den gleichen Beta-Fehler.[483] In diesem Punkt schneiden sich die Kurven. Für das Intervall $\alpha_3 < \alpha < 100\%$ ist der Klassifikator K_B dominant.

Das Kriterium der Minimierung des Beta-Fehlers bei einem konstanten Alpha-Fehler ist somit nicht geeignet, den Klassifikator mit der kostenminimalen Alpha-Beta-Fehlerkombination zu finden.

---

[483] Ebenso sind die Beta-Fehler der beiden Klassifikatoren für einen Alpha-Fehler von 0 % und einen Alpha-Fehler von 100 % gleich.

352.24 Minimierung der Fehlerfläche

Die Fehlerfläche eines Klassifikators ist die Fläche unter seiner Alpha-Beta-Fehlerkurve. Je näher diese Kurve gegen den Ursprung liegt, desto geringer ist der Beta-Fehler für einen bestimmten Alpha-Fehler und desto geringer ist die Fehlerfläche. Die Fehlerfläche läßt sich für den Fall einer stetigen Verteilung der solventen und der später insolventen Kunden wie folgt berechnen:[484]

(43)
$$Fehlerfläche = \int_{\alpha_u=0\%}^{\alpha_o=100\%} F_s\left[F_i^{-1}(1-\alpha)\right] d\alpha$$

Die Fehlerfläche läßt sich als durchschnittlicher Alpha-Fehler über alle Beta-Fehler oder als durchschnittlicher Beta-Fehler über alle Alpha-Fehler interpretieren.[485] Der Klassifikator mit der geringsten Fehlerfläche ist somit über den gesamten Wertebereich des Alpha-Fehlers bzw. über den gesamten Wertebereich des Beta-Fehlers der leistungsfähigste Klassifikator. Dies ist in Abbildung 37 der Klassifikator K_A. Somit ist die Minimierung der Fehlerfläche ein Zielkriterium, das herangezogen werden kann, wenn die Kosten der Fehlklassifikation nicht bekannt sind und kein bestimmter Trennwert vorgegeben werden soll.

---

[484] Vgl. UTHOFF, C., Erfolgsoptimale Kreditwürdigkeitsprüfung, S. 95.
[485] Vgl. JERSCHENSKY, A., Messung des Bonitätsrisikos von Unternehmen, S. 187.

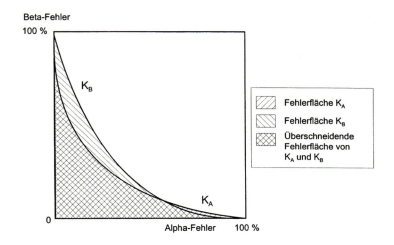

Abb. 37: Fehlerflächen der Klassifikatoren K_A und K_B

Die Fehlerfläche berücksichtigt allerdings nicht, ob sich die Alpha-Beta-Fehlerkurve z. B. mehr an die Abzisse oder an die Ordinate anschmiegt, d. h. besonders gut im Bereich höherer oder niedriger Alpha-Fehler klassifiziert. Sofern für den Prozeß, in dem ein Klassifikator eingesetzt werden soll, zwar keine genauen Parameter bekannt sind aber klar ist, ob die Beta-Fehler eher im Bereich niedriger oder im Bereich höherer Alpha-Fehler möglichst gering gehalten werden sollten, kann z. B. nur der relevante Abschnitt der Fehlerfläche betrachtet werden, indem die Fehlerfläche nur bis zu einem festgelegten Alpha-Fehler berechnet wird. Oder ein Referenzpunkt $R(\alpha_r, \beta_r)$ kann als Mindestanforderung an einen Klassifikator bestimmt werden. In diesem Fall wird ein Klassifikator nur akzeptiert, wenn seine Alpha-Beta-Fehlerkurve links von dem Referenzpunkt liegt.[486]

352.3 Das Zielkriterium in der vorliegenden Untersuchung

Da die in der vorliegenden Untersuchung zu entwickelnden Klassifikatoren möglichst stabil auf Prozeßänderungen oder Änderungen der relevanten Parameter reagieren soll-

---

[486] So bei JERSCHENSKY, A., Messung des Bonitätsrisikos von Unternehmen, S. 188.

ten, wurde für die Optimierung und Validierung des Klassifikators für die Antragsprüfung und des Klassifikators für die Kartenüberwachung das Zielkriterium Minimierung der Fehlerfläche gewählt. Mit diesem Kriterium können die Klassifikatoren prozeßneutral optimiert werden, so daß sie weniger stark auf Prozeßänderungen reagieren. Der optimale Trennwert wurde in der Anwendungsphase der Klassifikatoren nach dem Zielkriterium der Kostenminimierung festgelegt. Dieser Trennwert kann bei Änderungen der Prozesse oder der relevanten Parameter angepaßt werden, ohne daß eine starke Änderung des Klassifikationsergebnisses zu erwarten ist.

353. Datenanalyse für die Antragsprüfung

353.1 Entwicklung eines Klassifikators zur Antragsprüfung

353.11 Entwicklung eines Klassifikators zur Antragsprüfung nur mit originären Kundeninformationen

353.111. Einstellung der Netzparameter

Bevor mit der Analyse der Daten begonnen werden konnte, waren verschiedene Netzparameter einzustellen. Zunächst mußte die Netzarchitektur[487] festgelegt werden. Diese beschreibt, wie viele versteckte Schichten das Netz neben der Eingabeschicht und der Ausgabeschicht enthält und wie viele Neuronen sich in den einzelnen Schichten befinden. Das Startnetz für die Entwicklung des Klassifikators zur Antragsprüfung bestand in der vorliegenden Untersuchung aus einer Eingabeschicht, einer versteckten Schicht und einer Ausgabeschicht. Viele Probleme, die mit der Künstlichen Neuronalen Netzanalyse bearbeitet werden, sind einfach genug strukturiert, daß sie sich mit einer versteckten Schicht gut lösen lassen,[488] wie die Bonitätsbeurteilung von Unternehmen.[489]

---

[487] Vgl. zur Festlegung der Netzarchitektur ERXLEBEN, K./BAETGE, J./FEIDICKER, M./KOCH, H./KRAUSE, C./MERTENS, P., Klassifikation von Unternehmen, S. 1246 f.

[488] Vgl. KLIMASAUSKAS, C. C., Training a Neural Network, S. 20. Vgl. auch HORNIK, K./STINCHCOMBE, M./WHITE, H., Multilayer Feedforward Networks are Universal Approxi-

In der vorliegenden Analyse wurde auf weitere versteckte Schichten verzichtet. In der Eingabeschicht befanden sich 75 Neuronen. Diese 75 Neuronen wurden bei einer binären Kodierung der 33 Antragsmerkmale[490] benötigt. Die versteckte Schicht bestand zunächst aus vier Neuronen, die Ausgabeschicht aus einem Neuron. Die Zahl der Neuronen in der Zwischenschicht wurde im Laufe der Analysen variiert, um zu untersuchen, ob sich mit einer anderen Menge an versteckten Neuronen bessere Ergebnisse erzielen ließen. Auch die Zahl der Neuronen in der Eingabeschicht veränderte sich, da mit Hilfe der Künstlichen Neuronalen Netzanalyse die relevanten Eingabemerkmale gefunden werden sollten.

Außerdem wurde bestimmt, ob die Neuronen zweier aufeinanderfolgender Schichten vollständig miteinander verbunden werden sollten, d. h. ob zwischen jedem Neuron einer Schicht und jedem Neuron der folgenden Schicht ein Verbindungsgewicht existieren sollte und ob Shortcut-Connections, d. h. direkte Verbindungen von den Eingabeneuronen zu den Ausgabeneuronen, vorkommen sollten. In einem mehrschichtigen Netz, durch das nicht-lineare Zusammenhänge im Datenmaterial abgebildet werden sollen, ermöglichen Shortcut-Connections, auch eventuell vorhandene lineare Zusammenhänge in den Daten abzubilden, da diese Verbindungen die versteckte(n) Schicht(en) umgehen. In dieser Untersuchung waren die Neuronen der einzelnen Schichten vollständig miteinander verbunden. Shortcut-Connections enthielten die Startnetze der Analysen nicht. Allerdings wurden im Verlauf der Untersuchungen Shortcut-Connections hinzugefügt, um zu prüfen, ob dies die Klassifikationsergebnisse verbessert. Das Ergebnis zeitigte indes, daß Netze mit Shortcut-Connections keine bessere Klassifikationsleistung aufweisen als Netze ohne Shortcut-Connections.[491]

---

mators, S. 360-363; HECHT-NIELSEN, R., Neurocomputing, S. 131 f.; HORNIK, K., Approximation Capabilities of Multilayer Feedforward Networks, S. 252-254.

[489] Vgl. zu der Entwicklung eines dreischichtigen Künstlichen Neuronalen Netzes zur Bonitätsprüfung von Unternehmen BAETGE, J./HÜLS, D./UTHOFF, C., Früherkennung der Unternehmenskrise, S. 22-23.

[490] Vgl. zu den verwendeten Antragsmerkmalen und ihrer Kodierung Abschnitt 341.23.

[491] Vgl. Abschnitte 353.113. und 353.123.

Desweiteren mußte das Zielkriterium für die Netzoptimierung[492] und die Zahl der Epochen, nach der die Klassifikationsleistung des Netzes mit dem Zielkriterium an den Daten der Teststichprobe[493] geprüft wird, festgelegt werden. Während einer Epoche werden dem Netz die gesamten Datensätze der Analysestichprobe einmal präsentiert. In der vorliegenden Untersuchung wurde die Netzleistung anhand des gewählten Zielkriteriums Minimierung der Fehlerfläche[494] nach jeder Epoche an der Teststichprobe geprüft.

Außerdem waren das Startintervall für die zufällige Initialisierung der Anfangsgewichte[495], die Aktivierungsfunktion[496] und der Lernalgorithmus[497] zu bestimmen. Das Intervall für die zufällige Initialisierung der Anfangsgewichte reichte in dieser Analyse von 0,798 bis -0,798. Als Aktivierungsfunktion wurde für die Neuronen der Eingabeschicht die Identitätsfunktion und für die Neuronen der versteckten Schicht die logistische Funktion[498] gewählt. Der Lernalgorithmus war Resilient Propagation.

353.112. Auswahl der Antragsmerkmale

Mit der Künstlichen Neuronalen Netzanalyse wurden die für die Klassifikation von solventen und später insolventen Kreditkartenkunden relevanten Antragsmerkmale ausgewählt. Für die Analyse standen 33 Antragsmerkmale zur Verfügung, so daß $2^{33}-1$ Merkmalskombinationen möglich waren. Aufgrund dieser großen Zahl an Kombinationen konnten nicht alle Kombinationen getestet werden. Statt dessen wurden Heuristiken angewendet, mit denen nach und nach die Klassifikationsleistung verbes-

---

[492] Vgl. zu möglichen Zielkriterien Abschnitt 352.2.

[493] Vgl. zur Bedeutung der Teststichprobe Abschnitt 342.1.

[494] Vgl. zum Kriterium der Minimierung der Fehlerfläche Abschnitt 352.24.

[495] Vgl. zur Bedeutung des Startintervalls für die zufällige Initialisierung der Anfangsgewichte Abschnitt 351.22.

[496] Vgl. zu möglichen Aktivierungsfunktionen Abschnitt 351.1.

[497] Vgl. zum Lernalgorithmus Abschnitt 351.2.

[498] Vgl. zur logistischen Aktivierungsfunktion Abschnitt 351.1.

sernde Merkmale hinzugenommen und störende Merkmale abgeschnitten wurden.[499] Dabei wurde in den in Abbildung 38 dargestellten Schritten vorgegangen.

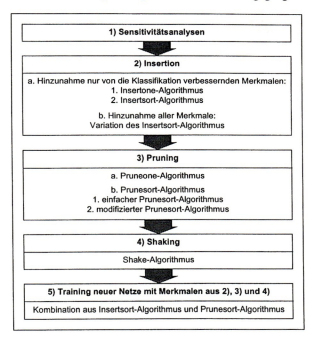

Abb. 38: *Schritte bei der Wahl der Antragsmerkmale mit der Künstlichen Neuronalen Netzanalyse*

1) Sensitivitätsanalysen

Um einen ersten Eindruck von der Trennstärke der einzelnen Antragsmerkmale zu bekommen, wurden im ersten Schritt der Merkmalsauswahl mehrere Künstliche Neuronale Netze, deren Eingabevektor jeweils aus 75 Neuronen, d. h. allen Merkmalen bei binärer Kodierung bestand, trainiert, und für jedes Netz wurde anschließend eine Sensitivitätsanalyse durchgeführt. Bei der Sensitivitätsanalyse wurde nacheinander jedes Merkmal unterschiedlich stark variiert, während die anderen Merkmale beibehalten

---

[499] Ähnlich auch BAETGE, J./HÜLS, D./UTHOFF, C., Früherkennung der Unternehmenskrise, S. 24.

wurden. So konnte der Einfluß des variierten Merkmals auf die Klassifikation des Netzes als Differenz der Ausgabe des Netzes vor und nach der jeweiligen Variation gemessen werden. Für jedes Merkmal wurde der Durchschnitt der Differenz bei der jeweiligen Variation über alle verwendeten Datensätze berechnet. Aus den Sensitivitätsanalysen ergab sich eine Reihenfolge der Merkmale nach ihrer Einflußstärke auf die Netzausgabe. Merkmale, die nur einen geringen Einfluß auf das Klassifikationsergebnis hatten, werden wahrscheinlich nur einen geringen Trennbeitrag leisten und werden daher wahrscheinlich nicht im fertig entwickelten Klassifikator enthalten sein.[500] Merkmale, die einen großen Einfluß auf das Klassifikationsergebnis hatten, werden das Ergebnis wahrscheinlich stark verbessern oder verschlechtern.

2) Insertion

Im zweiten Schritt der Merkmalsauswahl bildeten die mit der Sensitivitätsanalyse ermittelten zehn Merkmale mit dem stärksten Einfluß auf das Klassifikationsergebnis den Eingabevektor für mehrere neue Netze. Die Eingabevektoren dieser Netze wurden nach und nach um die restlichen Antragsmerkmale erweitert. Dabei wurden der Insertone-Algorithmus und der Insertsort-Algorithmus angewendet. Diese beiden Insertion-Algorithmen[501] gehen wie folgt vor.

Beim **Insertone-Algorithmus** wird zunächst die Eingabeschicht des Ausgangsnetzes um ein Merkmal erweitert. Das vergrößerte Netz wird neu trainiert und die Relevanz des Merkmals wird als Differenz der Fehlerflächen des vergrößerten Netzes und des

---

[500] Ähnlich ist die Idee beim gewichtsorientierten Pruning, bei dem Verbindungen mit kleinen Gewichten getrennt werden, vgl. zum gewichtsorientierten Pruning ZIMMERMANN, H.G., Neuronale Netze als Entscheidungskalkül, S. 66 f.; ZELL, A., Simulation neuronaler Netze, S. 320.

[501] Wir haben für die Vorgehensweise, daß ausgehend von einem Netz mit wenigen Neuronen neue Neuronen hinzugeschaltet werden, den Begriff *Insertion* analog zum Begriff *Pruning* für das Abschneiden von Neuronen gewählt, da *to insert* einfügen bzw. einschalten und *Insertion* Einfügung/Einsetzung/Einschaltung bedeutet. Die hier vorgestellten Insertion-Algorithmen wurden von uns entwickelt. In der Literatur werden Algorithmen, durch die Neuronen in ein Netzwerk aufgenommen werden, als Konstruktionsverfahren bezeichnet. Diese Verfahren unterscheiden sich indes von den hier vorgestellten Insertion-Algorithmen und werden auf die gesamte Netzarchitektur angewendet; vgl. SCHMIDT-VON RHEIN, A./REHKUGLER, H., KNN zur Kreditwürdigkeitsprüfung bei Privatkundenkrediten, S. 515.

Ausgangsnetzes berechnet. Nachdem für jedes Merkmal so verfahren wurde, wird das Merkmal mit der höchsten negativen Relevanz in das Netz aufgenommen. Mit dem um ein Neuron erweiterten Netz als neuem Ausgangsnetz wird der Algorithmus wiederholt, bis die Fehlerfläche nicht mehr verringert werden kann.

Beim **Insertsort-Algorithmus** wird wieder die Eingabeschicht des Ausgangsnetzes um ein Merkmal erweitert. Danach wird das vergrößerte Netz neu trainiert und die Relevanz des Merkmals wird berechnet. Nachdem mit jedem Merkmal so verfahren wurde, werden die Merkmale mit negativer Relevanz absteigend sortiert und das Merkmal mit der größten negativen Relevanz wird dem Ausgangsnetz hinzugefügt. Danach wird das Netz neu trainiert und die Relevanz des Merkmals wird noch einmal berechnet. Ist die Relevanz des Merkmals weiterhin negativ, wird es im Netz belassen. Dies wird für alle Merkmale der Liste durchgeführt. Der Algorithmus wird so oft wiederholt, bis die Fehlerfläche nicht mehr verringert werden kann.

Bei diesem zweiten Schritt der Merkmalsauswahl sind zwei Versuche zu unterscheiden:

a. Nur Merkmale wurden im Netz belassen, die die Klassifikationsleistung verbessert haben. Dafür wurden die beiden oben beschriebenen Insertion-Algorithmen angewendet.

b. Alle hinzugeschalteten Merkmale wurden im Netz belassen, auch wenn sie die Klassifikationsleistung verschlechtert haben. Für diesen Versuch wurde der Insertsort-Algorithmus dahingehend modifiziert, daß eine Liste aller Merkmale (mit negativer und mit positiver Relevanz) aufgestellt wurde, beginnend mit dem Merkmal mit der höchsten negativen Relevanz. Die Merkmale wurden dem Netz der Reihe nach hinzugefügt, nach jedem Merkmal wurde neu trainiert und die Relevanz des Merkmals wurde berechnet und dokumentiert. Jedes Merkmal verblieb im Netz, auch wenn es eine positive Relevanz aufwies, d. h. die Netzleistung verschlechterte. Damit sollte berücksichtigt werden, daß möglicherweise einige Merkmale nur im Verbund die Netzleistung verbessern.

3) Pruning

Im dritten Schritt der Merkmalsauswahl wurde von mehreren maximalen Netzen, also Netzen mit allen zur Verfügung stehenden Antragsmerkmalen in der Eingabeschicht ausgegangen, und nicht relevante Merkmale wurden mit Hilfe von Pruning-Algorithmen identifiziert und abgeschnitten (to prune = abschneiden).[502] In dieser Untersuchung wurden die relevanzorientierten Pruning-Algorithmen *Pruneone* und *Prunesort*[503] angewendet. Die Pruning-Algorithmen gehen analog zu den entsprechenden Insertion-Algorithmen vor, nur daß Merkmale abgeschnitten statt hinzugefügt werden.

Beim **Pruneone-Algorithmus** wird zunächst die Eingabeschicht des Ausgangsnetzes um ein Merkmal verkleinert. Das verkleinerte Netz wird neu trainiert. Die Relevanz des abgeschnittenen Merkmals wird wieder als Differenz der Fehlerfläche des verkleinerten neu trainierten Netzes und der Fehlerfläche des Ausgangsnetzes berechnet. Nachdem so für jedes Merkmal verfahren wurde, wird das Merkmal mit der höchsten negativen Relevanz abgeschnitten. Das so verkleinerte Netz ist das neue Ausgangsnetz. Der Algorithmus bricht ab, wenn das jeweilige Ausgangsnetz durch ein verkleinertes Netz nicht mehr verbessert werden kann.

Beim Prunesort-Algorithmus sind der einfache und der modifizierte Algorithmus zu unterscheiden. Beim **einfachen Prunesort-Algorithmus** wird ebenfalls zunächst ein Merkmal aus der Eingabeschicht des Ausgangsnetzes herausgenommen. Danach wird die Relevanz des Merkmals berechnet. Im Gegensatz zum Pruneone-Algorithmus wird das Netz an dieser Stelle nicht neu trainiert. Nachdem mit jedem Merkmal so verfahren wurde, werden die Merkmale mit einer negativen Relevanz absteigend sortiert. Beginnend bei dem Merkmal mit der größten negativen Relevanz werden die Merkmale ein-

---

[502] Zu verschiedenen Pruning-Algorithmen vgl. REED, R., Pruning Algorithms - A Survey, S. 741-745. Zu einem empirischen Vergleich verschiedener Pruning-Verfahren vgl. KERLING, M./PODDIG, T., Klassifikation von Unternehmen mittels KNN, S. 465-470.

[503] Vgl. zum Pruneone-Algorithmus und zum Prunesort-Algorithmus UTHOFF, C., Erfolgsoptimale Kreditwürdigkeitsprüfung, S. 184-186; vgl. allgemein zum relevanzorientierten Pruning MOZER, M. C./SMOLENSKY, P., Skeletonization, S. 108-110.

Relevanz berechnet. Ist die Relevanz noch negativ, bleibt das Merkmal abgeschnitten, im anderen Fall kommt es wieder hinzu. Erst nachdem alle Merkmale mit einer negativen Relevanz so geprüft wurden, wird das Netz neu trainiert und der Algorithmus beginnt nochmals. Der Algorithmus wird abgebrochen, wenn kein Netz mit einer geringeren Fehlerfläche als das jeweilige Ausgangsnetz erreicht werden kann.

Beim **modifizieren Prunesort-Algorithmus** wird wie bei den anderen beiden Pruning-Algorithmen zunächst ein Merkmal aus der Eingabeschicht des Ausgangsnetzes entfernt. Wie beim Pruneone-Algorithmus wird das verkleinerte Netz neu trainiert und dann die Fehlerfläche des Netzes und die Relevanz des entfernten Merkmals berechnet. Auf diese Weise wird die Relevanz für jedes Merkmal berechnet. Wie beim einfachen Prunesort-Algorithmus werden die Merkmale mit einer negativen Relevanz absteigend sortiert und nach und nach abgeschnitten. Nach jedem Merkmal wird das verkleinerte Netz im Gegensatz zum einfachen Pruneone-Algorithmus neu trainiert. Nur wenn die Fehlerfläche des neu trainierten Netzes geringer ist als die Fehlerfläche des Netzes davor, d. h. wenn die Relevanz des abgeschnittenen Merkmals negativ ist, bleibt das Merkmal abgeschnitten. Der Algorithmus wird so lange fortgesetzt, bis sich die Fehlerfläche des jeweiligen Ausgangsnetzes nicht mehr verringern läßt.

4) Shaking

Der Begriff Shaking bedeutet hier, daß in einem Schritt sowohl Merkmale hinzugefügt als auch abgeschnitten werden, die beiden Vorgehensweisen also in einem Algorithmus kombiniert werden (to shake = vermengen, mixen). Beim von uns entwickelten **Shake-Algorithmus** werden ausgehend von einem Netz mit wenigen Merkmalen in der Eingabeschicht die restlichen vorhandenen Merkmale einzeln hinzugenommen. Wenn ein Merkmal hinzugenommen wurde, wird jeweils neu trainiert und die Fehlerfläche gemessen. Danach wird die Relevanz des Merkmals berechnet. Ebenso wird jedes Merkmal des Ausgangsnetzes einzeln abgeschnitten. Wenn ein Merkmal abgeschnitten wurde, wird wieder neu trainiert und die Relevanz des Merkmals berechnet. Nachdem jedes Merkmal einmal entweder hinzugeschaltet oder abgeschnitten wurde, wird das Merkmal mit der größten negativen Relevanz abgeschnitten oder aufgenommen, je nachdem ob es sich vorher im Netz befunden hat oder nicht. Tabelle 9 zeigt für das Beispiel eines Ausgangsnetzes mit drei Merkmalen im Eingabevektor und zwei weiteren Merkmalen, die getestet werden sollen, welche neuen Eingabevektoren sich nach der ersten Iteration des eben geschilderten Algorithmus ergeben. Merkmale werden mit einer Eins gekennzeichnet, wenn sie sich im Eingabevektor befinden, und mit einer Null, wenn sie sich nicht im Eingabevektor befinden.

Netz	Merkmal 1	Merkmal 2	Merkmal 3	Merkmal 4	Merkmal 5
Ausgangsnetz	1	1	1	0	0
Variation 1	0	1	1	0	0
Variation 2	1	0	1	0	0
Variation 3	1	1	0	0	0
Variation 4	1	1	1	1	0
Variation 5	1	1	1	0	1

Tab. 9: Mögliche Kombinationen von Eingabemerkmalen bei der ersten Iteration des Shake-Algorithmus

Wenn z. B. das Merkmal 4 die größte negative Relevanz aufweist, wird dieses bisher nicht im Netz vorhandene Merkmal dem Netz hinzugefügt. Der Algorithmus wird mit der Variation 4 als neuem Ausgangsnetz wiederholt. Dabei ergeben sich die in Tabelle 10 dargestellten Merkmalskombinationen.

Netz	Merkmal 1	Merkmal 2	Merkmal 3	Merkmal 4	Merkmal 5
Ausgangsnetz	1	1	1	1	0
Variation 1	0	1	1	1	0
Variation 2	1	0	1	1	0
Variation 3	1	1	0	1	0
Variation 4	1	1	1	0	0
Variation 5	1	1	1	1	1

Tab. 10: Mögliche Kombinationen von Eingabemerkmalen bei der zweiten Iteration des Shake-Algorithmus

Der Algorithmus wird so lange wiederholt, bis die Fehlerfläche nicht mehr weiter verringert werden kann. Mit dieser Vorgehensweise können systematisch möglichst viele Merkmalskombinationen getestet werden.

5) Training neuer Netze mit Merkmalen aus 2), 3) und 4)

Im fünften Schritt der Merkmalsauswahl wurden zunächst die Merkmale bestimmt, die sich in den vorangegangenen Schritten 2), 3) und 4) als relevant erwiesen haben. Ausgehend von diesen Merkmalen wurden mehrere Netze mit einem kombinierten Verfahren aus dem Insertsort-Algorithmus und dem Prunesort-Algorithmus trainiert. Die Eingabeschicht jedes Ausgangsnetzes enthielt nur wenige Merkmale. Mit dem Insertsort-Algorithmus wurde eine Liste der übrigen Merkmale sortiert nach ihrer negativen Relevanz aufgestellt. Die Merkmale der Liste wurden dem Netz nacheinander hinzugefügt und die Relevanz der Merkmale wurde erneut bestimmt. Wenn die Relevanz des jeweiligen Merkmals wieder negativ war, verblieb es im Netz. War die Relevanz eines Merkmals indes nach der erneuten Berechnung positiv, wurde der Insertsort-Algorithmus abgebrochen und mit dem nun vorliegenden Netz der Prunesort-Algorithmus begonnen. Für die Merkmale des Netzes wurde eine Liste sortiert nach der negativen Relevanz der Merkmale erstellt. Die Merkmale der Liste wurden nacheinander abgeschnitten und die Relevanz der Merkmale wurde erneut bestimmt. Wenn die Relevanz des jeweiligen Merkmals weiterhin negativ war, blieb das Merkmal abgeschnitten. War die Relevanz eines Merkmals nach der erneuten Berechnung indes positiv, wurde der Prunesort-Algorithmus abgebrochen und mit dem nun entstandenen Netz wieder der Insertsort-Algorithmus gestartet. Dieser Wechsel zwischen Insertion und Pruning setzte sich fort, bis keine Verringerung der Fehlerfläche mehr erreicht werden konnte.

Für den Klassifikator zur Antragsprüfung zeigte sich, daß es wichtig war, verschiedene Verfahren der Merkmalsauswahl anzuwenden, da die Fehlerflächen der Netze, deren Eingabevektoren nur durch die Pruning-Verfahren reduziert wurden, an der Teststichprobe und an der Validierungsstichprobe stark voneinander abwichen. Dadurch, daß neben den Pruning-Verfahren noch Insertion-Verfahren zur Merkmalsauswahl angewendet wurden, konnten die Abweichungen zwischen Testfehler und Validierungsfehler verringert werden.

353.113. *Optimierung des Klassifikators*

Die Netze, die sich nach der Merkmalsauswahl ergaben, hatten nur noch leicht unterschiedliche Merkmalskombinationen in der Eingabeschicht. Diese Netze wurden anschließend optimiert. Dabei wurden verschiedene Netzparameter variiert. Die Zahl der Neuronen in der versteckten Schicht wurde erhöht und verringert und Netze mit Shortcut-Connections, d. h. direkten Verbindungen von der Eingabeschicht zur Ausgabeschicht, wurden getestet. Diese Versuche ergaben, daß Netze mit einer größeren Zahl von versteckten Neuronen bessere Klassifikationsergebnisse liefern. Somit scheinen die Strukturen in den Antragsdaten so komplex zu sein, daß mehr versteckte Neuronen benötigt werden, um diese Strukturen abzubilden. Hingegen konnten die Netze durch Shortcut-Connections nicht verbessert werden.[504]

Neben der binären Kodierung der Merkmale wurde die one-of-n Kodierung getestet. Die Netzklassifikation konnte mit den gleichen Merkmalen nur durch die one-of-n Kodierung statt der binären Kodierung verbessert werden.[505]

Bei der Netzoptimierung wurde das Stopped-Training-Verfahren angewendet. Dieses Verfahren soll verhindern, daß das Netz die Strukturen der Trainingsdaten „auswendig" lernt und als Folge fremde Daten, auf die es später angewendet werden soll, schlechter klassifiziert (Overtraining). Um dieses Overtraining zu vermeiden, wurde während des Trainings nach einer bestimmten Epochenzahl der Netzfehler an der Teststichprobe geprüft. Der Netzfehler an der Analysestichprobe nimmt mit fortdauerndem Training ab. Steigt indes der Netzfehler an der Teststichprobe, ist der Punkt erreicht, an dem das Netz beginnt, Strukturen der Analysestichprobe zu lernen, die nicht für das zu

---

[504] Vgl. Abschnitt 353.111.

[505] UTHOFF hat bei ordinal skalierten Merkmalen neben der einfachen one-of-n Kodierung auch die gradient-one-of-n Kodierung, die fuzzy-one-of-n Kodierung und die thermometer Kodierung getestet. Die besten Ergebnisse ergaben sich mit der gradient-one-of-n Kodierung; vgl. UTHOFF, C., Erfolgsoptimale Kreditwürdigkeitsprüfung, S. 233-235. Nominal skalierte Merkmale hat UTHOFF aufgrund der direkten Interpretierbarkeit nur one-of-n und nicht binär kodiert; vgl. UTHOFF, C., Erfolgsoptimale Kreditwürdigkeitsprüfung, S. 219.

lösende Klassifikationsproblem allgemein gelten. Daher sollte nur so lange trainiert werden, bis der Fehler an der Teststichprobe steigt.[506]

Ein Nachteil der Stopped-Training-Methode besteht darin, daß das Netz kaum Zeit hat, nicht-lineare Strukturen in den Daten abzubilden, wenn das Training nach relativ kurzer Zeit abgebrochen wird.[507] Daher wurde in der vorliegenden Untersuchung eine bestimmte Zahl von Fehlversuchen zugelassen, d. h. erst nachdem sich der Netzfehler nach mehreren Messungen nicht verringert hatte, wurde das Training abgebrochen.

Die Netze wurden jeweils mehrmals mit verschiedenen Anfangsinitialisierungen trainiert, um zu vermeiden, daß aufgrund eines ungünstigen Startpunktes, der durch die zufällige Initialisierung der Anfangsgewichte entstanden ist, nicht die optimale Netzleistung erreicht wird, da der Lernalgorithmus z. B. in einem suboptimalen lokalen Minimum steckengeblieben ist.[508]

353.114. Darstellung der Ergebnisse

Aus den Analysen gingen mehrere Klassifikatoren mit unterschiedlichen Merkmalen in der Eingabeschicht hervor. Mit Rücksicht auf unseren Projektpartner, der die Daten unter der Bedingung der Geheimhaltung zur Verfügung gestellt hat, dürfen die in den Netzen enthaltenen Merkmale nicht genannt werden. Für jeden Klassifikator wurde nach Abschluß der Optimierung die Fehlerfläche an der Validierungsstichprobe berechnet. Das beste Netz bei binärer Kodierung der Antragsmerkmale war mit einer Fehlerfläche von 15,71 % das Netz AP1.[509] In die Eingabeschicht des Netzes AP1 gingen zehn Merkmale ein. In der versteckten Schicht befanden sich acht Neuronen und in

---

[506] Vgl. KERLING, M./PODDIG, T., Klassifikation von Unternehmen mittels KNN, S. 462 f.; ZIMMERMANN, H. G., Neuronale Netze als Entscheidungskalkül, S. 58-61. Vgl. auch Abschnitt 342.1.

[507] Vgl. ZIMMERMANN, H. G., Neuronale Netze als Entscheidungskalkül, S. 61; STEURER, E., Prognose von 15 Zeitreihen der DGOR mit Neuronalen Netzen, S. 119 f.

[508] Vgl. Abschnitt 351.22.

[509] Die vorgestellten Netze für die Antragsprüfung werden im folgenden mit der Abkürzung AP bezeichnet und fortlaufend numeriert.

der Ausgabeschicht ein Neuron. Shortcut-Connections kamen nicht vor. Das beste Netz bei einer one-of-n Kodierung der Merkmale war das Netz AP2. Das Netz AP2 enthielt die gleichen Merkmale wie das Netz AP1, nur daß beim Netz AP2 die Merkmale one-of-n kodiert waren. Allein durch die andere Kodierung und neues Training bei ansonsten gleichen Parametereinstellungen ließ sich die Fehlerfläche von 15,71 % um fast einen halben Prozentpunkt auf 15,25 % reduzieren. In der Abbildung 39 sind die Alpha-Beta-Fehlerkurven der Antragsklassifikatoren AP1 und AP2 dargestellt.

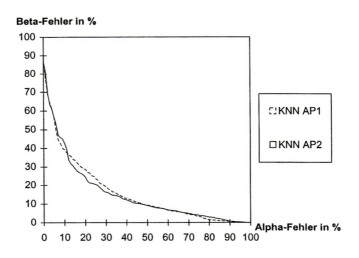

Abb. 39: Alpha-Beta-Fehlerkurven der Klassifikatoren AP1 und AP2 gemessen an der Validierungsstichprobe

In Abbildung 39 ist zu erkennen, daß der Klassifikator AP2 zwar eine geringere Fehlerfläche aufweist als der Klassifikator AP1, daß der Klassifikator AP2 aber den Klassifikator AP1 nicht für jeden Alpha-Fehler dominiert. Bei Alpha-Fehlern von ungefähr fünf bis elf Prozent und von ungefähr 68 bis 90 Prozent liegt die Alpha-Beta-Fehlerkurve des Klassifikators AP1 unter der Kurve des Klassifikators AP2. Für diese Alpha-Fehler-Bereiche ist der Beta-Fehler des Klassifikators AP1 geringer als der Beta-Fehler des Klassifikators AP2. Hingegen dominiert der Klassifikator AP2 den Klassifikator AP1 in dem Alpha-Fehler-Bereich von ungefähr elf bis 48 Prozent. In den übrigen Alpha-Fehler-Bereichen weisen beide Klassifikatoren annähernd gleiche Beta-Fehler auf.

Nach dem Zielkriterium Minimierung der Fehlerfläche[510] wäre der Klassifikator AP2 für den praktischen Einsatz im Antragsprüfungsprozeß zu wählen, da er mit 15,25 % die geringste Fehlerfläche unter den entwickelten Netzen aufwies.

In den Abbildungen 40 und 41 sind die relativen Häufigkeiten der N-Werte der solventen und insolventen Kunden mit den Klassifikatoren AP1 und AP2 dargestellt, wenn die N-Wert-Skala in 20 Klassen unterteilt wird. Höhere N-Werte sind in der Grafik in den höheren Klassen, also weiter rechts abgetragen und bedeuten eine größere Bonität.

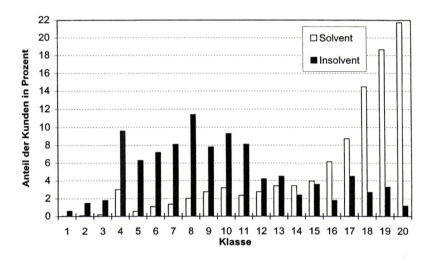

Abb. 40: *Relative Häufigkeiten der N-Werte der solventen und insolventen Kunden der Validierungsstichprobe mit dem Klassifikator AP1*

---

[510] Vgl. Abschnitt 352.24.

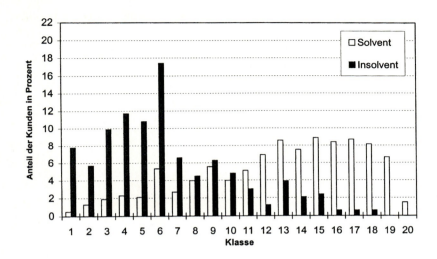

Abb. 41: Relative Häufigkeiten der N-Werte der solventen und insolventen Kunden der Validierungsstichprobe mit dem Klassifikator AP2

Bei beiden Klassifikatoren ist zu erkennen, daß die meisten solventen Kunden in die Klassen höherer N-Werte und die meisten insolventen Kunden in die Klassen niedriger N-Werte klassifiziert werden, was für eine gute Trennfähigkeit der Klassifikatoren spricht. Beim Klassifikator AP2 sind die Verteilungen der solventen und der später insolventen Kunden mehr nach links, also in Richtung niedrigerer N-Werte verlagert als beim Klassifikator AP1. D. h. der Klassifikator AP2 belegt die Antragsteller durchschnittlich mit etwas niedrigeren N-Werten als der Klassifikator AP1. Durch die Überschneidungen der Verteilungen der solventen und der später insolventen Kunden, kommt es zum Alpha-Fehler und zum Beta-Fehler. Wie bereits erläutert, ist die Höhe dieser beiden Fehler von der Lage des Trennwertes auf der N-Wert-Skala abhängig.[511]

---

[511] Vgl. dazu Abschnitt 352.1.

353.12 Entwicklung eines Klassifikators zur Antragsprüfung mit originären Kundeninformationen und mikrogeografischen Daten

353.121. Einstellung der Netzparameter

Neben Netzen, in die nur originäre Kundeninformationen eingehen, sollten auch Netze mit originären Kundeninformationen und mikrogeografischen Daten[512] entwickelt werden, um zu prüfen, ob sich die Klassifikationsleistung durch mikrogeografische Merkmale noch verbessern läßt. Für die Netze dieser Analysen wurden die Starteinstellungen der Netze für die Entwicklung eines Klassifikators nur mit originären Kundeninformationen als Starteinstellungen beibehalten. Allerdings bestand die Eingabeschicht des Ausgangsnetzes für die folgenden Analysen nicht aus allen Antragsmerkmalen sondern nur aus den Merkmalen des Antragsklassifikators AP2 als dem bisher besten Netz aus originären Kundeninformationen, da sich diese Merkmale bereits bei den vorangegangenen Analysen als trennfähig erwiesen hatten. Die Merkmale wurden one-of-n kodiert, da mit dieser Kodierung ebenfalls bei den vorangegangenen Analysen die besten Ergebnisse erzielt wurden.

353.122. Auswahl der Antragsmerkmale und der mikrogeografischen Informationen

Bei der Entwicklung von Netzen mit originären Kundeninformationen und mikrogeografischen Daten wurde in folgenden Schritten vorgegangen:

1. Schritt:

Jedes der 17 mikrogeografischen Merkmale wurde einzeln zusätzlich in die Eingabeschicht des Ausgangsnetzes aufgenommen. Das Netz wurde jeweils neu trainiert und die Relevanz jedes mikrogeografischen Merkmals wurde bestimmt. Acht mikrogeografische Merkmale wiesen eine negative Relevanz auf, d. h. mit diesen Merkmalen konnte die Fehlerfläche des Netzes gemessen an der Teststichprobe verringert werden.

---

[512] Zu den mikrogeografischen Merkmalen vgl. Abschnitt 332.1.

2. Schritt:

Die acht Merkmale mit einer negativen Relevanz wurden paarweise in jeder möglichen Kombination (bei acht Merkmalen 28 verschiedene Merkmalspaare) in die Eingabeschicht des Ausgangsnetzes aufgenommen. Das Netz wurde jeweils neu trainiert und die Relevanz jedes Merkmalspaares wurde an der Teststichprobe bestimmt. Sechs der 28 Merkmalspaare hatten eine negative Relevanz. In diesen sechs Merkmalspaaren kamen vier der acht mikrogeografischen Merkmale mit einer negativen Relevanz vor.

3. Schritt:

Jeweils drei der acht Merkmale mit einer negativen Relevanz wurden in jeder möglichen Kombination (bei acht Merkmalen 56 verschiedene Merkmalsgruppen mit je drei Merkmalen) in die Eingabeschicht des Ausgangsnetzes aufgenommen. Das Netz wurde jeweils neu trainiert und die Relevanz jeder Merkmalsgruppe wurde bestimmt. Keine der 56 Merkmalsgruppen hatte eine negative Relevanz. Da sich die Fehlerfläche nicht verringern ließ, wenn drei mikrogeografische Merkmale gemeinsam in die Eingabeschicht des Ausgangsnetzes aufgenommen wurden, wurde nicht weiter versucht, mehr als drei Merkmale gleichzeitig hinzuzufügen.

4. Schritt:

Die Netze mit den besten Antragsmerkmalen und dem Paar von mikrogeografischen Merkmalen mit der höchsten Relevanz in der Eingabeschicht waren die Ausgangsnetze für die folgenden Analysen. Diese Netze wurde anstelle von Netzen nur mit Antragsmerkmalen als Ausgangsnetze gewählt, da sich ansonsten für die nicht in den Netzen befindlichen Antragsmerkmale mit dem im folgenden angewandten Insertsort-Algorithmus nur positive Relevanzen ergeben würden. Denn bei den vorangegangenen Analysen hatte sich bereits gezeigt, daß keines der anderen Antragsmerkmale die Klassifikation noch verbessern konnte, sofern nur Antragsmerkmale verwendet wurden.

Für die Merkmalsauswahl wurde wieder das kombinierte Verfahren aus dem Insertsort-Algorithmus und dem Prunesort-Algorithmus angewendet.[513] Zunächst wurden dem

---

[513] Vgl. Abschnitt 353.12.

Ausgangsnetz so lange die sich nicht im Netz befindlichen mikrogeografischen Merkmale und Antragsmerkmale in der Reihenfolge ihrer negativen Relevanz hinzugefügt, bis sich die Fehlerfläche des Netzes nicht mehr verringerte. Danach wurden aus dem Netz so lange Merkmale entfernt, bis sich die Fehlerfläche nicht mehr verringerte. Diese beiden Schritte wurden so oft wiederholt, bis keine weitere Verringerung der Fehlerfläche erreicht werden konnte.

353.123. Optimierung des Klassifikators

Bei der Optimierung wurde wie schon bei der Entwicklung des Klassifikators zur Antragsprüfung auf der Grundlage von nur originären Kundeninformationen vorgegangen. Die Zahl der Neuronen in der versteckten Schicht wurde variiert. Wieder konnten die Klassifikationsergebnisse mit mehr als vier Neuronen in der versteckten Schicht gesteigert werden. Auch wurde geprüft, ob Shortcut-Connections zu einer Verbesserung der Netzleistung führten, was indes nicht der Fall war.[514] Beim Netztraining wurde wieder das Stopped-Training-Verfahren angewendet und die Startgewichte wurden mehrmals initialisiert.

353.124. Darstellung der Ergebnisse

Das beste Netz mit Antragsmerkmalen und mikrogeografischen Merkmalen war mit einer Fehlerfläche von 13,94 % an der Validierungsstichprobe der Klassifikator AP3. Die Abbildung 42 zeigt einen Vergleich der Alpha-Beta-Fehlerkurven des Netzes AP2 und des mit mikrogeografischen Merkmalen entwickelten Netzes AP3. Im Vergleich zu dem Netz AP2 enthält das Netz AP3 zusätzlich zwei mikrogeografische Merkmale und ein weiteres Antragsmerkmal. Drei Antragsmerkmale, die im Netz AP2 enthalten waren, sind beim Netz AP3 herausgefallen. Durch die Veränderungen aufgrund der mikrogeografischen Daten konnte die Fehlerfläche um nicht unwesentliche 1,31 Prozentpunkte verringert werden. In Abbildung 42 ist zu erkennen, daß der Klassifikator AP3 den Klassifikator AP2 vollständig dominiert.

---

[514] Vgl. Abschnitt 353.111.

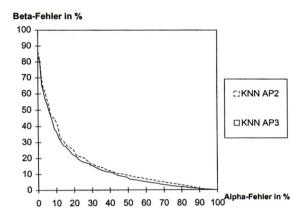

Abb. 42: Alpha-Beta-Fehlerkurven der Klassifikatoren AP2 und AP3 gemessen an der Validierungsstichprobe

In Abbildung 43 sind die relativen Häufigkeiten der N-Werte der solventen und insolventen Kunden mit dem Klassifikator AP3 zu sehen, wenn die N-Wert-Skala wieder in 20 Klassen eingeteilt wird.

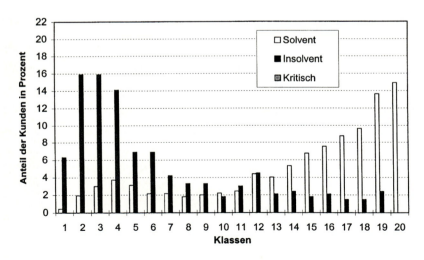

Abb. 43: Relative Häufigkeiten der N-Werte der solventen und insolventen Kunden der Validierungsstichprobe mit dem Klassifikator AP3

Auch bei dem Klassifikator AP3 befinden sich die meisten solventen Kunden in den Klassen höherer N-Werte und die meisten insolventen Kunden in den Klassen niedrigerer N-Werte. Die Verteilungen des Klassifikators AP3 unterscheiden sich indes deutlich von den Verteilungen des Klassifikators AP2. Die relativen Häufigkeiten der N-Werte der solventen [insolventen] Kunden mit dem Klassifikator AP3 nehmen von den mittleren Klassen hin zu den Klassen höherer [niedrigerer] N-Werte zu, so daß sich die höchsten relativen Häufigkeiten, abgesehen von der Klasse 1, in den äußeren Klassen befinden. Bei dem Klassifikator AP2 hingegen nehmen die relativen Häufigkeiten der N-Werte solventer [insolventer] Kunden von den mittleren Klassen zu den Klassen höherer [niedriger] N-Werte zunächst zu und dann wieder ab.

Da die Fehlerfläche des Netzes AP3 geringer ist als die Fehlerfläche des Netzes AP2, wäre das Netz AP3 für den praktischen Einsatz bei der Antragsprüfung zu wählen. Indes ist bei dieser Entscheidung zu bedenken, daß durch die mikrogeografischen Daten zusätzliche Informationsbeschaffungskosten entstehen. Nur wenn das Einsparungspotential durch die bessere Klassifikation größer ist als die zusätzlichen Kosten, sollten die zusätzlichen Informationen beschafft werden.[515]

353.2 Vergleich mit dem Benchmarkobjekt bisheriges Antragsscoring

Unser Projektpartner hat bereits vor dem in dieser Arbeit beschriebenen Projekt ein automatisches System zur Antragsprüfung eingesetzt. Dabei handelte es sich um ein Scoringsystem, bei dem für bestimmte Merkmalsausprägungen Punktwerte vergeben wurden, die am Ende zu einem Gesamtscore addiert wurden. Dieses Scoringsystem sollte durch den mit der Künstlichen Neuronalen Netzanalyse entwickelten Klassifikator zur Antragsprüfung ersetzt werden. Daher galt das bisherige Antragsscoring als Benchmark für die Künstlichen Neuronalen Netze zur Antragsprüfung. Damit das bisherige Antragsscoring und die Künstlichen Neuronalen Netze verglichen werden konnten, mußte ihre Klassifikationsleistung mit einem einheitlichen Zielkriterium an

---

[515] Vgl. NIGGEMANN, W., Optimale Informationsprozesse in betriebswirtschaftlichen Entscheidungssituationen, S. 56 f.

derselben Datengrundlage geprüft werden. Als Zielkriterium wurde hier wieder die Fehlerfläche gewählt, die an den Daten der Validierungsstichprobe für alle Antragsprüfungssysteme berechnet wurde. Für das bisherige Antragsscoring ergab sich eine Fehlerfläche von 34,36 % gegenüber der Fehlerfläche des besten Netzes auf Basis von Antragsdaten AP2 von 15,25 % und gegenüber der Fehlerfläche des besten Netzes auf Basis von Antragsdaten und mikrogeografischen Daten AP3 von 13,94 %. In Abbildung 44 sind die Alpha-Beta-Fehlerkurven der drei Antragsprüfungssysteme mit den darunter liegenden Fehlerflächen dargestellt. Die mittelgraue Fläche zeigt die Fehlerfläche des Künstlichen Neuronalen Netzes AP3. Die dunkelgraue Fläche ist die Differenz der Fehlerflächen des Netzes AP2 und des Netzes AP3, also der Vorteil des Netzes AP3 gegenüber dem Netz AP2. Die gesamte Fehlerfläche des Netzes AP2 ergibt sich aus der Summe der mittelgrauen und der dunkelgrauen Fläche. Die schraffierte Fläche stellt die Differenz der Fehlerflächen des Antragsscorings und des Netzes AP2 dar, also den Vorteil des Netzes AP2 gegenüber dem Antragsscoring. Der Vorteil des Netzes AP3 gegenüber dem Antragsscoring ergibt sich aus der Summe der schraffierten und der weißen Fläche. Die schraffierte, die weiße und die gepunktete Fläche zusammen ergeben die Fehlerfläche des Antragsscorings.

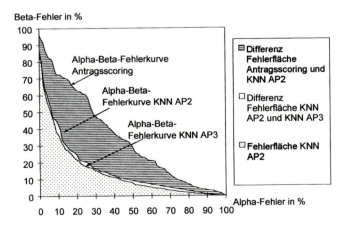

Abb. 44: Alpha-Beta-Fehlerkurven und Fehlerflächen des bisherigen Antragsscorings und der KNN AP2 und AP3 gemessen an der Validierungsstichprobe

Die Klassifikationsleistung des Antragsscorings konnte mit den Künstlichen Neuronalen Netzen AP2 und AP3 also erheblich und zwar gemessen an der Fehlerfläche auf weniger als die Hälfte verbessert werden.

Bei diesem Vergleich ist allerdings zu berücksichtigen, daß der Datenbestand keine Fälle enthielt, die nach dem bisherigen Antragsprüfungsprozeß abgelehnt wurden. Selbst wenn die Antragsdaten abgelehnter Kunden noch vorhanden waren, lagen keine Daten über deren weitere Entwicklung vor, so daß nicht festgestellt werden konnte, ob diese Kunden solvent geblieben oder später insolvent geworden sind. Die Antragsdaten dieser Kunden konnten somit für die Künstliche Neuronale Netzanalyse nicht verwendet werden.[516]

Damit stellt sich die Frage, ob die Vorklassifizierung des Datenbestandes durch das alte Antragsprüfungssystem einen Einfluß auf die Fehlerberechnung hat. Zur Beantwortung dieser Frage soll vereinfachend angenommen werden, daß eine genügend große Zahl an Antragstellern vorhanden ist und die Scoringwerte (S) für solvente und später insolvente Kunden annähernd normalverteilt sind. In Abbildung 45 sind die Dichtefunktionen der Scoringwerte für solvente und später insolvente Antragsteller mit dem beliebigen Trennwert S_K und der sich daraus ergebenden Alpha-Fehler und Beta-Fehler dargestellt.[517]

---

[516] Dieses Problem besteht bei allen empirisch-statistischen Analysen zur Antragsprüfung oder Kreditwürdigkeitsprüfung, da stets nur auf die Daten von angenommenen Kunden zurückgegriffen werden kann. Das eigentliche Portefeuille von Antragstellern liegt in der Regel nicht vor; vgl. REHKUGLER, H./SCHMIDT-VON RHEIN, A., Kreditwürdigkeitsanalyse und -prognose für Privatkundenkredite, S. 5.

[517] Vgl. auch Abschnitt 352.1. Der Index s steht für solvent, der Index i für insolvent.

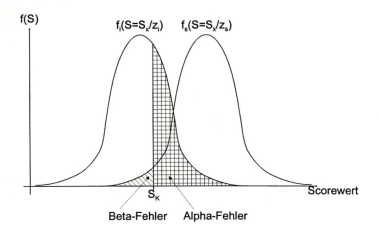

Abb. 45: Dichtefunktionen der Scoringwerte der solventen und insolventen Kunden

Unter der Annahme, daß alle Kunden, die nach der Beurteilung mit dem alten Scoringsystem unter dem Trennwert S_K lagen, nicht mehr im Datenbestand für die Entwicklung eines neuen Systems vorhanden sind, ändern sich die Dichtefunktionen der solventen und später insolventen Kunden wie in Abbildung 46 dargestellt.

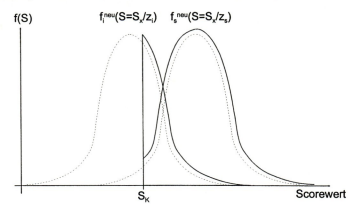

Abb. 46: Dichtefunktionen der Scoringwerte der solventen und insolventen Kunden ohne Kunden mit Werten unter dem Trennwert S_K

Die Verläufe der neuen Dichtefunktionen lassen sich wie folgt erklären. Die Normalverteilung ist eine theoretische Verteilung, die hier die empirische Verteilung der Kreditkartenkunden approximieren soll. Die beiden Dichtefunktionen geben die theoretisch zu erwartenden relativen Häufigkeiten für die Scoringwerte von solventen und später insolventen Kunden an, wenn die Scoringwerte annähernd normalverteilt sind. Aus den theoretisch zu erwartenden relativen Häufigkeiten $f_s(S)$ und $f_i(S)$ können die theoretisch zu erwartenden absoluten Häufigkeiten $h_s(S)$ und $h_i(S)$ durch Multiplikation mit der Zahl der solventen bzw. später insolventen Kunden der Grundgesamtheit (K_s bzw. K_i) berechnet werden.[518]

(44) $$h_s(S) = f_s(S) \bullet K_s$$

(45) $$h_i(S) = f_i(S) \bullet K_i$$

Daraus ergibt sich:

(46) $$f_s(S) = \frac{h_s(S)}{K_s}$$

(47) $$f_i(S) = \frac{h_i(S)}{K_i}$$

Wenn die Grundgesamtheit um alle Kunden verkleinert wird, die einen Scoringwert unter dem Trennwert S_k aufweisen, reduziert sich sowohl die Zahl der solventen Kunden K_s als auch die Zahl der später insolventen Kunden K_i. Die absoluten Häufigkeiten für Scoringwerte unter dem Trennwert S_k sind nach der Verkleinerung der Grundgesamtheit gleich Null. Die absoluten Häufigkeiten für Scoringwerte über dem Trennwert bleiben indes gleich. Somit sind die relativen Häufigkeiten für Scoringwerte unter dem Trennwert nach obenstehenden Formeln ebenfalls gleich Null. Für Scoringwerte über dem Trennwert ergeben sich nach der Verkleinerung der Grundgesamtheit höhere relative Häufigkeiten, da die Zahl der solventen und die Zahl der später insolventen Kunden abgenommen hat und somit die konstant gebliebenen absoluten Häufigkeiten

---

[518] Vgl. BLEYMÜLLER, J./GEHLERT, G./GÜLICHER, H., Statistik für Wirtschaftswissenschaftler,

durch kleinere Werte (K_s^{neu} bzw. K_i^{neu}) dividiert werden. Die Dichtefunktionen $f_s^{neu}(S)$ und $f_i^{neu}(S)$ können also wie folgt beschrieben werden:

(48)
$$f_s^{neu}(S) = \begin{cases} f_s(S) \cdot \dfrac{K_s}{K_s^{neu}} & \text{wenn } S \geq S_k \\ 0 & \text{sonst} \end{cases}$$

(49)
$$f_i^{neu}(S) = \begin{cases} f_i(S) \cdot \dfrac{K_i}{K_i^{neu}} & \text{wenn } S \geq S_k \\ 0 & \text{sonst} \end{cases}$$

Für den Alpha-Fehler und den Beta-Fehler der alten Verteilung in Abbildung 45 gilt:

(50)
$$\alpha = 1 - \int_{-\infty}^{T} f_i(S)\, dS = 1 - F_i(T)$$

(51)
$$\beta = \int_{-\infty}^{T} f_s(S)\, dS = F_s(T)$$

$F_i(T)$ und $F_s(T)$ sind die Verteilungsfunktionen der alten Verteilung für die Scorewerte der später insolventen und der solventen Kunden und T ist ein beliebiger Trennwert. In Abbildung 45 gilt $T = S_k$. Die Formeln für die Alpha-Beta-Fehlerfunktion $\beta(\alpha)$ und die Fehlerfläche FF lauten:[519]

(52)
$$\beta(\alpha) = F_s\left[F_i^{-1}(1-\alpha)\right]$$

(53)
$$FF = \int_0^1 \beta(\alpha)\, d\alpha = \int_0^1 F_s\left[F_i^{-1}(1-\alpha)\right] d\alpha$$

Die neuen Verteilungsfunktionen nach der Verkleinerung der Grundgesamtheit sind für $T < S_k$ gleich Null und lauten für $T \geq S_k$:

S. 69.

[519] Vgl. Abschnitt 352.24.

(54)
$$\begin{aligned}F_i^{neu}(T) &= \int_{-\infty}^{T} f_i^{neu}(S)\, dS \\ &= \int_{S_k}^{T} f_i^{neu}(S)\, dS \\ &= \int_{S_k}^{T} f_i(S) \cdot \frac{K_i}{K_i^{neu}}\, dS \\ &= \frac{K_i}{K_i^{neu}} \left(\int_{-\infty}^{T} f_i(S)\, dS - \int_{-\infty}^{S_k} f_i(S)\, dS \right) \\ &= \frac{K_i}{K_i^{neu}} \left[F_i(T) - F_i(S_k) \right] \end{aligned}$$

(55)
$$\begin{aligned}F_s^{neu}(T) &= \int_{-\infty}^{T} f_s^{neu}(S)\, dS \\ &= \int_{S_k}^{T} f_s^{neu}(S)\, dS \\ &= \int_{S_k}^{T} f_s(S) \cdot \frac{K_s}{K_s^{neu}}\, dS \\ &= \frac{K_s}{K_s^{neu}} \left(\int_{-\infty}^{T} f_s(S)\, dS - \int_{-\infty}^{S_k} f_s(S)\, dS \right) \\ &= \frac{K_s}{K_s^{neu}} \left[F_s(T) - F_s(S_k) \right] \end{aligned}$$

Da die Flächen $F_i^{neu}(T)$ und $F_s^{neu}(T)$ unter den neuen Dichtefunktionen $f_s^{neu}(S)$ und $f_i^{neu}(S)$ wieder gleich Eins sein müssen (für $T = \infty$), gilt:

(56)
$$\begin{aligned}\frac{K_i}{K_i^{neu}} \left[1 - F_i(S_k)\right] &= 1 \\ \frac{K_i}{K_i^{neu}} &= \frac{1}{1 - F_i(S_k)}\end{aligned}$$

(57)
$$\begin{aligned}\frac{K_s}{K_s^{neu}} \left[1 - F_s(S_k)\right] &= 1 \\ \frac{K_s}{K_s^{neu}} &= \frac{1}{1 - F_s(S_k)}\end{aligned}$$

Somit folgt für die neuen Verteilungsfunktionen:

(58)
$$F_i^{neu}(T) = \begin{cases} \dfrac{F_i(T) - F_i(S_k)}{1 - F_i(S_k)} & \text{wenn } T \geq S_k \\ 0 & \text{sonst} \end{cases}$$

(59)
$$F_s^{neu}(T) = \begin{cases} \dfrac{F_s(T) - F_s(S_k)}{1 - F_s(S_k)} & \text{wenn } T \geq S_k \\ 0 & \text{sonst} \end{cases}$$

Werden die neuen Verteilungsfunktionen in die Formeln für den Alpha-Fehler und den Beta-Fehler eingesetzt (Gleichungen (50) und (51)), ergeben sich der folgende neue Alpha-Fehler und Beta-Fehler für die verkleinerte Grundgesamtheit:

(60)
$$\begin{aligned}
\alpha^{neu} &= 1 - F_i^{neu}(T) \\
&= \begin{cases} 1 - \dfrac{F_i(T) - F_i(S_k)}{1 - F_i(S_k)} & \text{wenn } T \geq S_k \\ 1 & \text{sonst} \end{cases} \\
&= \begin{cases} \dfrac{1 - F_i(T)}{1 - F_i(S_k)} & \text{wenn } T \geq S_k \\ 1 & \text{sonst} \end{cases}
\end{aligned}$$

(61)
$$\begin{aligned}
\beta^{neu} &= F_s^{neu}(T) \\
&= \begin{cases} \dfrac{F_s(T) - F_s(S_k)}{1 - F_s(S_k)} & \text{wenn } T \geq S_k \\ 0 & \text{sonst} \end{cases}
\end{aligned}$$

Aus den Formeln für den neuen Alpha-Fehler und den neuen Beta-Fehler kann die neue Alpha-Beta-Fehlerfunktion hergeleitet werden. Betrachtet wird hierbei nur der plausible Fall $T \geq S_k$. Wenn gilt, daß die Fläche unter der Dichtefunktion der später insolventen Kunden mit steigendem Trennwert streng monoton wächst, kann eine Umkehrfunktion zu $F_i(T)$ gebildet werden, die an jeder Stelle eindeutig ist. Damit kann die Formel für den neuen Alpha-Fehler wie folgt nach T aufgelöst werden:

(62)
$$\begin{aligned}
\alpha^{neu} &= \dfrac{1 - F_i(T)}{1 - F_i(S_k)} \\
\alpha^{neu}[1 - F_i(S_k)] &= 1 - F_i(T) \\
F_i(T) &= 1 - \alpha^{neu}[1 - F_i(S_k)] \\
T &= F_i^{-1}\big[1 - \alpha^{neu}[1 - F_i(S_k)]\big]
\end{aligned}$$

Anschließend wird der Term für T in die Formel für den neuen Beta-Fehler eingesetzt.

(63)
$$\beta^{neu}(T) = \frac{F_s(T) - F_s(S_k)}{1 - F_s(S_k)}$$

$$\beta^{neu}(\alpha^{neu}) = \frac{F_s\left[F_i^{-1}\left(1 - \alpha^{neu}[1 - F_i(S_k)]\right)\right] - F_s(S_k)}{1 - F_s(S_k)}$$

Die Formel für die neue Fehlerfläche FF^{neu} nach der Verkleinerung der Grundgesamtheit lautet somit:

(64)
$$FF^{neu} = \int_0^1 \beta^{neu}(\alpha^{neu}) d\alpha^{neu}$$
$$= \int_0^1 \frac{F_s\left[F_i^{-1}\left(1 - \alpha^{neu}[1 - F_i(S_k)]\right)\right] - F_s(S_k)}{1 - F_s(S_k)} d\alpha^{neu}$$

Ist diese Fläche größer als die Fläche vor Verkleinerung der Grundgesamtheit, wird das alte System zu schlecht beurteilt. Dies ist der Fall wenn die folgende Differenz D_{FF} der neuen und der alten Fehlerfläche größer als Null ist:

(65)
$$D_{FF} = \int_0^1 \frac{F_s\left[F_i^{-1}\left(1 - \alpha[1 - F_i(S_k)]\right)\right] - F_s(S_k)}{1 - F_s(S_k)} d\alpha$$
$$- \int_0^1 F_s\left[F_i^{-1}(1 - \alpha)\right] d\alpha$$

Die Differenz D_{FF} ist z. B. größer als Null, wenn die alte Alpha-Beta-Fehlerfunktion die neue Fehlerfunktion in jedem Punkt dominiert oder zumindest gleich ist, d. h. wenn für jeden Alpha-Fehler der Beta-Fehler der neuen Funktion größer als der oder gleich dem Beta-Fehler der alten Funktion ist. Die Differenz D_β zwischen dem neuen und dem alten Beta-Fehler lautet wie folgt:

(66)
$$D_\beta = \beta^{neu} - \beta = \frac{F_s\left[F_i^{-1}\left(1 - \alpha[1 - F_i(S_k)]\right)\right] - F_s(S_k)}{1 - F_s(S_k)} - F_s\left[F_i^{-1}(1 - \alpha)\right]$$

Ist der alte Trennwert S_k gleich $-\infty$, sind $F_s(S_k)$ und $F_i(S_k)$ gleich Null, so daß β und β^{neu} identisch sind und D_β gleich Null ist. D_β ist außerdem gleich Null, wenn α gleich Null oder gleich Eins ist. Denn ist α gleich Null, sind sowohl β als auch β^{neu} gleich

Eins. Ist α gleich Eins, sind sowohl β als auch β^{neu} gleich Null. Für S_k gegen ∞ bei beliebigem α (außer α gleich Null oder Eins) geht β^{neu} gegen Eins, d. h. β^{neu} steigt bei steigendem S_k. Der alte Betafehler β bleibt hingegen für steigende S_k konstant, so daß die Differenz D_β bei steigendem S_k für beliebige α (außer α gleich Null oder Eins) ebenfalls größer wird.

Somit gilt für normalverteilte Scorewerte der solventen und später insolventen Kunden, wie sie in Abbildung 45 dargestellt sind, daß die Alpha-Beta-Fehlerfunktion, die sich nach der Verkleinerung des Datenbestandes um alle Kunden unter einem bestimmten Trennwert S_k ergibt, von der alten Alpha-Beta-Fehlerfunktion dominiert wird. Die Fehlerfläche unter der neuen Alpha-Beta-Fehlerkurve ist daher größer als die Fläche unter der alten Fehlerfunktion. Werden also neue Klassifikationssysteme an einem Datenbestand entwickelt, der durch die Klassifikation eines zuvor eingesetzten Systems bestimmt ist, und werden beide Systeme an diesem Datenbestand verglichen, wird das alte System schlechter beurteilt, als wenn es an dem gesamten Datenbestand geprüft worden wäre, den es bisher klassifiziert hat.

Dieses Ergebnis bestätigt sich auch empirisch, wenn die Fehlerfläche des Klassifikators AP2 an der um die Kunden unter einem bestimmten Trennwert reduzierten Validierungsstichprobe berechnet und mit der Fehlerfläche des Klassifikators AP2 an der vollständigen Validierungsstichprobe verglichen wird. Werden z. B. alle Kunden unter dem N-Wert -3 abgeschnitten, erhöht sich die Fehlerfläche des Klassifikators AP2 von 15,25 % auf 22,30 %. Dies ist in Abbildung 47 grafisch dargestellt.

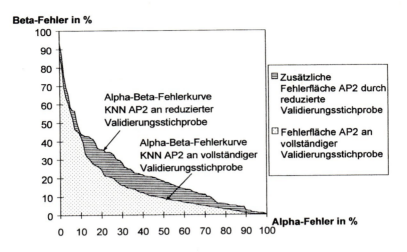

Abb. 47: Vergleich der Fehlerflächen des KNN AP2 an der vollständigen und an der reduzierten Validierungsstichprobe

Dieses Problem könnte vermieden werden, wenn auch durch das alte System abgelehnte Antragsteller in den Datenbestand aufgenommen würden. Wie bereits geschildert lagen allerdings bei dieser Untersuchung nicht von allen im Untersuchungszeitraum abgelehnten Antragstellern Anträge vor. Außerdem konnte abgelehnten Antragstellern kein Status *solvent* oder *später insolvent* zugewiesen werden, da ihre weitere Entwicklung nicht bekannt war. Daher bestand für das neu zu entwickelnde System nur die Möglichkeit, auf den vorhandenen vorklassifizierten Datenbestand zurückzugreifen.

Für die vorliegende Untersuchung wird das geschilderte Problem allerdings dadurch abgeschwächt, daß nach dem bisherigen Antragsprüfungsprozeß nicht alle Antragsteller unter dem Trennwert des Scoringsystems abgelehnt wurden. Antragsteller mit einem schlechten Scorewert wurden zunächst noch genauer durch Mitarbeiter der Kartenorganisation unter Einholung weiterer Informationen geprüft. Der größte Teil dieser Antragsteller wurde nach der genauen Prüfung angenommen, der andere Teil abgelehnt. Da also nicht alle Antragsteller mit einem schlechten Scorewert abgelehnt wurden, existieren solche Kunden auch im Datenbestand. Ihr Anteil in der Menge der angenommenen Kunden ist lediglich im Vergleich zu ihrem Anteil in der Menge aller Antragsteller leicht reduziert. Daher wird auch die Differenz D_{FF} zwischen den Fehlerflächen wesentlich geringer ausfallen, als wenn alle Kunden unter dem alten Trennwert abgelehnt worden wären. Bei dem doch sehr großen Unterschied zwischen der Fehlerfläche des alten Antragsscorings und der Netze AP2 und AP3, der in Abbildung 44 zu sehen ist, wird die Differenz D_{FF} daher kaum ins Gewicht fallen.

Für den Vergleich des alten Antragsprüfungssystems mit den neuen Antragsprüfungssystemen ist ohnehin nur relevant, ob die schlechtere Beurteilung des alten Systems an dem vorklassifizierten Datenbestand dazu führt, daß das alte System auch im Vergleich zu den neuen Systemen zu schlecht beurteilt wird. Dazu müßte untersucht werden, ob und wie sich die Verteilungen der Bonitätswerte der solventen und später insolventen Kunden nach den neuen Systemen ändern, wenn der Datenbestand um die abgelehnten Antragsteller erweitert würde. Dann könnte der Einfluß der Änderung des Datenbestandes auf die Fehlerflächen der neuen Systeme ermittelt werden. Denn auch die Fehlerflächen der neuen Systeme könnten an dem Datenbestand mit den abgelehnten Antragstellern geringer sein als an dem verkleinerten Datenbestand, so daß bei einem Vergleich des alten Systems mit den neuen Systemen auf Grundlage des verkleinerten Datenbestandes kein System einen Vorteil hätte. Diese Analyse scheiterte indes wieder an dem bekannten Problem, daß zwar die Antragsdaten einiger abgelehnter Antragsteller zur Verfügung standen, deren Status *solvent* oder *später insolvent* aber nicht bekannt war.

Allerdings konnten aus den Antragsdaten der abgelehnten Antragsteller deren N-Werte z. B. mit dem KNN AP2 bestimmt werden. Wenn diese Antragsteller auch mit dem KNN AP2 als insolvenzgefährdet beurteilt worden wären, wären sie nach dem bereits beschriebenen Antragsprüfungsprozeß ebenfalls in die Nachprüfung gelangt und dort abgelehnt worden. Diese Kunden wären also mit dem Antragsscoring und mit dem Klassifikator AP2 gleich behandelt worden. Dementsprechend wären auch die Folgen der Klassifikation dieser Kunden gleich, nämlich Bearbeitungskosten und bei fälschlich abgelehnten Kunden entgangene Gewinne. Würde man also statt der Fehlerflächen die Kosten, die mit beiden Systemen verbunden sind, vergleichen, hätte es keinen Einfluß, daß die abgelehnten Antragsteller nicht im Datenbestand vorhanden sind. Diese Betrachtung ist indes vom gewählten Trennwert abhängig. Für Trennwerte des neuen Systems, bei denen alle mit dem alten System abgelehnten Antragsteller auch mit dem neuen System abgelehnt würden, können die Kosten des alten mit denen des neuen Systems ohne Einschränkungen verglichen werden. In der vorliegenden Untersuchung lagen die in der Anwendungsphase der Klassifikatoren nach dem Kriterium der Kostenminimierung bestimmten günstigsten Trennwerte so, daß alle mit dem Antragsscoring abgelehnten Antragsteller, von denen die Antragsdaten vorhanden waren, unter diesen Trennwerten lagen, also auch mit den neuen Klassifikatoren als insolvenzgefährdet beurteilt worden wären.[520] Eine Aussage über sämtliche abgelehnte Antragsteller war aufgrund der fehlenden Daten nicht möglich.

354. Datenanalyse für die Kartenüberwachung

354.1 Statistische Voranalysen der Kennzahlen

Bereits im Vorfeld der Künstlichen Neuronalen Netzanalyse sollten Kennzahlen eliminiert werden, die gegen Hypothesen verstießen und die univariat nicht trennfähig waren. Zur Identifikation dieser Kennzahlen eignen sich der grafische Mittelwertvergleich und der dichotomische Klassifikationstest.[521]

Beim grafischen Mittelwertvergleich werden für jede Kennzahl für *t-1*, *t-2* und *t-3* die arithmetischen Mittelwerte der solventen und der später insolventen Kunden berechnet und in eine Grafik eingetragen.[522] Somit erhielt man für jede Umsatzkennzahl zwei

---

[520] Zur Bestimmung des kostenminimalen Trennwertes vgl. Abschnitt 422.

[521] So auch HÜLS, D., Früherkennung insolvenzgefährdeter Unternehmen, S. 126-133 und S. 143-145.

[522] Vgl. zum Verfahren des grafischen Mittelwertvergleichs BEERMANN, K., Prognosemöglichkeiten von Kapitalverlusten mit Hilfe von Jahresabschlüssen, S. 56-60; vgl. auch WEINRICH, G., Kreditwürdigkeitsprognosen, S. 89-93.

Zeitreihen über drei Rechnungsperioden - eine Zeitreihe für den Mittelwert der später insolventen Kunden und eine Zeitreihe für den Mittelwert der solventen Kunden. Kennzahlen, deren Mittelwert der später insolventen Kunden nicht in jeder Periode entsprechend der Arbeitshypothese über oder unter dem Mittelwert der solventen Kunden lag, wurden nicht für die Künstliche Neuronale Netzanalyse verwendet, da sie gegen Hypothesen verstießen. Die Abbildung 48 zeigt beispielhaft den grafischen Mittelwertvergleich der Kennzahl Bargeldausschöpfungsquote aus Tabelle 8 in Abschnitt 341.32. Die Arbeitshypothese für diese Kennzahl lautet I>S. In Abbildung 48 ist zu sehen, daß der Mittelwert der später insolventen Kunden in jeder Periode über dem Mittelwert der solventen Kunden liegt. Die Differenz zwischen beiden Mittelwerten steigt mit zunehmender Nähe zum Insolvenzzeitpunkt an, so daß ein sogenanntes Trompetenbild entsteht. Die Kennzahl weist somit keine Hypothesenverstöße auf und verbleibt daher im Kennzahlenkatalog.

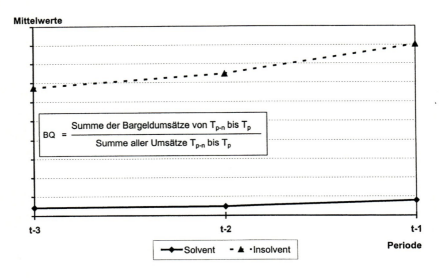

Abb. 48: Grafischer Mittelwertvergleich der Kennzahl Bargeldquote

Der dichotomische Klassifikationstest dient dazu, die univariate Trennfähigkeit der Kennzahlen zu prüfen.[523] Für jede Kennzahl wird ein Trennwert festgelegt und zwar so, daß möglichst wenige Kunden fehlklassifiziert werden. Je nach der Arbeitshypothese für die betreffende Kennzahl werden alle Kunden mit einem Kennzahlenwert über (unter) dem Trennwert als solvent und alle Kunden mit einem Kennzahlenwert unter (über) dem Trennwert als insolvenzgefährdet beurteilt. Die Fehlklassifikationen werden anschließend ausgezählt. Aufgrund des dichotomischen Klassifikationstests wurden keine Kennzahlen ausgeschlossen.

354.2 Entwicklung eines Klassifikators zur Kartenüberwachung

354.21 Entwicklung eines Klassifikators zur Kartenüberwachung nur mit Kennzahlen aus Transaktionsdaten

354.211. Einstellung der Netzparameter

Vor der Entwicklung des Künstlichen Neuronalen Netzes zur Kartenüberwachung mußten wie schon bei der Entwicklung des Klassifikators zur Antragsprüfung einige Netzparameter eingestellt werden.[524] Das Startnetz für die Analysen bestand wieder aus drei Schichten. Die Ausgabeschicht enthielt nur ein Neuron, die versteckte Schicht enthielt vier Neuronen. Die Eingabeschicht bestand aus 71 Neuronen, da dem Netz die Werte von 71 Kennzahlen aus den Transaktionsdaten zur Verfügung gestellt werden sollten. Wie in Abschnitt 341.32 beschrieben, konnten die Umsatzkennzahlen über verschieden lange Zeiträume gebildet werden. Die für diese Analyse verwendeten Kennzahlen enthielten höchstens Umsatzdaten aus drei Monaten. Diese Grenze wurde gewählt, damit ein Kunde bereits geprüft werden kann, nachdem er seine Karte drei Monate besitzt. Denn nicht wenige Kunden werden bereits nach vier Monaten Kartenbesitz insolvent. Wenn auch Kunden geprüft werden sollen, die ihre Karte erst einen

---

[523] Vgl. zum dichotomischen Klassifikationstest BUCHNER, R., Finanzwirtschaftliche Statistik und Kennzahlenrechnung, S. 354-359.

[524] Vgl. zu den Parametern Abschnitt 353.111.

Monat oder zwei Monate besitzen, können als Schätzwerte für die fehlenden Umsätze die vorhandenen Umsätze bzw. die Mittelwerte der vorhandenen Umsätze herangezogen werden.

Die weiteren Parameter wurden so wie bei der Entwicklung des Klassifikators zur Antragsprüfung festgelegt. Das Zielkriterium für die Netzoptimierung war die Minimierung der Fehlerfläche. Während des Trainings wurde die Fehlerfläche nach jeder Epoche an der Teststichprobe geprüft, um ein Overtraining zu vermeiden. Die Gewichte der zufälligen Anfangsinitialisierung lagen zwischen 0,798 und -0,798. Die Aktivierung der Neuronen der Eingabeschicht wurde mit der Identitätsfunktion, die Aktivierung der Neuronen der versteckten Schicht und der Ausgabeschicht wurde mit der logistischen Funktion berechnet. Das Netz sollte nach dem Resilient-Propagation-Algorithmus lernen.

354.212. Auswahl der Kennzahlen

Die Kennzahlen wurden in den bereits für die Entwicklung des Klassifikators zur Antragsprüfung beschriebenen fünf Schritten[525] ausgewählt. Im ersten Schritt wurde eine Sensitivitätsanalyse der Kennzahlen vorgenommen. Im zweiten Schritt wurden minimale Netze durch Insertion-Verfahren erweitert. Im dritten Schritt wurden maximale Netze durch Pruning-Verfahren reduziert. Im vierten Schritt wurden Netze mit dem Shake-Algorithmus gleichzeitig erweitert und reduziert. Im fünften Schritt wurde das kombinierte Verfahren aus dem Insertsort-Algorithmus und dem Prunesort-Algorithmus angewendet.

Da bei den angewendeten Heuristiken zur Kennzahlenauswahl nicht alle Kennzahlenkombinationen getestet wurden, konnte es sein, daß eine Kennzahl K1a nicht in das Netz gewählt wurde, weil eine ähnliche Kennzahl K1b bereits im Netz vorhanden war und somit die benötigten Informationen liefert, obwohl sich die Klassifikationsleistung mit der Kennzahl K1a statt der Kennzahl K1b zusammen mit den restlichen gewählten

---

[525] Vgl. Abschnitt 353.112.

Kennzahlen verbessern würde. Daher wurden bei der Kennzahlenauswahl für den Überwachungsklassifikator zusätzlich noch manuell einzelne Kennzahlen gegen ähnlich definierte Kennzahlen ausgetauscht[526] und die Fehlerflächen verglichen. Sofern sich durch einen Tausch eine Verkleinerung der Fehlerfläche ergab, wurde die neue Kennzahl im Eingabevektor statt der alten belassen.

354.213. Optimierung des Klassifikators

Die Netze, die sich nach der Kennzahlenauswahl ergaben, wurden anschließend optimiert. Diese Netze wiesen nur noch leicht unterschiedliche Merkmalskombinationen in der Eingabeschicht auf.

Bei der Optimierung wurde wieder die Zahl der Neuronen in der versteckten Schicht variiert. Wie schon bei den Netzen zur Antragsprüfung konnten die Klassifikationsergebnisse mit mehr als vier Neuronen in der versteckten Schicht gesteigert werden. Auch wurde geprüft, ob Shortcut-Connections zu einer Verbesserung der Netzleistung führten. Das nach Abschluß der Entwicklung beste Netz wies indes keine Shortcut-Connections auf.[527]

Beim Netztraining wurde wieder das Stopped-Training-Verfahren angewendet und die Startgewichte wurden mehrmals initialisiert.

354.214. Darstellung der Ergebnisse

Der beste Klassifikator zur Kartenüberwachung, der nur mit Kennzahlen aus Transaktionsdaten trainiert wurde, war das Künstliche Neuronale Netz KÜ1[528] mit elf Kennzahlen, also elf Neuronen in der Eingabeschicht, acht Neuronen in der versteckten Schicht und einem Neuron in der Ausgabeschicht. Shortcut-Connections waren in die-

---

[526] Z. B. wurden hier gleiche Kennzahlen, die nur über unterschiedliche Zeiträume definiert waren, gegeneinander ausgetauscht.

[527] Vgl. dazu auch die Ergebnisse für die Netze zur Antragsprüfung in Abschnitt 353.111.

[528] Die vorgestellten Netze für die Kartenüberwachung werden im folgenden mit der Abkürzung KÜ bezeichnet und fortlaufend numeriert.

sem Netz nicht enthalten. Die Fehlerflächen für dieses und für alle weiteren Netze für die Kartenüberwachung wurden für die Rechnungsperioden *t-3*, *t-2* und *t-1* sowohl gesamt als auch getrennt an der Validierungsstichprobe berechnet. Damit kann zum einen eine Aussage darüber getroffen werden, wie gut der Klassifikator eine Insolvenz bis zu drei Rechnungsperioden vor ihrem Eintritt erkennt. Zum anderen kann angegeben werden, wie gut der Klassifikator eine Insolvenz eine (*t-1*), zwei (*t-2*) oder drei (*t-3*) Rechnungsperioden vor ihrem Eintritt erkennt. Das KNN KÜ1 hatte gemessen an der Validierungsstichprobe eine Gesamtfehlerfläche von 13,50 %. In *t-3* lag die Fehlerfläche des KNN KÜ1 bei 16,29 %, in *t-2* bei 14,05 % und in *t-1* bei 10,10 %. In Abbildung 49 sind die Alpha-Beta-Fehlerkurven des Klassifikators KÜ1 gesamt und für *t-1*, *t-2* und *t-3* dargestellt.

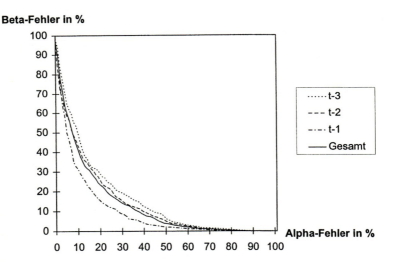

Abb. 49: Alpha-Beta-Fehlerkurven des Klassifikators KÜ1 gemessen an der Validierungsstichprobe

Die Klassifikationsleistung des Netzes verbessert sich also deutlich, je näher die der Klassifikation zugrundeliegenden Umsatzdaten am Insolvenzzeitpunkt liegen. Somit scheinen sich kurz vor der Insolvenz die Strukturen in den Umsatzdaten solventer und später insolventer Kunden besonders stark zu unterscheiden. Dies ist plausibel, da die

Umsätze eine Periode vor der Insolvenz direkt zu der die Insolvenz auslösenden Rücklastschrift führen. Die Umsätze zwei Perioden vor der Insolvenz konnte der Kunde zwar noch ausgleichen, aber möglicherweise wurden seine Mittel damit schon so stark reduziert, daß sich dies auf seine Zahlungsfähigkeit der nächsten Periode negativ auswirkte.

354.22 Entwicklung eines Klassifikators zur Kartenüberwachung mit Kennzahlen aus Transaktionsdaten und mit Antragsmerkmalen

354.221. Einstellung der Netzparameter

Für die Kartenüberwachung wurden neben Netzen, in die nur Kennzahlen aus Transaktionsdaten eingehen, auch Netze trainiert, in die sowohl Umsatzkennzahlen als auch Antragsmerkmale eingehen. Auf diese Weise wurden Antragsdaten mit Informationen über das Umsatzverhalten des Kunden verknüpft. Die Starteinstellungen der Netzparameter wurden für die folgenden Analysen so gewählt wie auch für die Entwicklung des Klassifikators aus Umsatzkennzahlen. Die Eingabeschichten der Ausgangsnetze bestanden allerdings statt aus 71 Neuronen aus elf Neuronen. Denn nur die elf Kennzahlen, die sich bereits in den vorangegangenen Analysen als trennfähig erwiesen hatten, wurden in die Ausgangsnetze aufgenommen.

354.222. Auswahl der Kennzahlen und der Antragsmerkmale

Bei der Verknüpfung von Transaktionsdaten und Antragsdaten wurden folgende Versuche durchgeführt:

1) Die Antragsdaten wurden in bereits aggregierter Form als N-Wert des Antragsklassifikators AP2, der nur mit originären Kundeninformationen entwickelt wurde, hinzugefügt:

   a. Mit der bisher besten Umsatzkennzahlenkombination und dem **vorgewichteten Urteil des KNN AP2** wurden neue Netze trainiert. So wurde geprüft, ob die Hinzunahme des vorgewichteten Urteils des KNN AP2 die Fehlerfläche verringern kann. Das Urteil des KNN AP2 wurde so gewichtet, daß seine Bedeutung im Zeitverlauf abnahm. Spätestens nach einem Jahr sollte das Urteil des KNN AP2 keinen Einfluß mehr haben. Dahinter stand die Vermutung, daß die Bedeutung der Antragsdaten mit zunehmender Entfernung vom Antragszeitpunkt abnimmt. Denn zum einen veralten die Daten und zum anderen sind mit zunehmender Entfernung vom Antragszeitpunkt längere Zeitreihen von Umsatzdaten vorhanden, die direkt das Umsatzverhalten des Kunden abbilden, das evtl. zu einer Insolvenz führt. Insgesamt wurden zehn verschiedene Gewichtungsfunktionen getestet. Die besten Ergebnisse konnten mit einem degressiven Verlauf der Gewichtungsfunktion erzielt werden.

b. Mit dem **ungewichteten Urteil des KNN AP2** und der bisher besten Umsatzkennzahlenkombination wurden neue Netze trainiert. Den Netzen sollte selbst überlassen bleiben, wie sie aufgrund der Muster von solventen und später insolventen Kunden das Urteil des KNN AP2 gewichten.

2) Ausgehend von einem Netz mit der bisher besten Kombination von Umsatzkennzahlen wurde das in Abschnitt 353.12 beschriebene kombinierte Verfahren aus dem Insertsort-Algorithmus und dem Prune-sort-Algorithmus angewendet. Dem Ausgangsnetz hinzugeschaltet wurden das **ungewichtete Urteil des KNN AP2 und die restlichen Umsatzkennzahlen**. Damit sollte geprüft werden, ob sich die optimale Kombination der Umsatzkennzahlen verändert, wenn das ungewichtete Urteil des KNN AP2 als Merkmal hinzugenommen wird.

3) Ausgehend von einem Netz mit der bisher besten Kombination von Umsatzkennzahlen wurde wieder das in Abschnitt 353.12 beschriebene kombinierte Verfahren aus dem Insertsort-Algorithmus und dem Prunesort-Algorithmus angewendet. Dem Ausgangsnetz hinzugeschaltet wurden das **ungewichtete Urteil des KNN AP2, die restlichen Umsatzkennzahlen und die unaggregierten Antragsmerkmale**. Damit sollte geprüft werden, ob die Antragsmerkmale einzeln und eventuell in anderen Kombinationen mit den Umsatzkennzahlen die Netzleistung verbessern können.

354.223. Optimierung der Klassifikatoren

Die Netze der verschiedenen Versuche in Abschnitt 354.222. wurden optimiert, wobei wieder die Zahl der Neuronen in der versteckten Schicht variiert wurde und Shortcut-Connections getestet wurden. Außerdem wurde wieder das Stopped-Training-Verfahren angewendet. Die Startgewichte der Netze wurden mehrmals initialisiert und die Netze daraufhin neu trainiert.

354.224. Darstellung der Ergebnisse

Bei dem **Versuch 1)a. in Abschnitt 354.222** ergab sich als bestes Netz der Klassifikator **KÜ2**. Im KNN KÜ2 wurde das **vorgewichtete Urteil des KNN AP2 zu den Kennzahlen des KNN KÜ1 hinzugenommen**. Somit hat dieses Netz zwölf Neuronen in der Eingabeschicht. Ansonsten ist es wie das Netz KÜ1 aufgebaut. Die Gesamtfehlerfläche konnte mit dem KÜ2 im Vergleich zum KÜ1 gemessen an der Validierungsstichprobe um 2,39 Prozentpunkte auf 11,11 % reduziert werden. Die Fehlerfläche des KNN KÜ2 lag in $t-3$ bei 12,94 %, in $t-2$ bei 11,71 % und in $t-1$ bei 8,54 % und damit zu jedem Zeitpunkt unter der Gesamtfehlerfläche des KNN KÜ1. Stellt man die jeweilige Fehlerfläche des KNN KÜ1 und des KNN KÜ2 zu den einzelnen Klassifikationszeitpunkten $t-3$, $t-2$ und $t-1$ gegenüber, weist das KNN KÜ2 wieder zu jedem Zeitpunkt eine geringere Fehlerfläche auf.

Aus dem **Versuch 1)b. in Abschnitt 354.222** ergab sich als bestes Netz das Netz **KÜ3**. Das KNN KÜ3 enthielt **neben den Kennzahlen des KNN KÜ1 das ungewichtete Urteil des KNN AP2**. Das KNN KÜ3 hat zwölf Neuronen in der Eingabeschicht, acht Neuronen in der versteckten Schicht und ein Neuron in der Ausgabeschicht. Außerdem sind im KNN KÜ3 Shortcut-Connections vorhanden.[529] Mit dem KNN KÜ3 ließ sich die Klassifikationsleistung gemessen an der Validierungsstichprobe noch weiter auf 9,27 % Gesamtfehlerfläche verbessern. In $t-3$ betrug die Fehlerfläche des KNN KÜ3 10,37 %, in $t-2$ 9,66 % und in $t-1$ 7,71 %. Damit liegt die Fehlerfläche des

---

[529] Vgl. dazu auch die Ergebnisse für die Klassifikatoren zur Antragsprüfung in Abschnitt 353.111.

KNN KÜ3 zu jedem Klassifikationszeitpunkt unter der Gesamtfehlerfläche des KNN KÜ2. Ebenso ist die Fehlerfläche des KNN KÜ3 zu jedem Zeitpunkt geringer als die entsprechende Fehlerfläche des KNN KÜ2.

Der **Versuch 2) in Abschnitt 354.222** ergab als bestes Netz das Netz **KÜ4**. Das KNN KÜ4 enthielt neben den **elf Kennzahlen des KÜ1 noch eine weitere Kennzahl und den N-Wert des AP2**, bestand also aus 13 Kennzahlen. Die versteckte Schicht enthielt wieder acht Neuronen und die Ausgabeschicht ein Neuron. Shortcut-Connections waren nicht vorhanden.[530] Die Gesamtfehlerfläche dieses Netzes betrug gemessen an der Validierungsstichprobe 9,16 %, so daß die Gesamtklassifikationsleistung gegenüber dem bis dahin besten Netz KÜ3 noch leicht um 0,11 Prozentpunkte gesteigert werden konnte. In *t-3* ist die Klassifikationsleistung des KNN KÜ4 mit einer Fehlerfläche von 10,77 % etwas schlechter als die des KNN KÜ3 zum gleichen Zeitpunkt. In *t-2* und *t-1* sind die Fehlerflächen des KNN KÜ4 indes mit 9,43 % und 7,22 % geringer als die Fehlerflächen des KNN KÜ3 zu diesen Zeitpunkten.

Keine Verbesserung der Klassifikationsergebnisse konnte mit dem **Versuch 3) aus Abschnitt 354.222.** erzielt werden, bei dem **zusätzlich zu den Merkmalen in Versuch 2) die Antragsmerkmale unaggregiert** aufgenommen wurden. Somit scheint bei der Entwicklung des KNN AP2 bereits eine sehr gute Kombination von Antragsmerkmalen gefunden worden zu sein, die auch zusammen mit Umsatzkennzahlen die Strukturen solventer und später insolventer Kunden besser repräsentiert, als wenn einzelne Antragsmerkmale zusammen mit Umsatzkennzahlen herangezogen werden.

In Abbildung 50 sind die Fehlerflächen der drei vorgestellten Klassifikatoren zur Kartenüberwachung KÜ2, KÜ3 und KÜ4, die auf der Grundlage von Umsatzkennzahlen und Antragsmerkmalen entwickelt wurden, zusammen mit den Fehlerflächen des Klassifikators KÜ1, der nur mit Umsatzkennzahlen entwickelt wurde, gemessen an der Validierungsstichprobe als Säulendiagramm dargestellt.

---

[530] Vgl. dazu auch die Ergebnisse für die Klassifikatoren zur Antragsprüfung in Abschnitt 353.111.

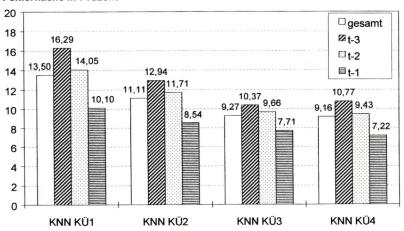

Abb. 50: Fehlerflächen der Klassifikatoren KÜ1, KÜ2, KÜ3 und KÜ4 gemessen an der Validierungsstichprobe

Für den praktischen Einsatz zur Kartenüberwachung sollte der Klassifikator KÜ4 gewählt werden, da er sowohl gesamt als auch in *t-2* und in *t-1* die geringste Fehlerfläche hat. Zwar hat der Klassifikator KÜ3 in *t-3* eine etwas geringere Fehlerfläche als der Klassifikator KÜ4, indes ist der für die Klassifikation von Kreditkartenkunden relevante Zeitpunkt *t-2*. Denn wenn der Klassifikator erst in *t-1* warnt, also zu dem Rechnungszeitpunkt, der direkt vor dem Datum der die Insolvenz auslösenden Rücklastschrift liegt, sind die Umsätze bereits getätigt, die zur Insolvenz geführt haben. Es können lediglich noch Maßnahmen ergriffen werden, um Umsätze zwischen dem Rechnungszeitpunkt und dem Eintreffen der Rücklastschrift zu vermeiden. Warnt der Klassifikator bereits in *t-3* und werden daraufhin Maßnahmen ergriffen, durch die der Kunde keine Umsätze mehr tätigen kann, entgehen der Kartenorganisation Gewinne. Denn die Umsätze in der dem Zeitpunkt *t-3* folgenden Periode führen noch nicht zur Rücklastschrift, sondern werden vom Kunden ausgeglichen. Warnt der Klassifikator hingegen in *t-2*, können durch entsprechende Maßnahmen nur die Umsätze verhindert werden, die zu einer Rücklastschrift führen würden. In Abbildung 51 sind die relativen

Häufigkeiten der N-Werte der solventen und später insolventen Kunden der Validierungsstichprobe in *t-2* mit dem Klassifikator KÜ4 bei einer Aufteilung der N-Wert-Skala in 20 Klassen dargestellt.

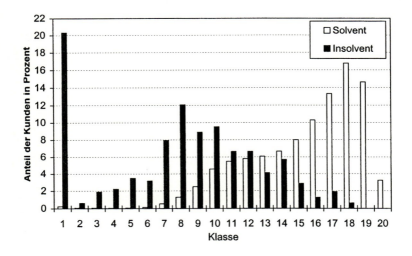

Abb. 51: Relative Häufigkeiten der N-Werte der solventen und insolventen Kunden der Validierungsstichprobe in t-2 mit dem Klassifikator KÜ4

In Abbildung 51 ist zu erkennen, daß die später insolventen Kunden stärker in die Klassen hoher N-Werte hineinreichen als die solventen Kunden in die Klassen niedriger N-Werte. Dies ist für die Kartenüberwachung günstig, wenn z. B. alle als insolvenzgefährdet beurteilten Kunden von Mitarbeitern der Kartenüberwachung genau geprüft werden sollen. Denn in diesem Fall darf der Beta-Fehler nur gering sein, da ansonsten auch sehr viele solvente Kunden in die Nachprüfung gelangen und die vorgegebenen Kapazitäten der Kartenüberwachung für die Nachprüfung nicht ausreichen würden. Wird der Trennwert z. B. zwischen die Klassen 6 und 7 in Abbildung 51 gelegt, wird nur ein geringer Teil der solventen Kunden fälschlich geprüft aber ein großer Teil der später insolventen Kunden wird erkannt.

4 Einbindung der Klassifikatoren in die Prozesse zur Antragsprüfung und zur Kartenüberwachung

41 Umsetzung der Ergebnisse der Klassifikatoren für ihre praktische Anwendung

411. Transformation der Ausgabewerte

411.1 *Transformation der Ausgabewerte des Klassifikators zur Antragsprüfung*

Die Ausgabewerte des KNN AP2 lagen zwischen Null und Eins. Beim Training des Netzes wurde solventen Kunden der Soll-Ausgabewert Null und später insolventen Kunden der Soll-Ausgabewert Eins zugewiesen. Ziel des Trainings war es also, solventen Kunden einen Ist-Ausgabewert nahe Null und später insolventen Kunden einen Ist-Ausgabewert nahe Eins zuzuweisen. Somit bekommen solvente Kunden eher niedrige und später insolvente Kunden eher hohe Ausgabewerte.

Für die praktische Anwendung des Klassifikators zur Antragsprüfung ist es sinnvoll, die Netzausgabewerte zu transformieren. Zum einen kann durch eine Transformation erreicht werden, daß ein hoher N-Wert Solvenz bedeutet und ein niedriger N-Wert Insolvenz, was für den Anwender plausibler ist. Zum anderen führt eine Transformation auf eine Skala z. B. von -10 bis +10 dazu, daß die Ausgabewerte leichter zu handhaben sind. Die N-Werte der Kunden können einfacher verglichen werden, da weniger Nachkommastellen notwendig sind, was die Übersichtlichkeit erhöht. Falls an den Enden der Skala Ausreißer auftreten, können die Ausgabewerte so transformiert werden, daß z. B. nur 90 % der Kunden in die Skala fallen. Dies hat den Vorteil, daß die Kunden besser differenziert werden können, da die Ausgabewerte über die Skala breiter streuen. Ausreißern, die Werte unter -10 oder Werte über +10 aufweisen, wird der niedrigste oder höchste Wert an dem einen oder dem anderen Ende der Skala zugewiesen.[531]

---

[531] So HÜLS, D., Früherkennung insolvenzgefährdeter Unternehmen, S. 268 f.

Bei den vorliegenden Antragsklassifikatoren kamen indes keine Ausreißer vor, so daß 100 % der Kunden in die N-Wert-Skala fielen.

411.2 Transformation der Ausgabewerte des Klassifikators zur Kartenüberwachung

Die gleichen Überlegungen wie für den Klassifikator zur Antragsprüfung galten auch für den Klassifikator zur Kartenüberwachung. Die Skala für den Klassifikator zur Kartenüberwachung sollte ebenfalls von Null bis Eins auf z. B. -10 bis +10 transformiert werden, wobei wieder hohe N-Werte positiv und niedrige N-Werte negativ zu beurteilen waren. Bei dem Klassifikator zur Kartenüberwachung wurden nur 99 % der Kunden in die gewählte Skala aufgenommen, da die Kunden weit in den Bereich schlechter N-Werte streuten. Am unteren Ende der Skala fielen daher 1 % der Kunden heraus, denen dann jeweils der N-Wert -10 zugewiesen wurde.

Während ein Antrag für einen Kunden abgesehen von Folgeanträgen nur zu einem Zeitpunkt geprüft wird, existieren bei der Kartenüberwachung für einen Kunden Prüfungsergebnisse zu mehreren Zeitpunkten. Diese Zeitreihen lassen sich zur Kundenanalyse grafisch darstellen, wobei es visuell vorteilhaft ist, wenn eine positive Entwicklung mit einem ansteigenden Verlauf dargestellt wird. Ebenfalls sind detailliertere Differenzierungsmöglichkeiten durch eine breitere Streuung der N-Werte für die grafische Darstellung günstig. Unterschiede in der Bonitätsbeurteilung eines Kunden im Zeitverlauf können so besser erkannt werden. Somit liegt speziell für die Kartenüberwachung ein Vorteil der Skalentransformation in der besseren grafischen Darstellung, die Grundlage für eine schnelle Analyse des Umsatzverhaltens des Kunden sein kann.[532]

---

[532] Zur grafischen Darstellung vgl. Abschnitt 423.1.

412. Bildung von Bonitätsklassen und Berechnung von Ausfallwahrscheinlichkeiten

412.1 *Möglichkeit der Bildung von Bonitätsklassen und Ausfallwahrscheinlichkeiten*

Das Ziel der Künstlichen Neuronalen Netzanalyse ist es, die Kunden in die beiden Gruppen *solvent* und *insolvenzgefährdet* zu klassifizieren. Indes erlaubt der N-Wert eines Kunden weitergehende Aussagen als nur eine Aussage über diese Gruppenzugehörigkeit. Der N-Wert eines Kunden kann nicht nur die zwei Werte *solvent* oder *insolvenzgefährdet* annehmen, sondern der N-Wert liegt auf einer Skala und kann zwischen dem oberen und dem unteren Ende dieser Skala beliebige Werte annehmen. Ob ein Kunde mit einem bestimmten N-Wert als solvent oder als insolvenzgefährdet eingestuft wird, kommt auf die Lage des Trennwertes auf der N-Wert-Skala an.[533] Beim Training des Netzes wurde mit dem Lernalgorithmus versucht, den Netzfehler in der Analysestichprobe zu minimieren, der als Differenz des Soll-Ausgabewertes und des Ist-Ausgabewertes definiert ist.[534] Der Soll-Ausgabewert für einen solventen Kunden war in dieser Analyse Null, so daß der Ist-Ausgabewert für einen solventen Kunden möglichst nahe an Null liegen sollte. Der Soll-Ausgabewert für einen später insolventen Kunden war Eins, so daß der Ist-Ausgabewert für einen später insolventen Kunden möglichst nahe an Eins liegen sollte. Daher ist zu vermuten, daß Kunden, die sehr deutliche Solvenz- oder Insolvenzstrukturen aufweisen näher an Eins bzw. an Null liegen, während Kunden, die sowohl Strukturen solventer als auch Strukturen später insolventer Kunden aufweisen, eher in der Mitte der Skala liegen. Somit können Kunden

---

[533] Vgl. Abschnitt 352.1.

[534] Das Netz wird mit den Datensätzen der Analysestichprobe nach dem Fehlerkriterium Differenz des Soll-Ausgabewertes und des Ist-Ausgabewertes trainiert. Nach diesem Kriterium werden die Gewichte angepaßt. Für die Optimierung und Beurteilung der Klassifikationsleistung des Netzes an der Teststichprobe und der Validierungsstichprobe wird indes in dieser Untersuchung das Fehlerflächenkriterium herangezogen.

anhand ihres N-Wertes in eine Rangfolge bzgl. ihrer Bonität gebracht werden. Dies ist die Voraussetzung für die Bildung von Bonitätsklassen.[535]

Für den praktischen Einsatz der Klassifikatoren zur Antragsprüfung und zur Kartenüberwachung kann die N-Wert-Skala in Bonitätsklassen eingeteilt werden. Die mit dem Klassifikator beurteilten Kunden werden anhand ihres N-Wertes den einzelnen Klassen zugeordnet. Eine Klasseneinteilung hat den Vorteil, daß an jede Klasse bestimmte Maßnahmen geknüpft werden können. Wenn z. B. Kunden mit einer guten Bonität sofort angenommen bzw. im Bestand verbleiben sollen, Kunden mit einer mittleren Bonität noch genau geprüft werden sollen und Kunden mit einer schlechten Bonität sofort abgelehnt bzw. gekündigt werden sollen, kann die N-Wert-Skala in drei Klassen eingeteilt werden. Die erste Klasse umfaßt Kunden mit einer guten Bonität, die zweite Kunden mit einer mittleren Bonität und die dritte Kunden mit einer schlechten Bonität. Die Klassen können natürlich auch differenzierter eingeteilt werden, je nachdem welche Maßnahmen oder Analysen der Beurteilung durch den Klassifikator folgen sollen.[536] Bei der Vergabe von Kreditkarten könnte die Klasseneinstufung des Kunden ein Kriterium für die Limithöhe sein. Kreditinstitute können ihre Kreditzinsen abhängig von der Bonitätsklasse des Kunden bestimmen.[537] Außerdem kann mit der Einteilung in Bonitätsklassen die Risikostruktur des Kundenportefeuilles

---

[535] Bedenken bzgl. der Bildung von mehr als zwei Bonitätsklassen bei einem Zwei-Gruppen-Klassifikationsproblem mit der Multivariaten Diskriminanzanalyse äußert LEKER, J., Fraktionierende Frühdiagnose von Unternehmenskrisen, S. 293; LEKER, J., Fraktionierende Frühdiagnose von Unternehmenskrisen anhand von Jahresabschlüssen, S. 733. Die Bildung von Güteklassen und Risikoklassen befürwortet HÜLS, D., Früherkennung insolvenzgefährdeter Unternehmen, S. 282-296 und neuerdings auch Jerschensky, der hierfür ein meßtheoretisches Konzept vorlegt; vgl. JERSCHENSKY, A., Messung des Bonitätsrisikos von Unternehmen, S. 245-249.

[536] Vgl. zu einer möglichen Einteilung der N-Wert-Skala in sechs Güteklassen und vier Risikoklassen für den Fall der Bonitätsbeurteilung von Unternehmen BAETGE, J., Rating von Unternehmen anhand von Bilanzen, S. 2; BAETGE, J./KRUSE, A./UTHOFF, C., Bonitätsklassifikationen von Unternehmen, S. 279.

[537] Einen Vorschlag zur Bestimmung des Kreditzinses mit Hilfe der a-posteriori Insolvenzwahrscheinlichkeiten der Bonitätsklassen macht BAETGE, J., Stabilität eines Bilanzbonitätsindikators und seine Einsatzmöglichkeiten im Kreditgeschäft, S. 753-757.

analysiert werden und auf dieser Grundlage können Maßnahmen zur Portefeuillesteuerung ergriffen werden.

Für jede Bonitätsklasse lassen sich die a-posteriori Wahrscheinlichkeiten für Solvenz und Insolvenz berechnen.[538] Die a-posteriori Wahrscheinlichkeiten geben für jede Klasse an, wie wahrscheinlich es ist, daß ein in diese Klasse klassifizierter Kunde solvent ist oder später insolvent wird. Nach dem Theorem von Bayes werden die a-posteriori Wahrscheinlichkeiten wie folgt berechnet:[539]

(67)
$$W(g_j/k_k) = \frac{W(k_k/g_j) \cdot W(g_j)}{\sum_{i=1}^{n} W(k_k/g_i) \cdot W(g_i)}$$

mit:

$W(g_j/k_k)$ = a-posteriori Wahrscheinlichkeit, daß ein Kunde, der in die Bonitätsklasse k_k klassifiziert wird, zur Gruppe g_j gehört,

$W(g_j)$ = a-priori Wahrscheinlichkeit, daß ein Kunde zur Gruppe g_j gehört,

$W(k_k/g_j)$ = bedingte Wahrscheinlichkeit, daß ein Kunde, der zur Gruppe g_j gehört, in die Klasse k_k klassifiziert wird,

wobei i = solvent, insolvent; j = solvent, insolvent; k = 1,..., m.

Die **a-posteriori Insolvenzwahrscheinlichkeit** einer Klasse gibt also das Risiko an, daß ein Kunde in dieser Klasse ausfällt. Die a-posteriori Solvenzwahrscheinlichkeit ist dazu die Gegenwahrscheinlichkeit. Die a-posteriori Wahrscheinlichkeiten sind von den a-priori Wahrscheinlichkeiten für Solvenz und Insolvenz und von den bedingten Wahrscheinlichkeiten abhängig, daß ein solventer bzw. später insolventer Kunde in eine bestimmte Klasse klassifiziert wird.

---

[538] Vgl. zur Berechnung von a-posteriori Wahrscheinlichkeiten bei empirischen Untersuchungen FEIDICKER, M., Kreditwürdigkeitsprüfung, S. 200 f.; HÜLS, D., Früherkennung insolvenzgefährdeter Unternehmen, S. 289-295; JERSCHENSKY, A., Messung des Bonitätsrisikos von Unternehmen, S. 59-62 und S. 241-245.

[539] Vgl. BLEYMÜLLER, J./GEHLERT, G./ GÜLICHER, H., Statistik für Wirtschaftswissenschaftler, S. 36; HARTUNG, J., Statistik, S. 103.

Die **a-priori Wahrscheinlichkeit** für Solvenz bzw. Insolvenz ist die Wahrscheinlichkeit, daß ein Kunde, der mit dem Klassifikator geprüft wird, solvent bleibt bzw. insolvent wird. Anders ausgedrückt gibt die a-priori Wahrscheinlichkeit den Anteil der solventen bzw. später insolventen Kunden an allen zu prüfenden Kunden an. Je größer der Anteil der später insolventen Kunden an allen zu prüfenden Kunden ist, desto höher wird das Niveau der a-posteriori Insolvenzwahrscheinlichkeiten in den Bonitätsklassen. Denn je mehr später insolvente Kunden klassifiziert werden, desto höher ist ihr Anteil in den Bonitätsklassen. Indes ist bei einem gut trennenden Klassifikator zu erwarten, daß eher die a-posteriori Insolvenzwahrscheinlichkeiten in den unteren Klassen steigen werden.

Ob dies so ist, hängt von den **bedingten Wahrscheinlichkeiten** ab, daß ein solventer bzw. später insolventer Kunde in eine bestimmte Klasse klassifiziert wird. Die bedingten Wahrscheinlichkeiten für die einzelnen Klassen können empirisch ermittelt werden, indem der Anteil der in die jeweilige Klasse klassifizierten solventen bzw. später insolventen Kunden an allen solventen bzw. später insolventen Kunden berechnet wird. Hierdurch geht die N-Wert-Verteilung, die ein bestimmter Klassifikator erzeugt, in die Berechnung der a-posteriori Wahrscheinlichkeiten ein. Werden später insolvente Kunden eher in die unteren Klassen eingeteilt, sind auch die a-posteriori Insolvenzwahrscheinlichkeiten in den unteren Klassen höher. Werden die bedingten Wahrscheinlichkeiten empirisch ermittelt, ist zu beachten, daß der Anteil der später insolventen Kunden an allen zu klassifizierenden Kunden der gewünschten a-priori Insolvenz-wahrscheinlichkeit entsprechen muß. Ist dies nicht der Fall, da der zur Verfügung stehende Datenbestand anders verteilt ist, sind die Kundenzahlen in den einzelnen Bonitätsklassen entsprechend zu gewichten.

412.2 Bonitätsklassen und Ausfallwahrscheinlichkeiten für den Klassifikator zur Antragsprüfung

In der Tabelle 11 ist beispielhaft angegeben, wie sich die Kunden der Validierungsstichprobe nach der Beurteilung durch den nach der Fehlerfläche besten Klassifikator AP3 auf zehn Klassen verteilen. Der Anteil der später insolventen Kunden an allen

Kunden beträgt hier 1,7 %. Wird für die Beispielrechnung aber eine tatsächliche a-priori Insolvenzwahrscheinlichkeit von 4 % angenommen, müssen die Zahlen der solventen Kunden in den einzelnen Klassen mit dem Faktor 0,42 multipliziert werden. Die sich daraus ergebende Verteilung auf die zehn Klassen ist auch der Tabelle 11 zu entnehmen. Außerdem sind die a-posteriori Wahrscheinlichkeiten für Solvenz und Insolvenz für eine a-priori Insolvenzwahrscheinlichkeit von 4 % angegeben.

Bonitätsklassen		Solvente Kunden	Solvente Kunden gewichtet	Insolvente Kunden	A-posteriori Wahrscheinl.	
					Solvenz	Insolvenz
1	10≥N≥8	5.482	2.283	8	99,65 %	0,35 %
2	8>N≥6	3.529	1.470	10	99,32 %	0,68 %
3	6>N≥4	2.742	1.142	13	98,87 %	1,13 %
4	4>N≥2	1.798	749	15	98,04 %	1,96 %
5	2>N≥0	1.313	547	25	95,63 %	4,37 %
6	0>N≥-2	810	337	17	95,20 %	4,80 %
7	-2>N≥-4	761	317	25	92,69 %	7,31 %
8	-4>N≥-6	1.008	420	46	90,13 %	9,87 %
9	-6>N≥-8	1.288	536	100	84,29 %	15,71 %
10	-8>N≥-10	456	190	74	71,96 %	28,04 %
Summe		19.187	7.992	333		

Tab. 11: Klassenverteilung und a-posteriori Wahrscheinlichkeiten der Kunden der Validierungsstichprobe mit dem KNN AP3

Die a-posteriori Insolvenzwahrscheinlichkeit in der Bonitätsklasse 6 von 4,80 % errechnet sich nach der in Abschnitt 412.1 angeführten Formel z. B. wie folgt:[540]

(68)
$$W(insolvent/Klasse\ 6) = \frac{\frac{17}{333} \cdot 4\%}{\frac{17}{333} \cdot 4\% + \frac{337}{7.992} \cdot (1 - 4\%)} = 4,80\%$$

In der Abbildung 52 ist zu erkennen, daß die a-posteriori Insolvenzwahrscheinlichkeiten von den Klassen mit hohen N-Werten und somit hoher Bonität der Kunden zu den

---

[540] Zur Berechnung der a-posteriori Wahrscheinlichkeiten wurden die zugrundeliegenden Werte nicht gerundet, so daß beim Nachrechnen mit den Werten aus Tabelle 11 leichte Rundungsdifferenzen auftreten können.

Klassen mit niedrigen N-Werten und somit niedriger Bonität der Kunden zunehmen. Ein Kunde, der in die Bonitätsklasse 1 klassifiziert wird, hat nur ein Risiko von 0,35 %, später insolvent zu werden. Damit beträgt sein Insolvenzrisiko nur knapp ein Zehntel des hier angenommenen durchschnittlichen Insolvenzrisikos von 4 %. Ein Kunde hingegen, der in die Bonitätsklasse 10 klassifiziert wird, hat ein Insolvenzrisiko von 28,04 %. Dieses Risiko ist siebenmal größer als die angenommene a-priori Insolvenzwahrscheinlichkeit von 4 %.

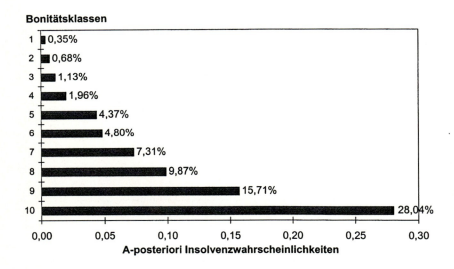

Abb. 52: *A-posteriori Insolvenzwahrscheinlichkeiten für das KNN AP3 bei zehn Bonitätsklassen*

Mit der Kenntnis der a-posteriori Insolvenzwahrscheinlichkeiten kann der Antragsprüfer seine Informationen über einen Kunden stark verbessern. Denn vor der Beurteilung durch einen Klassifikator konnte für jeden Kunden lediglich die Aussage getroffen werden, daß er eine Insolvenz-wahrscheinlichkeit von beispielsweise 4 % besitzt. Nach der Klassifikation kann das Insolvenzrisiko eines Kunden mit den a-posteriori Wahrscheinlichkeiten wesentlich differenzierter beurteilt werden.

412.3 Bonitätsklassen und Ausfallwahrscheinlichkeiten für den Klassifikator zur Kartenüberwachung

Auch für die Kartenüberwachung lassen sich die Kunden in Bonitätsklassen einteilen. Für die einzelnen Bonitätsklassen können ebenfalls a-posteriori Wahrscheinlichkeiten berechnet werden. Da bei der Kartenüberwachung für die Kunden der Grundgesamtheit meist Beurteilungsergebnisse zu verschiedenen Zeitpunkten (t-3, t-2, t-1) vorliegen, können die a-posteriori Insolvenzwahrscheinlichkeiten für jeden Zeitpunkt berechnet werden. Werden die a-posteriori Wahrscheinlichkeiten an den Daten für t-2 berechnet, bedeutet z. B. eine a-posteriori Insolvenzwahrscheinlichkeit in der Klasse x von 0,5 %, daß ein Kunde, der in die Klasse x klassifiziert wird, mit einem Risiko von 0,5 % in der übernächsten Periode insolvent wird. Werden die a-posteriori Wahrscheinlichkeiten an den Daten für t-3, t-2 und t-1 berechnet, sagt die a-posteriori Insolvenz-wahrscheinlichkeit für eine Klasse aus, wie hoch das Risiko eines Kunden in dieser Klasse ist, innerhalb der nächsten drei Perioden insolvent zu werden.

Der Tabelle 12 ist die Verteilung der Kunden der Validierungsstichprobe in t-2 mit dem nach der Fehlerfläche besten Klassifikator für die Kartenüberwachung KÜ4 auf zehn Klassen zu entnehmen. Wieder ist darauf zu achten, ob die a-priori Wahrscheinlichkeiten in diesem Datenbestand mit den gewünschten bzw. angenommenen übereinstimmen. Bei der Kartenüberwachung wird die a-priori Insolvenzwahrscheinlichkeit wesentlich geringer ausfallen als bei der Antragsprüfung, da der gesamte Kundenbestand geprüft wird und dieser Kundenbestand bereits durch die Antragsprüfung vorselektiert ist. Je besser die Antragsprüfung ist, desto geringer wird der Anteil der später insolventen Kunden im Bestand sein.[541] Außerdem ist nur die a-priori Wahrscheinlichkeit für eine Insolvenz in zwei Perioden relevant, wenn die a-posteriori Wahrscheinlichkeiten an den Daten von t-2 berechnet werden. Ein Kunde, der z. B. erst in vier Perioden insolvent wird, zählt daher noch zu den solventen Kunden. Für das folgende

---

[541] Vgl. SCHNURR, C., Kreditwürdigkeitsprüfung mit Künstlichen Neuronalen Netzen, S. 162.

Beispiel wurde eine a-priori Insolvenzwahrscheinlichkeit von 0,2 % unterstellt. Die solventen Kunden wurden entsprechend mit dem Faktor 12,59 gewichtet.

Bonitätsklassen		Solvente Kunden	Solvente Kunden gewichtet	Insolvente Kunden	A-posteriori Wahrscheinl.	
					Solvenz	Insolvenz
1	10≥N≥8	2.233	28.104	0	100,00 %	0,00 %
2	8>N≥6	3.761	47.335	8	99,98 %	0,02 %
3	6>N≥4	2.285	28.759	13	99,95 %	0,05 %
4	4>N≥2	1.596	20.087	31	99,85 %	0,15 %
5	2>N≥0	1.412	17.771	42	99,76 %	0,24 %
6	0>N≥-2	884	11.126	58	99,48 %	0,52 %
7	-2>N≥-4	231	2.907	63	97,88 %	2,12 %
8	-4>N≥-6	28	352	21	94,38 %	5,62 %
9	-6>N≥-8	17	214	13	94,27 %	5,73 %
10	-8>N≥-10	42	529	66	88,90 %	11,10 %
Summe		12.489	157.185	315		

Tab. 12: Klassenverteilung und a-posteriori Wahrscheinlichkeiten der Kunden der Validierungsstichprobe für t-2 mit dem KNN KÜ4

Auch die a-posteriori Insolvenzwahrscheinlichkeiten bei der Klassifikation mit einem Überwachungsklassifikator steigen von den hohen zu den niedrigen Klassen hin an, wie in Abbildung 53 zu sehen ist. Die a-posteriori Insolvenzwahrscheinlichkeiten haben aufgrund der geringeren a-priori Insolvenzwahrscheinlichkeit indes ein niedrigeres Niveau als die a-posteriori Insolvenzwahrscheinlichkeiten bei der Klassifikation mit einem Antragsklassifikator. Ein Kunde, der bei der Kartenüberwachung in die erste Bonitätsklasse eingestuft wird, hat ein Risiko von 0 %, in der übernächsten Periode insolvent zu werden. Ein Kunde der letzten Bonitätsklasse hat immerhin ein Insolvenzrisiko für die übernächste Periode von 11,10 %. Dieses Insolvenzrisiko ist 55 mal so hoch wie die a-priori Insolvenzwahrscheinlichkeit.

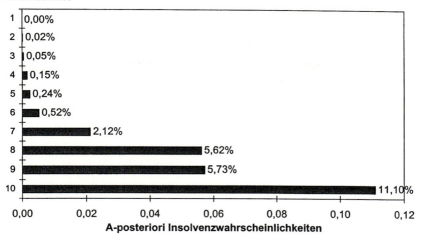

Abb. 53: A-posteriori Insolvenzwahrscheinlichkeiten für das KNN KÜ4 bei zehn Bonitätsklassen

42 Theoretische Kostenmodelle für die Prozesse der Antragsprüfung und der Kartenüberwachung unter Einsatz von Künstlichen Neuronalen Netzen

421. Vorbemerkung

Die Künstliche Neuronale Netzanalyse ist in zwei Phasen zu unterteilen, die Entwicklungsphase und die Anwendungsphase. Für beide Phasen ist ein Zielkriterium festzulegen. In der Entwicklungsphase dient das Zielkriterium der Optimierung und Validierung des Künstlichen Neuronalen Netzes, in der Anwendungsphase dient es der Festlegung des optimalen Trennwertes zwischen solventen und insolvenzgefährdeten Kunden.[542] Wird in der Entwicklungsphase das Zielkriterium Kostenminimierung gewählt,

---

[542] Vgl. Abschnitt 352.1.

wird der optimale Trennwert für den Prozeß, in dem der Klassifikator eingesetzt werden soll, bereits während der Netzentwicklung festgelegt.[543]

In der vorliegenden Untersuchung wurde für die Entwicklungsphase das Zielkriterium Fehlerfläche und für die Anwendungsphase das Zielkriterium Kostenminimierung gewählt. Daher ist, nachdem die Klassifikatoren zur Antragsprüfung und zur Kartenüberwachung entwickelt und jeweils der Klassifikator mit der geringsten Fehlerfläche ausgewählt wurde, in der Anwendungsphase der kostenminimale Trennwert zu bestimmen. Dafür ist es notwendig, den Prozeß der Antragsprüfung bzw. der Kartenüberwachung unter Einbindung der Klassifikatoren festzulegen und die für die Berechnung der Prozeßkosten relevanten Parameter zu bestimmen. Mit Hilfe des Kostenmodells kann auch aus verschiedenen möglichen Prozessen derjenige Prozeß, der die geringsten Kosten verursacht, ausgewählt werden. Im folgenden werden für die Antragsprüfung und die Kartenüberwachung jeweils ein möglicher Prozeß und die damit verbundenen theoretischen Kostenmodelle vorgestellt.

422. Das Kostenmodell für die Antragsprüfung

422.1 Der Prozeß der Antragsprüfung

Im folgenden wird ein dreistufiger Prozeß der Antragsprüfung beschrieben. Auf der ersten Stufe werden sämtliche Antragsteller auf K.O.-Kriterien geprüft. Ein K.O.-Kriterium könnte z. B. eine negative SCHUFA-Auskunft sein.[544] Ein weiteres K.O.-Kriterium könnte vorliegen, wenn der Antragsteller bereits einmal Kunde der Kartenorganisation war und ihm aufgrund von unregelmäßigen oder ausbleibenden Zah-

---

[543] Vgl. Abschnitt 352.21.

[544] So bei BAUER, W./FÜSER, K./SCHMIDTMEIER, S., Von der neuronalen Kreditwürdigkeitsprüfung zur neuronalen Einzelwertberichtigung, S. 284.

lungen gekündigt wurde.[545] Wenn ein Antragsteller ein K.O.-Kriterium aufweist, wird sein Antrag abgelehnt.

Alle Antragsteller, die keine K.O.-Kriterien aufweisen, werden auf der zweiten Stufe durch den Klassifikator geprüft und in die zwei Klassen *solvent* und *insolvenzgefährdet* eingestuft. Den als solvent beurteilten Kunden wird die beantragte Kreditkarte gewährt, die Anträge der als insolvenzgefährdet eingestuften Kunden werden noch durch Antragsprüfer mit zusätzlichen Informationen beurteilt. Erst wenn auch der Antragsprüfer den Antragsteller als insolvenzgefährdet beurteilt, wird der Antrag abgelehnt. Beurteilt der Antragsprüfer den Antragsteller entgegen dem Klassifikatorurteil als solvent, wird der Antrag gewährt.[546] In Abbildung 54 ist dieser Antragsprüfungsprozeß als Ereignisgesteuerte Prozeßkette (EPK) dargestellt.

---

[545] Eine SCHUFA-Auskunft könnte diese Information zwar enthalten, indes könnte die Kreditkartengesellschaft dieses Kriterium prüfen, bevor sie über den Kunden eine SCHUFA-Auskunft einholt.

[546] Einen ähnlichen Prozeß, allerdings ohne die Prüfung von K.O.-Kriterien, beschreiben für die Kreditwürdigkeitsprüfung von Firmenkunden HÜLS, D., Früherkennung insolvenzgefährdeter Unternehmen, S. 221; UTHOFF, C., Erfolgsoptimale Kreditwürdigkeitsprüfung, S. 18 f; BAETGE, J., Bilanzanalyse, S. 610.

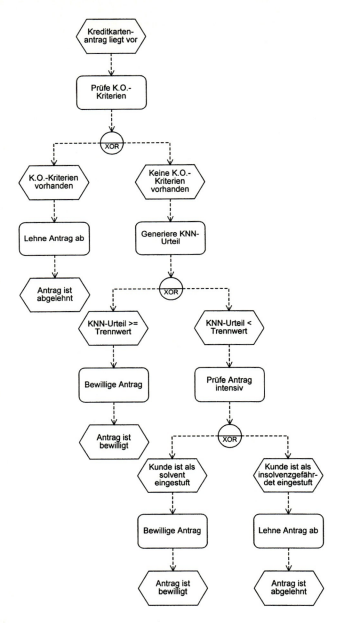

Abb. 54: Antragsprüfungsprozeß mit den Beurteilungsstufen K.O.-Kriterien, KNN-Urteil und Antragsprüferurteil als EPK

422.2 Das Entscheidungsmodell für die Antragsprüfung

Die Entscheidung, ob der Kreditkartenantrag eines Antragstellers angenommen oder abgelehnt werden soll, hängt bei dem im vorhergehenden Abschnitt dargestellten Prozeß von dem Ergebnis der Prüfung auf K.O.-Kriterien, dem Klassifikatorurteil und dem Antragsprüferurteil ab. Je nachdem, ob es sich bei dem Antragsteller um einen solventen oder später insolventen Kunden handelt und wie er auf den drei Stufen beurteilt wird, ergeben sich unterschiedliche Kosten für diesen Kunden. Wird z. B. ein später insolventer Kunde nach allen drei Beurteilungsstufen als solvent beurteilt, fallen auf allen drei Stufen Prüfungskosten an und Ausfallkosten sind die Folge. Wird hingegen der Antrag eines später insolventen Kunde bereits nach der Prüfung auf K.O.-Kriterien abgelehnt, fallen nur auf der ersten Beurteilungsstufe Kosten an.

Die in einem solchen Prozeß möglichen Kombinationen von tatsächlichem Solvenzstatus des Antragstellers und Prüfungsergebnissen der drei Stufen mit den jeweiligen Eintrittswahrscheinlichkeiten und den resultierenden Kosten lassen sich in einem Entscheidungsbaum darstellen.[547] Ein Entscheidungsbaum besteht aus Knoten und Kanten.[548] Drei Arten von Knoten sind zu unterscheiden: Ereignisknoten (auch Zufallsknoten genannt), Entscheidungsknoten und Endknoten.

Ereignisknoten oder Zufallsknoten werden im Entscheidungsbaum im folgenden als Kreise dargestellt. An den Ereignisknoten erwartet der Entscheidungsträger mehrere sich gegenseitig ausschließende Ereignisse.[549] Die Ereignisse werden durch Ereigniskanten bzw. Zufallskanten dargestellt. Die Eintrittswahrscheinlichkeiten der einem Ereignisknoten folgenden Ereignisse addieren sich zu hundert Prozent.

---

[547] Vgl. zur Darstellung eines solchen Entscheidungsbaumes für einen zweistufigen Prozeß zur Kreditwürdigkeitsprüfung BAETGE, J., Bilanzanalyse, S. 607. Vgl. zur Darstellung eines Entscheidungsproblems als Entscheidungsbaum DINKELBACH, W., Entscheidungsmodelle, S. 125-127; BAMBERG, G./COENENBERG, A. G., Betriebswirtschaftliche Entscheidungslehre, S. 138; KRUSCHWITZ, L., Investitionsrechnung, S. 277-280.

[548] Vgl. NIGGEMANN, W., Optimale Informationsprozesse in betriebswirtschaftlichen Entscheidungssituationen, S. 23.

Entscheidungsknoten zeigen sich im Entscheidungsbaum im folgenden als Quadrate. An den Entscheidungsknoten muß sich der Entscheidungsträger für eine Alternative aus mehreren sich gegenseitig ausschließenden Handlungsalternativen entscheiden.[550] Die Alternativen werden durch Entscheidungskanten dargestellt.

Endknoten werden in einem Entscheidungsbaum im folgenden durch kleine schwarze Punkte kenntlich gemacht. Sie zeigen den in Geldeinheiten bewerteten Endzustand, der sich aus einer Kette von Handlungen und Ereignissen ergibt.

Wenn man den zuvor beschriebenen Antragsprüfungsprozeß in einem Entscheidungsbaum darstellt, folgt einem Entscheidungsknoten immer nur eine Handlungsalternative, da der angenommene Antragsprüfungsprozeß bei Eintritt eines bestimmten Ereignisses jeweils nur eine Handlungsmöglichkeit vorsieht. Daher ist hier die Bezeichnung Ereignisbaum treffender, da dieser Baum dazu dient, sämtliche möglichen Kombinationen von Ereignissen abhängig von dem vorgegebenen Antragsprüfungsprozeß abzubilden. In Abbildung 55 ist der Ereignisbaum des beschriebenen dreistufigen Antragsprüfungsprozesses dargestellt.

---

[549] Vgl. NIGGEMANN, W., Optimale Informationsprozesse in betriebswirtschaftlichen Entscheidungssituationen, S. 23.

[550] Vgl. NIGGEMANN, W., Optimale Informationsprozesse in betriebswirtschaftlichen Entscheidungssituationen, S. 23.

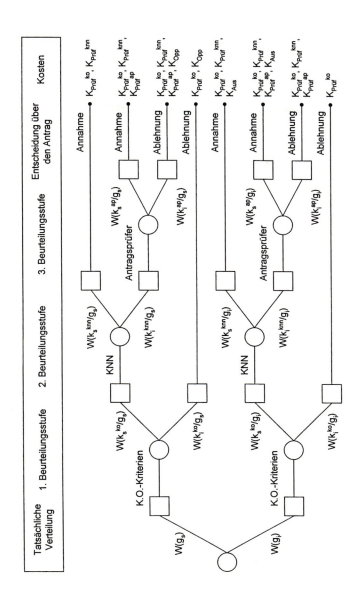

Abb. 55: Ereignisbaum für den Antragsprüfungsprozeß mit den drei Beurteilungsstufen K.O.-Kriterien, KNN und Antragsprüfer

Nachstehend aufgeführte den Ereignisknoten folgende Wahrscheinlichkeiten werden in dem Ereignisbaum verwendet:

$W(g_j)$ = a-priori Wahrscheinlichkeit, daß ein Kunde zur Gruppe g_j gehört,

$W(k_k{}^x/g_j)$ = bedingte Wahrscheinlichkeit, daß ein Kunde, der zur Gruppe g_j gehört, auf der Beurteilungsstufe x in die Klasse k_k klassifiziert wird,

wobei: j = s (solvent), i (insolvent); k = s (solvent), i (insolvent); x = ko (K.O.-Kriterien), knn (Künstliches Neuronales Netz), ap (Antragsprüfer).

Die Folgen der Antragsprüfung sind die Kosten des Prozesses. In der Abbildung 55 sind an den Endknoten des Ereignisbaumes folgende Kosten aufgeführt:

$K_{Prüf}{}^x$ = Kosten für die Prüfung auf der Beurteilungsstufe x

K_{Opp} = Opportunitätskosten

K_{Aus} = Ausfallkosten

422.3 Die Wahl des kostenminimalen Trennwertes für die Antragsprüfung

Das Ziel in der Anwendungsphase des Klassifikators ist es, den kostenminimalen Trennwert des Klassifikators zu finden. D. h. die Alpha-Beta-Fehlerkombination ist gesucht, bei der der Erwartungswert der Kosten *E(K)* für den dargestellten Antragsprüfungsprozeß minimal ist. Dieser Erwartungswert kann mit Hilfe des Ereignisbaumes als die Summe der mit den Wahrscheinlichkeiten für die einzelnen Äste gewichteten Kosten der jeweiligen Äste für einen Antrag wie folgt berechnet werden:[551]

---

[551] Vgl. zur Entwicklung des Erwartungswertes eines zweistufigen Kreditprüfungsprozesses unter Einbeziehung von Erfolgsgrößen und Kostengrößen UTHOFF, C., Erfolgsoptimale Kreditwürdigkeitsprüfung, S. 65-68.

(69)
$$\begin{aligned}E(K) = &\ K\!\left(g_s, k_s^{ko}, k_s^{knn}\right) \cdot W\!\left(g_s, k_s^{ko}, k_s^{knn}\right) \\ &+ K\!\left(g_s, k_s^{ko}, k_i^{knn}, k_s^{ap}\right) \cdot W\!\left(g_s, k_s^{ko}, k_i^{knn}, k_s^{ap}\right) \\ &+ K\!\left(g_s, k_s^{ko}, k_i^{knn}, k_i^{ap}\right) \cdot W\!\left(g_s, k_s^{ko}, k_i^{knn}, k_i^{ap}\right) \\ &+ K\!\left(g_s, k_i^{ko}\right) \cdot W\!\left(g_s, k_i^{ko}\right) \\ &+ K\!\left(g_i, k_s^{ko}, k_s^{knn}\right) \cdot W\!\left(g_i, k_s^{ko}, k_s^{knn}\right) \\ &+ K\!\left(g_i, k_s^{ko}, k_i^{knn}, k_s^{ap}\right) \cdot W\!\left(g_i, k_s^{ko}, k_i^{knn}, k_s^{ap}\right) \\ &+ K\!\left(g_i, k_s^{ko}, k_i^{knn}, k_i^{ap}\right) \cdot W\!\left(g_i, k_s^{ko}, k_i^{knn}, k_i^{ap}\right) \\ &+ K\!\left(g_i, k_i^{ko}\right) \cdot W\!\left(g_i, k_i^{ko}\right)\end{aligned}$$

mit:

$K(g_s, k_s{}^{ko}, k_s{}^{knn})$ = Kosten, wenn ein solventer Kunde nach den ersten beiden Beurteilungsstufen als solvent beurteilt wird,

$K(g_s, k_s{}^{ko}, k_i{}^{knn}, k_s{}^{ap})$ = Kosten, wenn ein solventer Kunde nach der Prüfung auf K.O.-Kriterien als solvent, nach der Prüfung mit dem KNN als insolvenzgefährdet und nach der Prüfung durch den Antragsprüfer als solvent beurteilt wird,

$K(g_s, k_s{}^{ko}, k_i{}^{knn}, k_i{}^{ap})$ = Kosten, wenn ein solventer Kunde nach der Prüfung auf K.O.-Kriterien als solvent, nach der Prüfung mit dem KNN als insolvenzgefährdet und nach der Prüfung durch den Antragsprüfer als insolvenzgefährdet beurteilt wird,

$K(g_s, k_i{}^{ko})$ = Kosten, wenn ein solventer Kunde nach der Prüfung auf K.O.-Kriterien als insolvenzgefährdet beurteilt wird,

$K(g_i, k_s{}^{ko}, k_s{}^{knn})$ = Kosten, wenn ein später insolventer Kunde nach den ersten beiden Beurteilungsstufen als solvent beurteilt wird,

$K(g_i, k_s{}^{ko}, k_i{}^{knn}, k_s{}^{ap})$ = Kosten, wenn ein später insolventer Kunde nach der Prüfung auf K.O.-Kriterien als solvent, nach der Prüfung mit dem KNN als insolvenzgefährdet und nach der Prüfung durch den Antragsprüfer als solvent beurteilt wird,

$K(g_i, k_s^{ko}, k_i^{knn}, k_i^{ap})$ = Kosten, wenn ein später insolventer Kunde nach der Prüfung auf K.O.-Kriterien als solvent, nach der Prüfung mit dem KNN als insolvenzgefährdet und nach der Prüfung durch den Antragsprüfer als insolvenzgefährdet beurteilt wird,

$K(g_i, k_i^{ko})$ = Kosten, wenn ein später insolventer Kunde nach der Prüfung auf K.O.-Kriterien als insolvenzgefährdet beurteilt wird.

$W(g_s, k_s^{ko}, k_s^{knn})$ = Wahrscheinlichkeit, daß ein Kunde solvent ist und nach den ersten beiden Beurteilungsstufen als solvent beurteilt wird,

$W(g_s, k_s^{ko}, k_i^{knn}, k_s^{ap})$ = Wahrscheinlichkeit, daß ein Kunde solvent ist und nach der Prüfung auf K.O.-Kriterien als solvent, nach der Prüfung mit dem KNN als insolvenzgefährdet und nach der Prüfung durch den Antragsprüfer als solvent beurteilt wird,

$W(g_s, k_s^{ko}, k_i^{knn}, k_i^{ap})$ = Wahrscheinlichkeit, daß ein Kunde solvent ist und nach der Prüfung auf K.O.-Kriterien als solvent, nach der Prüfung mit dem KNN als insolvenzgefährdet und nach der Prüfung durch den Antragsprüfer als insolvenzgefährdet beurteilt wird,

$W(g_s, k_i^{ko})$ = Wahrscheinlichkeit, daß ein Kunde solvent ist und nach der Prüfung auf K.O.-Kriterien als insolvenzgefährdet beurteilt wird,

$W(g_i, k_s^{ko}, k_s^{knn})$ = Wahrscheinlichkeit, daß ein Kunde später insolvent wird und nach den ersten beiden Beurteilungsstufen als solvent beurteilt wird,

$W(g_i, k_s^{ko}, k_i^{knn}, k_s^{ap})$ = Wahrscheinlichkeit, daß ein Kunde später insolvent wird und nach der Prüfung auf K.O.-Kriterien als solvent, nach der Prüfung mit dem KNN als insolvenzgefährdet und nach der Prüfung durch den Antragsprüfer als solvent beurteilt wird,

$W(g_i, k_s^{ko}, k_i^{knn}, k_i^{ap})$ = Wahrscheinlichkeit, daß ein Kunde später insolvent wird und nach der Prüfung auf K.O.-Kriterien als solvent, nach der Prüfung mit dem KNN als insolvenzgefährdet und nach der Prüfung durch den Antragsprüfer als insolvenzgefährdet beurteilt wird.

$W(g_i, k_i^{ko})$ = Wahrscheinlichkeit, daß ein Kunde später insolvent wird und nach der Prüfung auf K.O.-Kriterien als insolvenzgefährdet beurteilt wird.

Die in Abbildung 56 aufgeführten Kosten treten bei den acht Ästen des Ereignisbaumes auf.

1. $K(g_s, k_s^{ko}, k_s^{knn}) = K_{Prüf}^{ko} + K_{Prüf}^{knn}$
2. $K(g_s, k_s^{ko}, k_i^{knn}, k_s^{ap}) = K_{Prüf}^{ko} + K_{Prüf}^{knn} + K_{Prüf}^{ap}$
3. $K(g_s, k_s^{ko}, k_i^{knn}, k_i^{ap}) = K_{Prüf}^{ko} + K_{Prüf}^{knn} + K_{Prüf}^{ap} + K_{Opp}$
4. $K(g_s, k_i^{ko}) = K_{Prüf}^{ko} + K_{Opp}$
5. $K(g_i, k_s^{ko}, k_s^{knn}) = K_{Prüf}^{ko} + K_{Prüf}^{knn} + K_{Aus}$
6. $K(g_i, k_s^{ko}, k_i^{knn}, k_s^{ap}) = K_{Prüf}^{ko} + K_{Prüf}^{knn} + K_{Prüf}^{ap} + K_{Aus}$
7. $K(g_i, k_s^{ko}, k_i^{knn}, k_i^{ap}) = K_{Prüf}^{ko} + K_{Prüf}^{knn} + K_{Prüf}^{ap}$
8. $K(g_i, k_i^{ko}) = K_{Prüf}^{ko}$

Abb. 56: Kosten an den Ästen des Ereignisbaumes für den Antragsprüfungsprozeß

Die Wahrscheinlichkeiten für die einzelnen Äste des Ereignisbaumes lassen sich berechnen, indem die Wahrscheinlichkeiten an den Ereigniskanten des jeweiligen Astes multipliziert werden. Für die Äste des in Abbildung 55 dargestellten Ereignisbaumes ergeben sich die in Abbildung 57 aufgeführten Wahrscheinlichkeiten:

$$
\begin{aligned}
&1.\ W\!\left(g_s, k_s^{ko}, k_s^{knn}\right) &&= W(g_s)\cdot W\!\left(k_s^{ko}/g_s\right)\cdot W\!\left(k_s^{knn}/g_s\right)\\
&2.\ W\!\left(g_s, k_s^{ko}, k_i^{knn}, k_s^{ap}\right) &&= W(g_s)\cdot W\!\left(k_s^{ko}/g_s\right)\cdot W\!\left(k_i^{knn}/g_s\right)\cdot W\!\left(k_s^{ap}/g_s\right)\\
&3.\ W\!\left(g_s, k_s^{ko}, k_i^{knn}, k_i^{ap}\right) &&= W(g_s)\cdot W\!\left(k_s^{ko}/g_s\right)\cdot W\!\left(k_i^{knn}/g_s\right)\cdot W\!\left(k_i^{ap}/g_s\right)\\
&4.\ W\!\left(g_s, k_i^{ko}\right) &&= W(g_s)\cdot W\!\left(k_i^{ko}/g_s\right)\\
&5.\ W\!\left(g_i, k_s^{ko}, k_s^{knn}\right) &&= W(g_i)\cdot W\!\left(k_s^{ko}/g_i\right)\cdot W\!\left(k_s^{knn}/g_i\right)\\
&6.\ W\!\left(g_i, k_s^{ko}, k_i^{knn}, k_s^{ap}\right) &&= W(g_i)\cdot W\!\left(k_s^{ko}/g_i\right)\cdot W\!\left(k_i^{knn}/g_i\right)\cdot W\!\left(k_s^{ap}/g_i\right)\\
&7.\ W\!\left(g_i, k_s^{ko}, k_i^{knn}, k_i^{ap}\right) &&= W(g_i)\cdot W\!\left(k_s^{ko}/g_i\right)\cdot W\!\left(k_i^{knn}/g_i\right)\cdot W\!\left(k_i^{ap}/g_i\right)\\
&8.\ W\!\left(g_i, k_i^{ko}\right) &&= W(g_i)\cdot W\!\left(k_i^{ko}/g_i\right)
\end{aligned}
$$

Abb. 57: Wahrscheinlichkeiten an den Ästen des Ereignisbaumes für den Antragsprüfungsprozeß

Bezeichnet man - wie üblich - die Wahrscheinlichkeit, daß der Klassifikator einen später insolventen Kunden als solvent beurteilt, als Alpha-Fehler und die Wahrscheinlichkeit, daß der Klassifikator einen solventen Kunden als insolvenzgefährdet beurteilt, als Beta-Fehler, so gilt:

(70) $\qquad W\!\left(k_s^{knn}/g_i\right) = \alpha$

(71) $\qquad W\!\left(k_i^{knn}/g_i\right) = 1-\alpha$

(72) $\qquad W\!\left(k_i^{knn}/g_s\right) = \beta$

(73) $\qquad W\!\left(k_s^{knn}/g_s\right) = 1-\beta$

Werden die Kosten und die Wahrscheinlichkeiten aus den Abbildungen 56 und 57 und die Gleichungen (70) bis (73) in Gleichung (69) eingesetzt, ergibt sich folgender Erwartungswert der Kosten des Antragsprüfungsprozesses $E(K)$:

(74) $E(K)$
$= \left(K_{Prüf}^{ko} + K_{Prüf}^{knn}\right) \cdot W(g_s) \cdot W\left(k_s^{ko}/g_s\right) \cdot (1-\beta)$
$+ \left(K_{Prüf}^{ko} + K_{Prüf}^{knn} + K_{Prüf}^{ap}\right) \cdot W(g_s) \cdot W\left(k_s^{ko}/g_s\right) \cdot \beta \cdot W\left(k_s^{ap}/g_s\right)$
$+ \left(K_{Prüf}^{ko} + K_{Prüf}^{knn} + K_{Prüf}^{ap} + K_{Opp}\right) \cdot W(g_s) \cdot W\left(k_s^{ko}/g_s\right) \cdot \beta \cdot W\left(k_i^{ap}/g_s\right)$
$+ \left(K_{Prüf}^{ko} + K_{Opp}\right) \cdot W(g_s) \cdot W\left(k_i^{ko}/g_s\right)$
$+ \left(K_{Prüf}^{ko} + K_{Prüf}^{knn} + K_{Aus}\right) \cdot W(g_i) \cdot W\left(k_s^{ko}/g_i\right) \cdot \alpha$
$+ \left(K_{Prüf}^{ko} + K_{Prüf}^{knn} + K_{Prüf}^{ap} + K_{Aus}\right) \cdot W(g_i) \cdot W\left(k_s^{ko}/g_i\right) \cdot (1-\alpha) \cdot W\left(k_s^{ap}/g_i\right)$
$+ \left(K_{Prüf}^{ko} + K_{Prüf}^{knn} + K_{Prüf}^{ap}\right) \cdot W(g_i) \cdot W\left(k_s^{ko}/g_i\right) \cdot (1-\alpha) \cdot W\left(k_i^{ap}/g_i\right)$
$+ K_{Prüf}^{ko} \cdot W(g_i) \cdot W\left(k_i^{ko}/g_i\right)$

Alle Parameter bis auf den Alpha-Fehler und den Beta-Fehler sind gegeben. Der Erwartungswert der Kosten des Antragsprüfungsprozesses ist als Zielfunktion unter der Nebenbedingung der Alpha-Beta-Fehlerfunktion des gewählten Klassifikators zu minimieren.[552]

423. Das Kostenmodell für die Kartenüberwachung

423.1 Der Prozeß der Kartenüberwachung

Die Kunden im Bestand der Kreditkartengesellschaft sollen durch die Kartenüberwachung daraufhin geprüft werden, ob sie insolvenzgefährdet sind. Da aufgrund der großen Kundenzahl im Kreditkartengeschäft nicht jeder Kunde jeden Tag untersucht werden kann, werden die Kunden in regelmäßigen Abständen geprüft. Der Prüfungszyklus könnte z. B. zwei Wochen oder eine Rechnungsperiode (ca. vier Wochen) betragen. Die Voraussetzung für die Prüfung ist, daß zum Zeitpunkt der Prüfung bekannt ist, welche Umsätze der Kunde bis dahin getätigt hat. Für die Entwicklung des Klassifikators zur Kartenüberwachung lagen indes keine Daten darüber vor, wann die Kundenumsätze der Kartenorganisation bekannt geworden sind. Es war lediglich bekannt, welche Umsätze in einer Rechnung abgerechnet wurden und somit zum Rechnungszeitpunkt bekannt waren. Daher konnte der Klassifikator nur auf eine Prüfung zum

---

[552] Vgl. UTHOFF, C., Erfolgsoptimale Kreditwürdigkeitsprüfung, S. 69, der indes als Zielfunktion den erwarteten Erfolg heranzieht und diesen maximiert.

Rechnungszeitpunkt trainiert werden und sollte auch so angewendet werden, um eine möglichst gute Klassifikationsleistung zu gewährleisten. Unabhängig von der regelmäßigen Prüfung durch den Klassifikator kann ein Kunde besonders geprüft werden, wenn bei diesem Kunden aktuell K.O.-Kriterien aufgetreten sind, die zum Zeitpunkt der Antragsprüfung nicht bekannt oder nicht vorhanden waren (z. B. eine negative SCHUFA-Nachmeldung).

Der Prozeß der Kartenüberwachung unter Einsatz eines Klassifikators könnte zweistufig gestaltet werden. Auf der ersten Stufe werden die Kunden zu ihren jeweiligen Rechnungszeitpunkten mit dem Klassifikator geprüft. Dies dient der Vorauswahl der Kunden, die durch Mitarbeiter der Kartenüberwachung noch genauer geprüft werden sollen.[553] Denn nur die Kunden, die mit dem Klassifikator als insolvenzgefährdet beurteilt werden, werden durch Mitarbeiter der Kartenüberwachung intensiv geprüft. Die vom Klassifikator als solvent beurteilten Kunden verbleiben ohne weitere Maßnahmen im Bestand.

Die Mitarbeiter der Kartenüberwachung sollten zunächst den N-Wert-Verlauf eines mit dem Klassifikator als insolvenzgefährdet angezeigten Kunden betrachten. Dadurch läßt sich die Entwicklung der Bonität des Kunden verfolgen. Es läßt sich erkennen, ob die Bonität des Kunden sich plötzlich verschlechtert hat oder bereits über mehrere Perioden ständig gesunken ist. Die Ursachen für die jeweilige Bonitätsverschlechterung können mit Hilfe der Verläufe der einzelnen Kennzahlen des Klassifikators gefunden werden. Kennzahlen, die sich ebenso wie der N-Wert negativ entsprechend ihrer Arbeitshypothese entwickeln, d. h. steigende Kennzahlen mit einer Arbeitshypothese I>S und sinkende Kennzahlen mit einer Arbeitshypothese I<S, sind der Grund für eine negative Entwicklung des N-Wertes. Abbildung 58 zeigt den mit dem Klassifikator KÜ 3 berechneten N-Wert-Verlauf eines Kreditkartenkunden, der nach fünf Rechnungsperioden insolvent wird. Wenn z. B. alle Kunden, die N-Werte unter Null aufweisen, als

---

[553] Vgl. Abschnitt 232.

insolvenzgefährdet beurteilt und nachgeprüft werden, würde der Klassifikator bei diesem Kunden zum Zeitpunkt *t-2* die spätere Insolvenz des Kunden anzeigen.

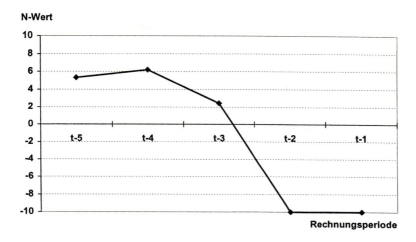

Abb. 58: N-Wert-Verlauf eines insolventen Kreditkartenkunden

Der Kunde würde zum Zeitpunkt *t-2* genau geprüft. Die Abbildungen 59 und 60 zeigen für diesen Kunden beispielhaft den Verlauf der beiden Kennzahlen Jahreseinkommensausschöpfungsquote (JEAQ) und Limitausschöpfungsquote (LAQ), die im Klassifikator KÜ3 enthalten sind.[554] Für beide Kennzahlen gilt die Hypothese I>S, d. h. hohe Kennzahlenwerte beeinflussen den N-Wert negativ. Beide Kennzahlen steigen von *t-5* bis *t-2* kontinuierlich an und beeinflussen somit auch die Verschlechterung des N-Wertes. Kurz vor der Insolvenz in *t-1* ist ein weiterer deutlicher Anstieg beider Kennzahlenwerte zu beobachten. Daß der N-Wert in *t-2* und *t-1* trotz der unterschiedlichen Werte der beiden dargestellten Kennzahlen gleich ist, liegt daran, daß noch weitere Kennzahlen den N-Wert beeinflussen und daß N-Werte unter dem Wert -10 auf -10 gesetzt werden, da bei -10 das Ende der Skala erreicht ist.[555]

---

[554] Vgl. zur Definition der Kennzahlen Abschnitt 341.32.

[555] Vgl. Abschnitt 411.2.

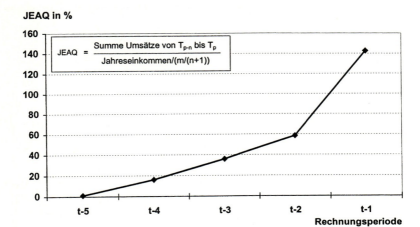

Abb. 59: Verlauf der Kennzahl Jahreseinkommensausschöpfungsquote

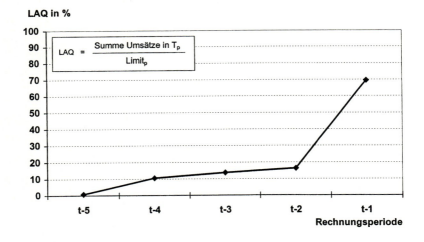

Abb. 60: Verlauf der Kennzahl Limitausschöpfungsquote

Die Einflußstärke der Kennzahlen auf den N-Wert kann mit Hilfe der Sensitivitätsanalyse ermittelt werden.[556] Die durchschnittliche Höhe der Einflußstärke jeder Kennzahl über den gesamten Kundenbestand kann mit Hilfe einer globalen Sensitivitätsanalyse berechnet werden.[557] Dabei wird jede Kennzahl nacheinander für jeden Datensatz variiert und die aus der Variation resultierende Veränderung des N-Wertes beobachtet. Für jede Kennzahl wird der Mittelwert der Veränderungen des N-Wertes über alle Datensätze gebildet. Anhand dieser Mittelwerte kann dann die globale Einflußstärke der einzelnen Kennzahlen bestimmt werden.

Welche Kennzahlen bei einem bestimmten Kunden von einer Rechnungsperiode auf die nächste die N-Wert-Veränderung maßgeblich beeinflußt haben, kann mit einer individuellen Sensitivitätsanalyse berechnet werden.[558] Bei der individuellen Sensitivitätsanalyse wird für jede Kennzahl ermittelt, welchen Beitrag sie zu der N-Wert-Änderung eines Kunden von der Periode t auf die Periode $t+1$ geleistet hat. Dazu wird der Kennzahlenvektor in t herangezogen und jede Kennzahl mit ihrem Wert aus $t+1$ variiert, während die restlichen Kennzahlen ihren jeweiligen Wert aus t beibehalten. Für den variierten Kennzahlenvektor wird dann jeweils der N-Wert berechnet und die Differenz zu dem originalen N-Wert in t ermittelt. Für jede Kennzahl ergibt sich somit eine N-Wert-Differenz, die den Beitrag dieser Kennzahl zu der gesamten N-Wert-Änderung darstellt. Die einzelnen N-Wert-Änderungen der Kennzahlen werden normiert, so daß die Summe der einzelnen Änderungen die Gesamtänderung ergibt.

Jede Kennzahl bildet ein bestimmtes Umsatzverhalten ab, so daß von der Kennzahlenentwicklung auf das Umsatzverhalten des Kunden geschlossen werden kann. Je nachdem wie die Analyse der N-Wert-Entwicklung und der Entwicklung der Kennzahlen

---

[556] Vgl. REHKUGLER, H./PODDIG, T., Klassifikation von Jahresabschlüssen mittels Multilayer-Perceptrons, S. 35-38. Vgl. zur Eignung der Sensitivitätsanalyse zur Öffnung der „Black Box" Abschnitt 242.

[557] Zur globalen Sensitivitätsanalyse für einen Klassifikator zur Bonitätsprüfung von Unternehmen anhand von Bilanzen vgl. BAETGE, J., Bilanzanalyse, S. 600 f.

[558] Zur individuellen Sensititvitätsanalyse für einen Klassifikator zur Bonitätsprüfung von Unternehmen anhand von Bilanzen vgl. BAETGE, J., Bilanzanalyse, S. 601 f.

ausfällt, kann der Mitarbeiter der Kartenüberwachung noch weitere Informationen, z. B. eine aktuelle Bankauskunft, einholen oder den Kunden telefonisch gezielt befragen.

Kommt der Mitarbeiter der Kartenüberwachung nach der genauen Prüfung abweichend vom Klassifikatorurteil zu dem Schluß, daß der Kunde solvent ist, verbleibt der Kunde im Bestand. Stuft der Mitarbeiter der Kartenüberwachung den Kunden hingegen ebenfalls als insolvenzgefährdet ein, werden Maßnahmen ergriffen, um zu verhindern, daß der Kunde weiterhin Umsätze tätigt, oder es werden Maßnahmen ergriffen, um die Umsätze des Kunden zu reduzieren. Erneute Umsätze des Kunden können durch Sperrung der Karten des Kunden oder durch Kündigung des Kreditkartenvertrages mit dem Kunden verhindert werden. Eine Umsatzreduzierung kann durch eine Verminderung des Limits des Kunden erreicht werden. Welche Maßnahmen ergriffen werden, sollte von dem Grad der Insolvenzgefahr des Kunden abhängig gemacht werden. Je höher die Insolvenzgefahr des Kunden ist, desto strengere Maßnahmen sollten ergriffen werden. Die Insolvenzgefahr kann mit der a-posteriori Insolvenzwahrscheinlichkeit des Kunden gemessen werden.[559]

Der beschriebene Prozeß ist als Ereignisgesteuerte Prozeßkette (EPK) in Abbildung 61 dargestellt.

---

[559] Zur a-posteriori Insolvenzwahrscheinlichkeit vgl. Abschnitt 412.1.

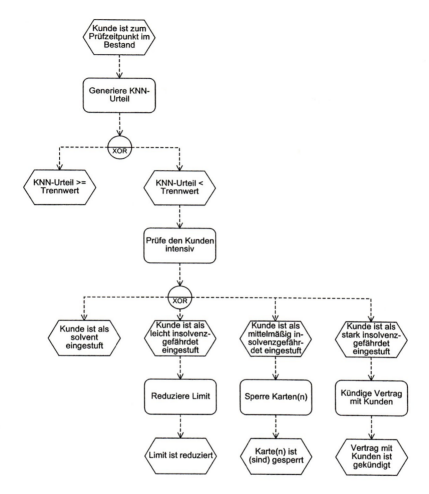

Abb. 61: Kartenüberwachungsprozeß mit den Beurteilungsstufen KNN-Urteil und Mitarbeiterurteil als EPK

423.2 Das Entscheidungsmodell für die Kartenüberwachung

Die Kosten der Prüfung eines Kunden bei der Kartenüberwachung sind bei dem in Abschnitt 423.1 dargestellten Prozeß von dem Urteil des KNN-Klassifikators und des Mitarbeiters der Kartenüberwachung abhängig. Wie schon bei den Prozessen zur Antragsprüfung können die möglichen Ereigniskombinationen des Kartenüberwachungsprozesses mit den aus ihnen folgenden Kosten in einem Ereignisbaum dargestellt werden. Ein solcher Ereignisbaum ist in Abbildung 62 dargestellt.

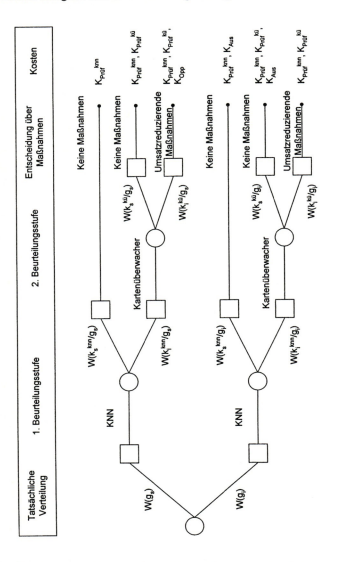

Abb. 62: *Ereignisbaum für den Kartenüberwachungsprozeß mit den zwei Beurteilungsstufen KNN und Kartenüberwacher*

Für die Parameter des Ereignisbaumes gilt:

$W(g_j)$ = a-priori Wahrscheinlichkeit, daß ein Kunde zur Gruppe g_j gehört,

$W(k_k^x/g_j)$ = bedingte Wahrscheinlichkeit, daß ein Kunde, der zur Gruppe g_j gehört, auf der Beurteilungsstufe x in die Klasse k_k klassifiziert wird,

$K_{Prüf}^x$ = Kosten für die Prüfung auf der Beurteilungsstufe x

K_{Opp} = Opportunitätskosten

K_{Aus} = Ausfallkosten

wobei: j = s (solvent), i (insolvent); k = s (solvent), i (insolvent); x = ko (K.O.-Kriterien), knn (Künstliches Neuronales Netz), kü (Kartenüberwacher).

423.3 Die Wahl des kostenminimalen Trennwertes für die Kartenüberwachung

Auch bei der Kartenüberwachung kann der kostenminimale Trennwert bestimmt werden, indem der Erwartungswert der Kosten E(K) für den Kartenüberwachungsprozeß als Zielfunktion unter der Nebenbedingung der Alpha-Beta-Fehlerfunktion des Klassifikators zur Kartenüberwachung minimiert wird. Der Erwartungswert der Kosten für den Kartenüberwachungsprozeß berechnet sich wie folgt:

(75)
$$\begin{aligned} E(K) &= K\left(g_s, k_s^{knn}\right) \cdot W\left(g_s, k_s^{knn}\right) \\ &+ K\left(g_s, k_i^{knn}, k_s^{kü}\right) \cdot W\left(g_s, k_i^{knn}, k_s^{kü}\right) \\ &+ K\left(g_s, k_i^{knn}, k_i^{kü}\right) \cdot W\left(g_s, k_i^{knn}, k_i^{kü}\right) \\ &+ K\left(g_i, k_s^{knn}\right) \cdot W\left(g_i, k_s^{knn}\right) \\ &+ K\left(g_i, k_i^{knn}, k_s^{kü}\right) \cdot W\left(g_i, k_i^{knn}, k_s^{kü}\right) \\ &+ K\left(g_i, k_i^{knn}, k_i^{kü}\right) \cdot W\left(g_i, k_i^{knn}, k_i^{kü}\right) \end{aligned}$$

Für die Parameter des Erwartungswertes gilt:

$K(g_s, k_s^{knn})$ = Kosten, wenn ein solventer Kunde nach der ersten Beurteilungsstufe als solvent beurteilt wird,

$K(g_s, k_i^{knn}, k_s^{kü})$ = Kosten, wenn ein solventer Kunde nach der Prüfung mit dem KNN als insolvenzgefährdet und nach der Prüfung durch den Mitarbeiter der Kartenüberwachung als solvent beurteilt wird,

$K(g_s, k_i^{knn}, k_i^{kü})$ = Kosten, wenn ein solventer Kunde nach beiden Beurteilungsstufen jeweils als insolvenzgefährdet beurteilt wird,

$K(g_i, k_s^{knn})$ = Kosten, wenn ein später insolventer Kunde nach der ersten Beurteilungsstufe als solvent beurteilt wird,

$K(g_i, k_i^{knn}, k_s^{kü})$ = Kosten, wenn ein später insolventer Kunde nach der Prüfung mit dem KNN als insolvenzgefährdet und nach der Prüfung durch den Mitarbeiter der Kartenüberwachung als solvent beurteilt wird,

$K(g_i, k_i^{knn}, k_i^{kü})$ = Kosten, wenn ein später insolventer Kunde nach beiden Beurteilungsstufen jeweils als insolvenzgefährdet beurteilt wird,

$W(g_s, k_s^{knn})$ = Wahrscheinlichkeit, daß ein Kunde solvent ist und nach der ersten Beurteilungsstufe als solvent beurteilt wird,

$W(g_s, k_i^{knn}, k_s^{kü})$ = Wahrscheinlichkeit, daß ein Kunde solvent ist und nach der Prüfung mit dem KNN als insolvenzgefährdet und nach der Prüfung durch den Mitarbeiter der Kartenüberwachung als solvent beurteilt wird,

$W(g_s, k_i^{knn}, k_i^{kü})$ = Wahrscheinlichkeit, daß ein Kunde solvent ist und nach beiden Beurteilungsstufen jeweils als insolvenzgefährdet beurteilt wird,

$W(g_i, k_s^{knn})$ = Wahrscheinlichkeit, daß ein Kunde später insolvent wird und nach der ersten Beurteilungsstufe als solvent beurteilt wird,

$W(g_i, k_i^{knn}, k_s^{kü})$ = Wahrscheinlichkeit, daß ein Kunde später insolvent wird und nach der Prüfung mit dem KNN als insolvenzgefährdet und nach der Prüfung durch den Mitarbeiter der Kartenüberwachung als solvent beurteilt wird,

$W(g_i, k_i^{knn}, k_i^{kü})$ = Wahrscheinlichkeit, daß ein Kunde später insolvent wird und nach beiden Beurteilungsstufen jeweils als insolvenzgefährdet beurteilt wird.

Die Kosten für die sechs Äste des Ereignisbaumes lassen sich wie in Abbildung 63 berechnen:

$$
\begin{aligned}
&1.\ K(g_s, k_s^{knn}) &&= K_{Prüf}^{knn} \\
&2.\ K(g_s, k_i^{knn}, k_s^{kü}) &&= K_{Prüf}^{knn} + K_{Prüf}^{kü} \\
&3.\ K(g_s, k_i^{knn}, k_i^{kü}) &&= K_{Prüf}^{knn} + K_{Prüf}^{kü} + K_{Opp} \\
&4.\ K(g_i, k_s^{knn}) &&= K_{Prüf}^{knn} + K_{Aus} \\
&5.\ K(g_i, k_i^{knn}, k_s^{kü}) &&= K_{Prüf}^{knn} + K_{Prüf}^{kü} + K_{Aus} \\
&6.\ K(g_i, k_i^{knn}, k_i^{kü}) &&= K_{Prüf}^{knn} + K_{Prüf}^{kü}
\end{aligned}
$$

Abb. 63: Kosten an den Ästen des Ereignisbaumes für den Kartenüberwachungsprozeß

Die Wahrscheinlichkeiten der sechs Äste des Ereignisbaumes werden wie in Abbildung 64 aufgeführt ermittelt:

$$
\begin{aligned}
&1.\ W(g_s, k_s^{knn}) &&= W(g_s) \cdot W(k_s^{knn}/g_s) \\
&2.\ W(g_s, k_i^{knn}, k_s^{kü}) &&= W(g_s) \cdot W(k_i^{knn}/g_s) \cdot W(k_s^{kü}/g_s) \\
&3.\ W(g_s, k_i^{knn}, k_i^{kü}) &&= W(g_s) \cdot W(k_i^{knn}/g_s) \cdot W(k_i^{kü}/g_s) \\
&4.\ W(g_i, k_s^{knn}) &&= W(g_i) \cdot W(k_s^{knn}/g_i) \\
&5.\ W(g_i, k_i^{knn}, k_s^{kü}) &&= W(g_i) \cdot W(k_i^{knn}/g_i) \cdot W(k_s^{kü}/g_i) \\
&6.\ W(g_i, k_i^{knn}, k_i^{kü}) &&= W(g_i) \cdot W(k_i^{knn}/g_i) \cdot W(k_i^{kü}/g_i)
\end{aligned}
$$

Abb. 64: Wahrscheinlichkeiten an den Ästen des Ereignisbaumes für den Kartenüberwachungsprozeß

Diese Kosten und Wahrscheinlichkeiten werden in die Formel für den Erwartungswert (Gleichung (75)) eingesetzt. Dabei werden die bedingten Wahrscheinlichkeiten der Klassifikation mit dem KNN wieder durch α, 1-α, β und 1-β ersetzt. Somit ergibt sich folgender Erwartungswert der Kosten für den Kartenüberwachungsprozeß:

(76) $\begin{aligned}E(K) =\ & K_{Prüf}^{knn} \bullet W(g_s) \bullet (1-\beta) \\ +\ & \left(K_{Prüf}^{knn} + K_{Prüf}^{kü}\right) \bullet W(g_s) \bullet \beta \bullet W\left(k_s^{kü}/g_s\right) \\ +\ & \left(K_{Prüf}^{knn} + K_{Prüf}^{kü} + K_{Opp}\right) \bullet W(g_s) \bullet \beta \bullet W\left(k_i^{kü}/g_s\right) \\ +\ & \left(K_{Prüf}^{knn} + K_{Aus}\right) \bullet W(g_i) \bullet \alpha \\ +\ & \left(K_{Prüf}^{knn} + K_{Prüf}^{kü} + K_{Aus}\right) \bullet W(g_i) \bullet (1-\alpha) \bullet W\left(k_s^{kü}/g_i\right) \\ +\ & \left(K_{Prüf}^{knn} + K_{Prüf}^{kü}\right) \bullet W(g_i) \bullet (1-\alpha) \bullet W\left(k_i^{kü}/g_i\right)\end{aligned}$

Dieser Erwartungswert der Kosten ist die Zielfunktion, die unter der Nebenbedingung der Alpha-Beta-Fehlerfunktion des Klassifikators für die Kartenüberwachung zu minimieren ist. Für den Klassifikator zur Kartenüberwachung existieren mehrere Alpha-Beta-Fehlerfunktionen, nämlich für *t-1*, *t-2*, *t-3* und für alle Zeitpunkte gesamt. Bei der Kartenüberwachung soll ein später insolventer Kunde möglichst zum Zeitpunkt *t-2* erkannt werden. Denn zum einen sind zu diesem Zeitpunkt die Umsätze, die zu einer Rücklastschrift führen würden, noch nicht getätigt. Zum anderen hat der Kunde bis zum Zeitpunkt *t-2* noch Umsätze getätigt. Würde der Kunde z. B. zum Zeitpunkt *t-3* als insolvenzgefährdet erkannt und gekündigt, würden der Kartenorganisation die Umsatzgebühren für die Umsätze des Kunden zwischen *t-3* und *t-2* entgehen. Daher sollte bei der Minimierung des Erwartungswertes der Kosten als Nebenbedingung die Alpha-Beta-Fehlerfunktion in *t-2* herangezogen werden.

5 Schlußbetrachtung

Der Kreditkartenmarkt in Deutschland war lange Zeit im Vergleich zu den Kreditkartenmärkten anderer Länder unbedeutend, hat sich indes seit dem Ende der achtziger Jahre bis heute zu einem Massenmarkt entwickelt, auf dem auch die Konkurrenz der Kreditkartenemittenten stärker wird. Diese Entwicklung erfordert von den Kreditkartenemittenten eine Rationalisierung ihrer Bonitätsprüfung sowohl bei der Antragsbearbeitung als auch bei der laufenden Überwachung der Kreditkartenkunden. Die Bonitätsprüfung darf nur geringe Zeit in Anspruch nehmen, muß aber eine hohe Qualität aufweisen.

Bei der Bonitätsprüfung von Firmenkunden und von Privatkunden der Kreditinstitute werden bereits moderne Systeme eingesetzt, die diese Anforderungen erfüllen. Solche Systeme wurden mit der Multivariaten Diskriminanzanalyse oder mit der Künstlichen Neuronalen Netzanalyse entwickelt. Diese beiden mathematisch-statistischen Verfahren ermöglichen, daß die für die Bonitätsprüfung relevanten Merkmale objektiv ausgewählt, gewichtet und zusammengefaßt werden, was die Voraussetzung dafür ist, daß eine hohe Zuverlässigkeit der Bonitätsurteile erreicht werden kann. Untersuchungen haben gezeigt, daß die Ergebnisse der Multivariaten Diskriminanzanalyse noch von denen der Künstlichen Neuronalen Netzanalyse übertroffen werden können. Für die Bonitätsprüfung von privaten Kreditkartenkunden bei der Antragsbearbeitung und der laufenden Überwachung sind indes noch keine Untersuchungen bekannt, in denen die Künstliche Neuronale Netzanalyse angewendet wurde.

Daher war das Ziel dieser Untersuchung, einen Klassifikator zur Antragsprüfung und einen Klassifikator zur Kartenüberwachung von privaten Kreditkartenkunden mit Hilfe der Künstlichen Neuronalen Netzanalyse zu entwickeln. Mit diesen Klassifikatoren sollten solvente und später insolvente Kreditkartenkunden möglichst gut erkannt und die Antragsprüfung und die Kartenüberwachung objektiviert und rationalisiert werden. Für diese Analysen standen die Antragsdaten und die Transaktionsdaten von 38.733 solventen und 1.025 später insolventen Kreditkartenkunden zur Verfügung.

Der bereits häufig bei Klassifikationsaufgaben für die Künstliche Neuronale Netzanalyse als Lernalgorithmus verwendete Backpropagation-Algorithmus weist dadurch, daß die Verbindungsgewichte bei diesem Algorithmus abhängig von dem negativen Gradienten der Fehlerfunktion des Netzes geändert werden, einige Probleme auf, durch die es zu suboptimalen Klassifikationsergebnissen kommen kann. Daher wurde in dieser Untersuchung eine Variation des Backpropagation-Algorithmus, der Resilient Propagation-Algorithmus, angewendet. Beim Resilient-Propagation-Algorithmus sind die Höhe und die Richtung der Gewichts-änderung von der Änderung zum vorhergehenden Zeitpunkt und dem Vorzeichen der Steigung im vorhergehenden und im aktuellen Punkt abhängig. Zusätzlich wurde ein weight-decay Term verwendet, durch den hohe Gewichte und ein Overtraining des Resilient-Propagation-Algorithmus vermieden werden können.

Da solvente von später insolventen Kreditkartenkunden getrennt werden sollten, mußte ein möglichst eindeutiges Kriterium für die Insolvenz eines Kunden gefunden werden. Da sämtliche für die Untersuchung verwendeten Kunden ihre Kreditkartenrechnung per Lastschrifteinzug zahlten, wurde ein Kunde als insolvent bezeichnet, wenn zu diesem Kunden eine Rücklastschrift existierte und der Kunde den Betrag dieser Rücklastschrift auch innerhalb der nächsten vier Wochen nicht beglichen hatte.

Für die Künstliche Neuronale Netzanalyse zur Entwicklung eines Klassifikators für die Antragsprüfung wurden zunächst nur originäre Kundeninformationen aus den Kreditkartenanträgen verwendet. Die Kreditkartenanträge enthielten sowohl Informationen zur personellen als auch zur materiellen Bonität des Antragstellers. Zur Merkmalsauswahl wurden neben Pruning-Verfahren auch Insertion-Verfahren und kombinierte Verfahren angewendet, was bei der Künstlichen Neuronalen Netzanalyse zur Antragsprüfung zu einer höheren Stabilität der Klassifikationsergebnisse an der Teststichprobe und der Validierungsstichprobe führte. Bei der Netzoptimierung wurde die Zahl der Neuronen in der versteckten Schicht variiert. Es zeigte sich, daß Netze mit acht Neuronen in der versteckten Schicht die besten Klassifikationsergebnisse lieferten. Die Antragsmerkmale wurden sowohl one-of-n als auch binär kodiert. Mit der one-of-n Kodierung konnten die besten Ergebnisse erzielt werden. Das beste Netz bei binärer Kodierung war das Netz AP1 mit einer Fehlerfläche an der Validierungsstichprobe von 15,71 %. Wurden die Merkmale des Netzes AP1 statt binär one-of-n kodiert, ergab sich ein Optimum für das Netz AP2 mit einer Fehlerfläche von 15,25 %. Shortcut-Connections, mit denen Linearitäten in Netzen mit versteckten Schichten abgebildet werden können, führten zu keiner Verbesserung der Netzleistung.

Für die Antragsprüfung wurden außerdem Netze entwickelt, die mit Antragsmerkmalen und mit mikrogeografischen Merkmalen trainiert wurden. Mit mikrogeografischen Merkmalen konnte die Klassifikationsleistung der Netze zur Antragsprüfung noch erhöht werden. Das beste Netz mit Antragsmerkmalen und mikrogeografischen Merkmalen war das Netz AP3 mit einer Fehlerfläche von 13,94 %. Durch die Hinzunahme von mikrogeografischen Merkmalen änderte sich auch leicht die Kombination der Antragsmerkmale in den besten Netzen. Auch bei dem Netz AP3 befanden sich acht Neuronen in der versteckten Schicht. Auch hier wurden keine Shortcut-Connections verwendet.

Das beste Netz auf der Grundlage von Antragsdaten und das beste Netz auf der Grundlage von Antragsdaten und mikrogeografischen Daten wurden anhand ihrer Fehlerflächen an der Validierungsstichprobe mit dem Antragsscoringsystem verglichen, das unser Projektpartner zuvor eingesetzt hatte. Das Antragsscoring wies eine Fehlerfläche von 34,36 % auf. Hier zeigte sich, daß die Klassifikationsleistung der beiden Netze deutlich besser war als die des Antragsscorings. Allerdings konnte nachgewiesen werden, daß Klassifikatoren zu schlecht beurteilt werden, wenn die Fehlerfläche an einem Datenbestand berechnet wird, der bereits durch das zu beurteilende System vorklassifiziert wurde. Um diesen Fehler beseitigen zu können, würde man auch die Antragsdaten der abgelehnten Kunden benötigen. Selbst wenn diese noch vorhanden wären, war indes nicht bekannt, ob die Kunden solvent geblieben oder später insolvent geworden sind. Allerdings konnte für den Vergleich der vorliegenden Untersuchung vermutet werden, daß die Diskrepanz zwischen der Fehlerfläche des Antragsscoringsystems, wenn sie an dem gesamten Antragsbestand berechnet worden wäre, und der Fehlerfläche an dem vorklassifizierten Kundenbestand nur gering ist. Denn Antragsteller, die mit dem Antragsscoring als insolvenzgefährdet beurteilt wurden, wurden noch genau geprüft. Nach dieser Prüfung wurde nur ein geringer Teil der Antragsteller tatsächlich abgelehnt. Daher und aufgrund der doch sehr deutlichen Differenz der Fehlerflächen des Antragsscorings und der Künstlichen Neuronalen Netze konnte unter bestimmten (realistischen) Annahmen ermittelt werden, daß die Fehlerflächen der Netze auch gemessen an einem Datenbestand einschließlich abgelehnter Antragsteller geringer wären als die Fehlerfläche des Antragsscorings.

Für die Künstliche Neuronale Netzanalyse zur Entwicklung eines Klassifikators für die Kartenüberwachung wurden zunächst nur Kennzahlen aus Transaktionsdaten verwendet. Der Kennzahlenkatalog mußte neu entwickelt werden, da bisher keine Veröffentlichungen über Kennzahlen aus Transaktionsdaten von Kreditkartenkunden vorlagen. Der Kennzahlenkatalog umfaßte 35 Grundkennzahlen, die indes noch über unterschiedliche Zeiträume berechnet werden konnten. In den vorliegenden Untersuchungen wurden die Kennzahlen höchstens über drei Rechnungsperioden gebildet, da viele später insolvente Kunden bereits nach vier Rechnungsperioden insolvent wurden. In die Startnetze der Analysen zur Entwicklung eines Überwachungsklassifikators wurden 71 Kennzahlen aufgenommen. Auch bei den Klassifikatoren zur Kartenüberwachung zeigte sich, daß die besten Ergebnisse mit acht Neuronen in der Zwischenschicht erzielt werden konnten. Das beste Netz war das Netz KÜ1 mit einer Fehlerfläche in t-3 von 16,29 %, in t-2 von 14,05 %, in t-1 von 10,10 % und gesamt über alle drei Perioden von 13,50 %. Daran ist zu erkennen, daß die Klassifikationsgüte mit zunehmender Nähe zum Insolvenzzeitpunkt steigt. Somit scheint sich eine Insolvenz eines Kreditkartenkunden in seinen Transaktionsdaten immer deutlicher zu zeigen, je näher er dem Insolvenzzeitpunkt kommt.

Weiterhin sollte untersucht werden, ob die Klassifikationsleistung eines Klassifikators zur Kartenüberwachung verbessert werden kann, wenn neben Kennzahlen aus Transaktionsdaten noch Antragsmerkmale aufgenommen werden. Dazu wurden folgende Versuche durchgeführt:

1) Hinzunahme der Antragsmerkmale in aggregierter Form als Urteil des Klassifikators zur Antragsprüfung AP2:

   a. vorgewichtetes AP2-Urteil,

   b. ungewichtetes AP2-Urteil,

2) Hinzunahme des ungewichteten AP2-Urteils und weiterer Umsatzkennzahlen,

3) Hinzunahme des ungewichteten AP2-Urteils, weiterer Umsatzkennzahlen und unaggregierter Antragsmerkmale.

Die Ergebnisse dieser Versuche sind in Tabelle 13 aufgeführt.

Versuch	Fehlerfläche in Prozent			
	gesamt	t-3	t-2	t-3
1)a.	11,11	12,94	11,71	8,54
1)b.	9,27	10,37	9,66	7,71
2)	9,16	10,77	9,43	7,22
3)	keine weitere Verbesserung			

Tab. 13: Ergebnisse der Entwicklung von Klassifikatoren aus Umsatzkennzahlen und Antragsdaten gemessen an der Validierungsstichprobe

Jedes Netz enthielt wieder acht Neuronen in der versteckten Schicht. Nur beim KÜ3 kamen Shortcut-Connections vor. Die Klassifikationsleistung des Klassifikators KÜ1 konnte mit dem Klassifikator KÜ4, der aus dem Versuch 2) entstand, am stärksten verbessert werden. Somit zeigte sich zum einen, daß die Klassifikationsleistung eines Überwachungsklassifikators gesteigert werden konnte, wenn Umsatzdaten und Antragsdaten verwendet werden. Zum anderen zeigte sich, daß der Antragsklassifikator AP2 die Antragsdaten bereits so gut aggregiert, daß das AP2-Urteil zusammen mit Umsatzkennzahlen zu besseren Ergebnissen führte, als einzelne Antragsmerkmale zusammen mit Umsatzkennzahlen.

Nach der Entwicklung der Klassifikatoren wurde gezeigt, wie die Ergebnisse der Klassifikatoren bei der Antragsprüfung und der Kartenüberwachung eingesetzt werden können. Die Kunden können anhand ihrer N-Werte in Bonitätsklassen eingeteilt werden, an die die weitere Bearbeitung und Behandlung der Kunden geknüpft werden kann. Für jede Bonitätsklasse können a-posteriori Wahrscheinlichkeiten berechnet werden, nach denen bei der Antragsprüfung Limite vergeben und bei der Kartenüberwachung eventuell zu ergreifende umsatzreduzierende Maßnahmen bestimmt werden können.

Abschließend wurde theoretisch erläutert, wie nach einer prozeßneutralen Entwicklung der Klassifikatoren deren Trennwerte in der Anwendungsphase nach dem Zielkriterium der Kostenminimierung bestimmt werden können. Dazu wurde sowohl für die Antragsprüfung als auch für die Kartenüberwachung jeweils ein möglicher Prozeß vorgeschlagen.

6 Anhang

61 Antragsformular für die Lufthansa AirPlus EUROCARD und VISA Karte

253

62   Verwendete Symbole für Ereignisgesteuerte Prozeßketten[560]

Symbol	Bezeichnung	Erläuterung
⬡	Ereignis	Eintreten eines Zustands, der Auslöser oder Folge einer Funktion sein kann
▢	Funktion	Vorgang, der zur Unterstützung bestimmter Ziele Ereignisse erzeugt oder verändert
◯ XOR	XOR-Konnektor	Exklusive Oder-Prozeßverzweigung
⋮↓	Kontrollfluß	Steuerung des zeitlich-sachlogischen Ablaufs von Funktionen durch Ereignisse

Tab. 14: Symbole für Ereignisgesteuerte Prozeßketten

---

[560] Vgl. BECKER, J./SCHÜTTE, R., Handelsinformationssysteme, S. 55-58, 87; SCHEER, A.-W., Wirtschaftsinformatik, S. 19, 49-52; SCHEER, A.-W., ARIS - Modellierungsmethoden, S. 22, 124-126; SCHEER, A.-W., ARIS - Vom Geschäftsprozeß zum Anwendungssystem, S. 18-20, 23.

Literaturverzeichnis

ADAM, DIETRICH, Planung und Entscheidung, 4. Aufl., Wiesbaden 1996 (Planung und Entscheidung).

ADAM, DIETRICH/HERING, THOMAS/WELKER, MICHAEL, Künstliche Intelligenz durch neuronale Netze (I), in: WISU 1995, S. 507-514 (Künstliche Intelligenz durch neuronale Netze (I)).

ALLMEIER, ROBERT, Electronic Cash. Geld ausgeben ohne Risiko, in: Computer Reseller News, Heft 3 1998, S. 24 (Geld ausgeben ohne Risiko).

ALTMAN, EDWARD I., Financial Ratios, Discriminant Analysis and the Prediction of Corporate Bankruptcy, in: The Journal of Finance 1968, S. 589-609 (Financial Ratios, Discriminant Analysis and the Prediction of Corporate Bankruptcy).

ALTMAN, EDWARD I./MARCO, GIANCARLO/VARETTO, FRANCO, Corporate distress diagnosis: Comparisons using linear discriminant analysis and neural networks (the Italian experience), in: Journal of Banking and Finance 1994, S. 505-529 (Corporate distress diagnosis: Comparisons using linear discriminant analysis and neural networks).

AMERICAN EXPRESS, Hintergrundinformation. Geschichte von American Express, Informationsblatt, hrsg. v. American Express Int., Inc., Frankfurt 1998 (Hintergrundinformation).

AMERICAN EXPRESS, Produktinformation Personal Card/Gold Card, Informationsblatt, hrsg. v. American Express Int., Inc., Frankfurt 1998 (Produktinformation Personal Card/Gold Card).

AMERICAN EXPRESS, Die American Express „blue card", http://www.americanexpress.de/forum/forum4.html, Stand 09.09.1998, (Die American Express „blue card").

ANDERS, ULRICH, Statistische Neuronale Netze, München 1997 (Statistische Neuronale Netze).

ANDERSON, JAMES A., An Introduction to Neural Networks, The MIT Press, Cambridge, Mass. 1995 (An Introduction to Neural Networks).

AUMÜLLER, JÜRGEN, Neue Finanz-Service-Konzeptionen am Beispiel der Kreditkarte, in: zfbf 1989, S. 48-60 (Neue Finanz-Service-Konzeptionen am Beispiel der Kreditkarte).

AUMÜLLER, JÜRGEN, Online-System bietet größte Sicherheit bei Kreditkarten, in: cards Karten cartes, Heft 2 1994, S. 25-27 (Online-System bietet größte Sicherheit bei Kreditkarten).

BACH, WULF, SCHUFA und Binnenmarkt, in: FLF 1993, S. 220-222 (SCHUFA und Binnenmarkt).

BACKHAUS, KLAUS/ERICHSON, BERND/PLINKE, WULFF/WEIBER, ROLF, Multivariate Analysemethoden, 8. Aufl., Berlin u. a. O. 1996 (Multivariate Analysemethoden).

BAETGE, JÖRG, Rating von Unternehmen anhand von Bilanzen, in: WPg 1994, S. 1-10 (Rating von Unternehmen anhand von Bilanzen).

BAETGE, JÖRG, Früherkennung von Kreditrisiken, in: Risikomanagement in Kreditinstituten. Beiträge zum Münsteraner Top-Management-Seminar, hrsg. v. Rolfes, Bernd/Schierenbeck, Henner/Schüller, Stephan, Frankfurt 1995, S. 191-221 (Früherkennung von Kreditrisiken).

BAETGE, JÖRG, Bilanzanalyse, Düsseldorf 1998 (Bilanzanalyse).

BAETGE, JÖRG, Stabilität eines Bilanzbonitätsindikators und seine Einsatzmöglichkeiten im Kreditgeschäft. 2. Teil: Zum praktischen Einsatz in der Bonitätsprüfung, in: Der Schweizer Treuhänder 1998, S. 751-758 (Stabilität eines Bilanzbonitätsindikators und seine Einsatzmöglichkeiten im Kreditgeschäft).

BAETGE, JÖRG/APELT, BERND, Allgemeine Grundsätze für die Aufstellung von Jahresabschlüssen, in: Betrieb und Wirtschaft 1991, S. 161-168 (Allgemeine Grundsätze für die Aufstellung von Jahresabschlüssen).

BAETGE, JÖRG/HÜLS, DAGMAR/UTHOFF, CARSTEN, Bilanzbonitätsanalyse mit Künstlichen Neuronalen Netzen, in: Gesellschaft zur Förderung der Westfälischen Wilhelms-Universität 1994/95, S. 22-26 (Bilanzbonitätsanalyse mit Künstlichen Neuronalen Netzen).

BAETGE, JÖRG/HÜLS, DAGMAR/UTHOFF, CARSTEN, Früherkennung der Unternehmenskrise, in: Forschungsjournal Westfälische Wilhelms-Universität Münster, Heft 2 1995, S. 21-29 (Früherkennung der Unternehmenskrise).

BAETGE, JÖRG/JERSCHENSKY, ANDREAS, Beurteilung der wirtschaftlichen Lage von Unternehmen mit Hilfe von modernen Verfahren der Jahresabschlußanalyse. Bilanzbonitäts-Rating von Unternehmen mit Künstlichen Neuronalen Netzen, in: DB 1996, S. 1581-1591 (Beurteilung der wirtschaftlichen Lage von Unternehmen mit Hilfe von modernen Verfahren der Jahresabschlußanalyse).

BAETGE, JÖRG/KÖSTER, HARALD, Grundzüge der Bilanzanalyse, in: Betrieb und Wirtschaft 1991, S. 389-396 (Grundzüge der Bilanzanalyse).

BAETGE, JÖRG/KRAUSE, CLEMENS, Kreditmanagement mit Neuronalen Netzen, in: Technologie-Management und Technologien für das Management, hrsg. v. Zahn, E., Stuttgart 1994, S. 383-409 (Kreditmanagement mit Neuronalen Netzen).

BAETGE, JÖRG/KRUSE, ARIANE/UTHOFF, CARSTEN, Bonitätsklassifikationen von Unternehmen mit Neuronalen Netzen, in: WI 1996, S. 273-281 (Bonitätsklassifikationen von Unternehmen mit Neuronalen Netzen).

BAETGE, JÖRG/SCHMEDT, ULRICH/HÜLS, DAGMAR/KRAUSE, CLEMENS/UTHOFF, CARSTEN, Bonitätsbeurteilung von Jahresabschlüssen nach neuem Recht (HGB 1985) mit Künstlichen Neuronalen Netzen auf der Basis von Clusteranalysen, in: DB 1994, S. 337-343 (Bonitätsbeurteilung von Jahresabschlüssen nach neuem Recht).

BAETGE, JÖRG/SIERINGHAUS, ISABEL, Bilanzbonitäts-Rating von Unternehmen, in: Handbuch Rating, hrsg. v. Büschgen, Hans E./Everling, Oliver, S. 221-249 (Bilanzbonitäts-Rating von Unternehmen).

BAETGE, JÖRG/THIELE, STEFAN, Bilanzanalyse, in: Handwörterbuch der Finanz- und Bankwirtschaft, hrsg. v. Gerke, Wolfgang/Steiner, Manfred, 2. Aufl., Stuttgart 1994, Sp. 251-262 (Bilanzanalyse).

BAETGE, JÖRG/UTHOFF, CARSTEN, Risikomanagement bei der Kreditvergabe an Firmenkunden, in: Bank Information und Genossenschaftsforum 1996, S. 56-59 (Risikomanagement bei der Kreditvergabe an Firmenkunden).

BAETGE, JÖRG/UTHOFF, CARSTEN, Sicheres Kreditgeschäft, in: Creditreform, Heft 3 1997, S. 10-14 (Sicheres Kreditgeschäft).

BAETGE, JÖRG/UTHOFF, CARSTEN, Development of a Credit-Standing-Indicator for Companies Based on Financial Statements and Business Information with Backpropagation-Networks, in: Risk Measurement, Econometrics an Neural Networks. Selected Articles of the 6th Econometric-Workshop in Karlsruhe, Germany, hrsg. v. Bol, Georg/Nakhaeizadeh, Gholamreza/Vollmer, Karl-Heinz, Heidelberg/New York 1998, S. 17-38 (Development of a Credit-Standing-Indicator for Companies).

BAMBERG, GÜNTER/COENENBERG, ADOLF GERHARD, Betriebswirtschafliche Entscheidungslehre, 9. Aufl., München 1996 (Betriebswirt-schafliche Entscheidungslehre).

BAUER, WOLFHARD/FÜSER, KARSTEN/SCHMIDTMEIER, SUSANNE, Von der neuronalen Kreditwürdigkeitsprüfung zur neuronalen Einzelwertberichtigung, in: WPg 1997, S. 281-287 (Von der neuronalen Kreditwürdigkeitsprüfung zur neuronalen Einzelwertberichtigung).

BECKER, JÖRG, Konstruktionsbegleitende Kalkulation mit Neuronalen Netzen innerhalb einer integrierten Informationssystemarchitektur, in: Rechnungswesen und EDV. 15. Saarbrücker Arbeitstagung 1994. Innovatives Controlling - Der Weg zum Turnaround, hrsg. v. Scheer, August-Wilhelm, Heidelberg 1994, S. 157-167 (Konstruktionsbeglei-tende Kalkulation mit Neuronalen Netzen).

BECKER, JÖRG/PRISCHMANN, MARTIN, Konnektionistische Modelle. Grundlagen und Konzepte, Arbeitsbericht Nr. 5 des Instituts für Wirtschaftsinformatik, Münster 1991 (Konnektionistische Modelle).

BECKER, JÖRG/PRISCHMANN, MARTIN, Anwendungen konnektionistischer Systeme, Arbeitsbericht Nr. 9 des Instituts für Wirtschaftsinformatik, Münster 1992 (Anwendungen konnektionistischer Systeme).

BECKER, JÖRG/PRISCHMANN, MARTIN, VESKONN. Prototypische Umsetzung eines modularen Konzepts zur Konstruktionsunterstützung mit konnektionistischen Methoden, Arbeitsbericht Nr. 21 des Instituts für Wirtschaftsinformatik, Münster 1993 (VESKONN).

BECKER, JÖRG/SCHÜTTE, REINHARD, Handelsinformationssysteme, Landsberg am Lech 1996 (Handelsinformationssysteme).

BEERMANN, KLAUS, Prognosemöglichkeiten von Kapitalverlusten mit Hilfe von Jahresabschlüssen, Schriftenreihe des Instituts für Revisionswesen der Westfälischen Wilhelms-Universität Münster, hrsg. v. Leffson, Ulrich, Bd. 11, Düsseldorf 1976 (Prognosemöglichkeiten von Kapitalverlusten mit Hilfe von Jahresabschlüssen).

BERNDT, HOLGER, Elektronisches Geld - Geld der Zukunft?, in: Sparkasse 1995, S. 369-372 (Elektronisches Geld - Geld der Zukunft?).

BERNSAU, GEORG, Der Scheck- oder Kreditkartenmißbrauch durch den berechtigten Karteninhaber, Göttingen 1990 (Der Scheck- oder Kreditkartenmißbrauch durch den berechtigten Karteninhaber).

BISCHOFF, RAINER/BLEILE, CLEMENS/GRAALFS, JÜRGEN, Der Einsatz Neuronaler Netze zur betriebswirtschaftlichen Kennzahlenanalyse, in: WI 1991, S. 375-385 (Der Einsatz Neuronaler Netze zur betriebswirtschaftlichen Kennzahlenanalyse).

BLEYMÜLLER, JOSEF/GEHLERT, GÜNTHER/GÜLICHER, HERBERT, Statistik für Wirtschaftswissenschaftler, 11. Aufl., München 1998 (Statistik für Wirtschaftswissenschaftler).

BLOHM, HANS/LÜDER, KLAUS, Investition, 8. Aufl., München 1995 (Investition).

BÖNKHOFF, FRANZ JOSEF, Die Kreditwürdigkeitsprüfung, zugleich ein Beitrag zur Prüfung von Plänen und Prognosen, Schriftenreihe des Instituts für Revisionswesen der Westfälischen Wilhelms-Universität Münster, hrsg. v. Leffson, Ulrich, Düsseldorf 1983 (Die Kreditwürdigkeitsprüfung).

BÖSEL, FRIEDRICH, Zahlungsinstrumente der privaten Kunden heute und morgen, in: geldinstitute, Heft 4 1985 (Zahlungsinstrumente der privaten Kunden heute und morgen).

BRAATZ, FRANK, Scoring zum Anfassen, in: à la card, Heft 2 1992, S. 6-7 (Scoring zum Anfassen).

BRAUNSFELD, FRANK/RICHTER, ULRICH, Bonitätsbeurteilung mittels DV-gestützter Verfahren, in: CR 1996, S. 775-779 (Bonitätsbeurteilung mittels DV-gestützter Verfahren).

BRAUSE, RÜDIGER, Neuronale Netze. Eine Einführung in die Neuroinformatik, Stuttgart 1991 (Neuronale Netze).

BRETZGER, THOMAS Michael, Die Anwendung statistischer Verfahren zur Risikofrüherkennung bei Dispositionskrediten, Studienreihe der Stiftung Kreditwirtschaft an der Universität Hohenheim, Bd. 9, Hohenheim 1991 (Die Anwendung statistischer Verfahren zur Risikofrüherkennung bei Dispositionskrediten).

BUCHAL, DETLEV, Kreditkartenboom in Deutschland - eine wahre Geschichte, in: Karten, Heft 1 1990, S. 5-8 (Kreditkartenboom in Deutschland - eine wahre Geschichte).

BUCHAL, DETLEV, Wettbewerb und Preispolitik im Kartengeschäft, in: Karten, Heft 2 1991, S. 4-8 (Wettbewerb und Preispolitik im Kartengeschäft).

BUCHAL, DETLEV, Die GZS - Marktführer im Kreditkarten-Processing, in: Sparkasse 1993, S. 317-320 (Die GZS - Marktführer im Kreditkarten-Processing).

BUCHAL, DETLEV, Die Entwicklung im Firmenkundengeschäft der Kreditkartengesellschaften, in: Karten, Heft 1 1993, S. 21-25 (Die Entwicklung im Firmenkundengeschäft der Kreditkartengesellschaften).

BUCHNER, ROBERT, Finanzwirtschaftliche Statistik und Kennzahlenrechnung, München 1985 (Finanzwirtschaftliche Statistik und Kennzahlenrechnung).

BURGMAIER, STEFANIE, Unendliche Geschichte, in: WirtschaftsWoche, Nr. 39 1995, S. 174-176 (Unendliche Geschichte).

BURGMAIER, STEFANIE/GUTOWSKI, KATJA, Kartenmißbrauch. Wie ein Scheunentor, in: WirtschaftsWoche, Nr. 50 1997, S. 222-224 (Wie ein Scheunentor).

BÜSCHGEN, HANS E., Bankbetriebslehre. Bankgeschäfte und Bankmanagement, 5. Aufl., Wiesbaden 1998 (Bankbetriebslehre).

COBB, ANNE L., 25 Jahre Eurocard, in: Sparkasse 1989, S. 163-164 (25 Jahre Eurocard).

CORSTEN, HANS/MAY, CONSTANTIN, Anwendungsfelder Neuronaler Netze und ihre Umsetzung, in: Neuronale Netze in der Betriebswirtschaft, hrsg. v. Corsten, Hans/May, Constantin, Wiesbaden 1996, S. 1-13 (Neuronale Netze in der Betriebswirtschaft).

CREDITREFORM, Unternehmensentwicklung. Insolvenzen, Neugründungen und Löschungen. Jahr 1997. Eine Untersuchung der Creditreform Wirtschafts- und Konjunkturforschung, hrsg. v. Verband der Vereine Creditreform e. V., Neuss 1997 (Unternehmensentwicklung).

CRUSE, CARSTEN/LEPPELMANN, STEFAN, Neuronale Netze. Konzept, Funktionsweise und Anwendungsmöglichkeiten in der Praxis, in: FB/IE 1995, S. 168-172 (Neuronale Netze).

CZAP, HANS, Clusterbildung, Generalisierung und Abbildungsgüte Neuronaler Feedforward Netze, in: ZfB 1996, S. 1245-1261 (Clusterbildung, Generalisierung und Abbildungsgüte Neuronaler Feedforward Netze).

DAVIS, CHRISTOPHER H., Barclays als Kartenemittent in Deutschland - eine Zwischenbilanz, in: Karten 1992, S. 24-25 (Barclays als Karten-emittent in Deutschland).

DAVIS, CHRISTOPHER H., Barclays in Deutschland: noch in der „Investitionsphase", in: cards Karten cartes, Heft 4 1994, S. 38-39 (Barclays in Deutschland: noch in der „Investitionsphase").

DEIDER, GEREON, Mißbrauch von Scheckkarte und Kreditkarte durch den berechtigten Karteninhaber, Berlin 1989 (Mißbrauch von Scheckkarte und Kreditkarte durch den berechtigten Karteninhaber).

DIETZ, JÜRGEN/FÜSER, KARSTEN/SCHMIDTMEIER, SUSANNE, Kreditwürdigkeitsprüfung durch Neuronale Netzwerke, in: Sparkasse 1996, S. 523-527 (Kreditwürdigkeitsprüfung durch Neuronale Netzwerke).

DIETZ, JÜRGEN/FÜSER, KARSTEN/SCHMIDTMEIER, SUSANNE, Neuronale Netze - Quo Vadis?, in: DB 1996, S. 1296-1299 (Neuronale Netze - Quo Vadis?).

DIETZ, JÜRGEN/FÜSER, KARSTEN/SCHMIDTMEIER, SUSANNE, Neuronale Kreditwürdigkeitsprüfung im Konsumentenkreditgeschäft, in: DBW 1997, S. 475-489 (Neuronale Kreditwürdigkeitsprüfung im Konsumentenkreditgeschäft).

DINERS CLUB INTERNATIONAL, Leistungen und Service, Produktbroschüre, hrsg. v. Diners Club Deutschland GmbH, Nordhorn 1998 (Leistungen und Service).

DINKELBACH, WERNER, Entscheidungsmodelle, Berlin/New York 1982 (Entscheidungsmodelle).

DISMAN, STEVEN H., Vorteile des Kundenscoring im Kreditentscheidungsprozeß, in: FLF 1991, S. 151-155 (Vorteile des Kundenscoring im Kreditentscheidungsprozeß).

DORFFNER, GEORG, Konnektionismus. Von neuronalen Netzwerken zu einer „natürlichen" KI, Stuttgart 1991 (Konnektionismus).

DORNER, HERBERT, Elektronisches Zahlen, Frankfurt 1992.

DÜNISCH, ARMIN/WACKER, LUDWIG, Zu Schecks und Bargeld sinnvolle Ergänzung, in: B.Bl. 1993, S. 167-169 (Zu Schecks und Bargeld sinnvolle Ergänzung).

ENACHE, DANIEL, Künstliche Neuronale Netze zur Kreditwürdigkeitsüberprüfung von Konsumentenkrediten, Lohmar/Köln 1998 (Künstliche Neuronale Netze zur Kreditwürdigkeitsüberprüfung von Konsumentenkrediten).

ENDRUWEIT, MARLENE/WOLFF, VOLKER, Mercedes mit neuer Kreditkarte, in: Capital, Heft 8 1989, S. 21-22 (Mercedes mit neuer Kreditkarte).

ERXLEBEN, K./BAETGE, J./FEIDICKER, M./KOCH, H./KRAUSE, C./MERTENS, P., Klassifikation von Unternehmen. Ein Vergleich von Neuronalen Netzen und Diskriminanzanalyse, in: ZfB 1992, S. 1237-1262 (Klassifikation von Unternehmen).

ESSER, ROLF P., „Plastikgeld" steht hoch im Kurs, in: Banking & Finance 1993, S. 32-34 („Plastikgeld" steht hoch im Kurs).

ETZKORN, JÖRG, Rechtsfragen bei Zahlung mit Kreditkarte, in: Die Bank 1993, S. 28-33 (Rechtsfragen bei Zahlung mit Kreditkarte).

EUROCARD/MasterCard, Das Lizenzmanagement, http://www.euro-card.de/ek/dasu/lizenz.html, Stand 11.02.1999 (Das Lizenzmanagement).

EUROCARD/MASTERCARD, Entwicklung des Kreditkartenmarktes in Deutschland, http://www.eurocard.de/jo/date/krd_b.html, Stand 11.02.1999 (Entwicklung des Kreditkartenmarktes in Deutschland).

EUROCARD/MasterCard, EUROCARD/MasterCard - Deutschlands meiste Kreditkarte, http://www.eurocard.de/ek/prod/ecard.html, Stand 11.02.1999 (EUROCARD/MasterCard - Deutschlands meiste Kreditkarte).

EUROCARD/MASTERCARD, Kreditkartenmarkt weltweit, http://www.eurocard.de/jo/date/krww_b.html, Stand 11.02.1999 (Kreditkartenmarkt weltweit).

EURO KARTENSYSTEME, Geschäftsbericht 1997, hrsg. v. EURO Kartensysteme EUROCARD und eurocheque GmbH, Frankfurt 1998 (Geschäftsbericht 1997).

FEIDICKER, MARKUS, Kreditwürdigkeitsprüfung. Entwicklung eines Bonitätsindikators dagestellt am Beispiel von Kreditversicherungsunternehmen, Schriften des Instituts für Revisionswesen der Westfälischen Wilhelms-Universität Münster, hrsg. v. Baetge, Jörg, Düsseldorf 1992 (Kreditwürdigkeitsprüfung).

FEULNER, WALDEMAR, Moderne Verfahren bei der Kreditwürdigkeitsprüfung im Konsumentenkreditgeschäft, Frankfurt 1980 (Moderne Verfahren bei der Kreditwürdigkeitsprüfung im Konsumentenkreditgeschäft).

FLÖGE, WOLF-DIETER, Zur Kriminalisierung von Mißbräuchen im Scheck- und Kreditkartenverfahren nach § 266 b StGB, München 1989 (Zur Kriminalisierung von Mißbräuchen im Scheck- und Kreditkartenverfahren).

FREEMAN, JAMES A./SKAPURA, DAVID M., Neural Networks. Algorithms, Applications, and Programming Techniques, Reading, Mass. u. a. O., korrigierter Nachdruck 1992 (Neural Networks).

FÜSER, KARSTEN, Neuronale Netze in der Finanzwirtschaft, Wiesbaden 1995 (Neuronale Netze in der Finanzwirtschaft).

FÜSER, KARSTEN/SCHMIDTMEIER, SUSANNE/DIETZ, JÜRGEN, Kreditwürdigkeitsprüfung durch Neuronale Netzwerke, in: FLF 1996, S. 177-183 (Kreditwürdigkeitsprüfung durch Neuronale Netzwerke).

GEBHARDT, GÜNTHER, Insolvenzprognosen aus aktienrechtlichen Jahresabschlüssen, Wiesbaden 1980 (Insolvenzprognosen).

GEMÜNDEN, HANS GEORG, Defizite der empirischen Insolvenzforschung, in: Krisendiagnose durch Bilanzanalyse, hrsg. v. Hauschildt, Jürgen, Köln 1988, S. 135-152 (Defizite der empirischen Insolvenzforschung).

GERKE, WOLFGANG/OEHLER, ANDREAS, Nutzen des Point of Sale-Banking für den Handel, in: Marketing, S. 157-166 (Nutzen des Point of Sale-Banking für den Handel).

GZS GESELLSCHAFT FÜR ZAHLUNGSSYSTEME, Geschäftsbericht 1997, hrsg. v. GZS Gesellschaft für Zahlungssysteme mbH, Frankfurt 1998 (Geschäftsbericht 1997).

GZS GESELLSCHAFT FÜR ZAHLUNGSSYSTEME, Profil. Kurzübersicht, hrsg. v. GZS Gesellschaft für Zahlungssysteme mbH, Frankfurt 1998 (Profil).

GOEDE, KARL/WEINRICH, GÜNTER, Bessere Kreditentscheidung durch neuronale Netze?, in: Die Bank 1996, S. 420-423 (Bessere Kreditentscheidung durch neuronale Netze?).

GUIVER, JOHN P./KLIMASAUSKAS, CASIMIR C., Applying Neural Networks, Part IV: Improving Performance, in: AI Review, Heft 4 1991, S. 34-40 (Improving Performance).

HACKL, PETER/KARL, EGINHARD W., Kreditüberwachung auf Basis der Kontodatenanalyse, in: ÖBA 1995, S. 649-659 (Kreditüberwachung auf Basis der Kontodatenanalyse).

HÄDE, ULRICH, Die Zahlung mit Kredit- und Scheckkarten, in: ZBB 1994, S. 33-44 (Die Zahlung mit Kredit- und Scheckkarten).

HAGENMÜLLER, KARL FRIEDRICH, Kreditwürdigkeitsprüfung, in: Handwörterbuch der Finanzwirtschaft, hrsg. v. Büschgen, Hans E., Stuttgart 1976, S. 1223-1234 (Kreditwürdigkeitsprüfung).

HAMM, MARGARETHA, Einfach froh, in: WirtschaftsWoche, Nr. 24 1994, S. 126-132 (Einfach froh).

HAMMANN, HARALD, Die Universalkreditkarte, Berlin 1991 (Die Universalkreditkarte).

HAMMANN, HARALD/STOLTENBERG, ULRICH, Sind Kreditkartengeschäfte Bankgeschäfte? I, in: ZfgK 1989, S. 617-620 (Sind Kreditkartengeschäfte Bankgeschäfte? I).

HAMMANN, HARALD/STOLTENBERG, ULRICH, Sind Kreditkartengeschäfte Bankgeschäfte? II, in: ZfgK 1989, S. 664-669 (Sind Kreditkartengeschäfte Bankgeschäfte? II).

HARTMANN, BERNHARD, Kreditprüfung und Kreditüberwachung, Stuttgart 1965 (Kreditprüfung und Kreditüberwachung).

HARTMANN-WENDELS, THOMAS/PFINGSTEN, ANDREAS/WEBER, MARTIN, Bankbetriebslehre, Berlin u. a. O. 1998 (Bankbetriebslehre).

HARTUNG, JOACHIM, Statistik. Lehr- und Handbuch der angewandten Statistik, 11. Aufl., München/Wien 1998 (Statistik).

HASSOUN, MOHAMAD H., Fundamentals of Artificial Neural Networks, Cambridge, Mass. 1995 (Fundamentals of Artificial Neural Networks).

HAUSCHILDT, JÜRGEN, Vorgehensweise und Ergebnisse der statistischen Insolvenzdiagnose, in: Krisendiagnose durch Bilanzanalyse, hrsg. v. Hauschildt, Jürgen, Köln 1988, S. 115-134 (Vorgehensweise und Ergebnisse der statistischen Insolvenzdiagnose).

HAUSCHILDT, JÜRGEN, Erfolgs-, Finanz- und Bilanzanalyse. Analyse der Vermögens-, Finanz- und Ertragslage von Kapital- und Personengesellschaften, 3. Aufl., Köln 1996 (Erfolgs-, Finanz- und Bilanzanalyse).

HÄUßLER, WALTER M., Punktebewertungen bei Kreditscoringsystemen. Über Verfahren der Punktebewertung und Diskrimination mit Anwendung auf Kreditscoringsysteme, Frankfurt 1981 (Punktebewertungen bei Kreditscoringsystemen).

HECHT-NIELSEN, ROBERT, Neurocomputing, Reading, Mass. u. a. O. 1990 (Neurocomputing).

HENDRIKS, Martin, Die SCHUFA - Aufgaben und Wirken, in: ZHR 1985, S. 199-205 (Die SCHUFA - Aufgaben und Wirken).

HENDRIKX, JAN A. M., Grundlageninformationen zum Banking mit Zahlungskarten, in: bank und markt, Heft 12 1990 (Grundlageninforma-tionen zum Banking mit Zahlungskarten).

HENDRIKX, JAN, Debit- und Kreditkarte: Funktionen neu abgrenzen, in: cards Karten cartes, Heft 4 1997, S. 11-14 (Debit- und Kreditkarte: Funktionen neu abgrenzen).

HEPP, HANNS-MICHAEL, Spitzentechnik gegen Kartenkriminalität, in: cards Karten cartes, Heft 2 1994, S. 21-24 (Spitzentechnik gegen Kartenkriminalität).

HEPP, HANNS-MICHAEL, Prävention gegen Scheck- und Kreditkartenmißbrauch, in: Bankinformation und Genossenschaftsforum, Heft 4 1996, S. 4-8 (Prävention gegen Scheck- und Kreditkartenmißbrauch).

HIELSCHER, UDO, Instrumente der Kreditwürdigkeitsprüfung, in: WiSt 1979, S. 308-315 (Instrumente der Kreditwürdigkeitsprüfung).

HINTON, GEOFFREY E., Wie neuronale Netze aus Erfahrung lernen, in: Spektrum der Wissenschaft, Nr. 11 1992, S. 134-143 (Wie neuronale Netze aus Erfahrung lernen).

HOFFMANN, MARCEL A., Europäisches POS-System mit weltweiter Option, in: Die Bank 1992, S. 599-602 (Europäisches POS-System mit weltweiter Option).

HOFMANN, HANS-JOACHIM, Die Anwendung des CART-Verfahrens zur statistischen Bonitätsanalyse von Konsumentenkrediten, in: ZfB 1990, S. 941-962 (Die Anwendung des CART-Verfahrens zur statistischen Bonitätsanalyse von Konsumentenkrediten).

HORNIK, KURT, Approximation Capabilities of Multilayer Feedforward Networks, in: Neural Networks, Vol. 4, 1991, S. 251-257 (Approximation Capabilities of Multilayer Feedforward Networks).

HORNIK, KURT, Neuronale Netze in der Finanzwirtschaft und Finanzstatistik, in: Allgemeines Statistisches Archiv 1997, S. 102-111 (Neuronale Netze in der Finanzwirtschaft und Finanzstatistik).

HORNIK, KURT/STINCHCOMBE, MAXWELL/WHITE, HALBERT, Multilayer Feedforward Networks are Universal Approximators, in: Neural Networks, Vol. 2, 1989, S. 359-366 (Multilayer Feedforward Networks are Universal Approximators).

HÜLS, DAGMAR, Früherkennung insolvenzgefährdeter Unternehmen, Schriften des Instituts für Revisionswesen der Westfälischen Wilhelms-Universität Münster, hrsg. v. Baetge, Jörg, Düsseldorf 1995 (Früherkennung insolvenzgefährdeter Unternehmen).

HUMPERT, ALFONS, Nationaler Zahlungsverkehr, in: Obst/Hintner, Geld-, Bank- und Börsenwesen. Ein Handbuch, hrsg. v. Kloten, Norbert/von Stein, Johann Heinrich, 39. Aufl., Stuttgart 1993, S. 604-639 (Nationaler Zahlungsverkehr).

IMHOF, ECKARD PAUL, Kreditkartenwirrwarr in Amerika, in: ZfgK1980, S. 336-338 (Kreditkartenwirrwarr in Amerika).

INGERLING, RICHARD., Das Credit-Scoring-System im Konsumentenkreditgeschäft. Konzeption und Wirkung eines Rationalisierungsmittels in der Kreditwürdigkeitsprüfung, Grundlagen und Praxis des Bank- und Börsenwesens, Bd. 12, Berlin 1980 (Das Credit-Scoring-System im Konsumentenkreditgeschäft).

JACOBS, ROBERT A., Increased Rates of Convergence Through Learning Rate Adaption, in: Neural Networks, Vol. 1, 1988, S. 295-307 (Increased Rates of Convergence Through Learning Rate Adaption).

JAFAR-SHAGHAGHI, FARIBA, Maschinelles Lernen, Neuronale Netze und Statistische Lernverfahren zur Klassifikation und Prognose. Theoretische Analyse und ökonomische Anwendung, Aachen 1996 (Maschinelles Lernen, Neuronale Netze und Statistische Lernverfahren zur Klassifikation und Prognose).

JERSCHENSKY, ANDREAS, Messung des Bonitätsrisikos von Unternehmen. Krisendiagnose mit Künstlichen Neuronalen Netzen, Schriften des Instituts für Revisionswesen der Westfälischen Wilhelms-Universität Münster, hrsg. v. Baetge, Jörg, Düsseldorf 1998 (Messung des Bonitätsrisikos von Unternehmen).

JOBST, PETER, Die Preise purzeln, in: WirtschaftsWoche, Nr. 46 1988, S. 132-136 (Die Preise purzeln).

JOHANNSEN, WOLFGANG/BLAKOWSKI, GEROLD, Die virtuelle Bank im Electronic Commerce - Funktion, Information, Transaktion, in: Rechnungswesen und EDV. Kundenorientierung in Industrie, Dienstleistung und Verwaltung. 17. Saarbrücker Arbeitstagung 1996, hrsg. v. Scheer, August-Wilhelm, Heidelberg 1996 (Die virtuelle Bank im Electronic Commerce - Funktion, Information, Transaktion).

JUDT, EWALD, Der US-Kreditkartenmarkt im Überblick, in: bank und markt, Heft 8 1985, S. 11-14 (Der US-Kreditkartenmarkt im Überblick).

JUDT, EWALD, Kreditkarten - weltweites Zahlungsmittel, in: WiSt 1985, S. 39-42 (Kreditkarten - weltweites Zahlungsmittel).

JUDT, EWALD, Karten als Bankgeschäft - von den Anfängen zum Standard, in: bank und markt, Heft 1 1990, S. 54-56 (Karten als Bankgeschäft - von den Anfängen zum Standard).

JUDT, EWALD, Marketing im Zahlungsverkehr - am Beispiel Kreditkarte, in: ÖBA 1991, S. 34-38 (Marketing im Zahlungsverkehr - am Beispiel Kreditkarte).

JUDT, EWALD, Eurocard/Mastercard: Fakten und Daten, in: ÖBA 1992, S. 651-653 (Eurocard/Mastercard: Fakten und Daten).

JUDT, EWALD, Zahlungskarten mit Chip in Österreich, in: ÖBA 1995, S. 862-867 (Zahlungskarten mit Chip in Österreich).

JUDT, EWALD/BÖDENAUER, WALTER, Kreditkarten-Risikopolitik aus der Sicht eines Emittenten, in: ÖBA 1993, S. 947-951 (Kreditkarten-Risikopolitik aus der Sicht eines Emittenten).

JUDT, E./KONRATH, W., Automatisierte Kreditkarten-Autorisierung am Point-of-Sale, in: ÖBA 1986, S. 346-349 (Automatisierte Kreditkarten-Autorisierung am Point-of-Sale).

JUDT, EWALD/KSCHWENDT-MICHEL, ALFRED, Kreditkarten-Autorisierung am Beispiel Eurocard, in: ÖBA 1983, S. 233-238 (Kreditkarten- Autorisierung am Beispiel Eurocard).

JUDT, EWALD/KSCHWENDT-MICHEL, ALFRED, Kreditkarten-Operations am Beispiel Eurocard, in: ÖBA 1983, S. 287-295 (Kreditkarten-Operations am Beispiel Eurocard).

JUDT, EWALD/KSCHWENDT-MICHEL, ALFRED, Kreditkarten-Marketing am Beispiel Eurocard, in: ÖBA 1983, S. 380-391 (Kreditkarten-Marketing am Beispiel Eurocard).

JUNG, ANDREAS, Kreditkarten: Newcomer in Sicht, in: Capital, Heft 8 1991, S. 163-165 (Kreditkarten: Newcomer in Sicht).

JUNKER, CAROLIN, Rechtsbeziehungen im Kreditkartengeschäft, in: DStR 1994, S. 1461-1466 (Rechtsbeziehungen im Kreditkartengeschäft).

KAHLEN, RUDOLF, Kreditkarten für jeden Geschmack, in: Capital, Heft 8 1993, S. 110-113 (Kreditkarten für jeden Geschmack).

KAHN, PAUL G., The Story of AT & T Universal Card, in: Karten, Heft 4 1991, S. 17-19 (The Story of AT & T Universal Card).

KASABOV, NIKOLA. K., Foundations of Neural Networks, Fuzzy Systems, and Knowledge Engineering, The MIT Press, Cambridge, Mass. 1996 (Foundations of Neural Networks, Fuzzy Systems, and Knowledge Engineering).

KERLING, MATTHIAS/PODDIG, THORSTEN, Klassifikation von Unternehmen mittels KNN, in: Neuronale Netze in der Ökonomie, hrsg. v. Rehkugler, Heinz/ Zimmermann, Hans Georg, München 1994, S. 427-490 (Klassifikation von Unternehmen mittels KNN).

KEYSBERG, GERHARD, Die Anwendung der Diskriminanzanalyse zur statistischen Kreditwürdigkeitsprüfung im Konsumentenkreditgeschäft, Köln 1989 (Die Anwendung der Diskriminanzanalyse).

KIRSCHNER, MANFRED/VON STEIN, JOHANN HEINRICH, Bestimmungsfaktoren der Kreditgewährung, in: Obst/Hintner, Geld-, Bank- und Börsenwesen. Ein Handbuch, hrsg. v. Kloten, Norbert/von Stein, Johann Heinrich, 39. Aufl., Stuttgart 1993, S. 360-413 (Bestimmungsfaktoren der Kreditgewährung).

KLIMASAUSKAS, CASIMIR C., Applying Neural Networks. Part I: An Overview of the Series, in: AI Review, Heft 1 1991, S. 30-33 (An Overview of the Series).

KLIMASAUSKAS, CASIMIR C., Applying Neural Networks. Part III: Training a Neural Network, in: AI Review, Heft 3 1991, S. 20-24 (Training a Neural Network).

KÖPF, GEORG/LINGENFELDER, MICHAEL, Schufa-Klausel, in: WiSt 1986, S. 361 (Schufa-Klausel).

KOWALSKY, MARC, Zur Verbreitung von Kundenkarten des Einzelhandels, in cards Karten cartes, Heft 2 1996, S. 30-34 (Zur Verbreitung von Kundenkarten des Einzelhandels).

KRALICEK, PETER, Kennzahlen für Geschäftsführer, 3. Aufl., Wien 1995 (Kennzahlen für Geschäftsführer).

KRATZER, KLAUS PETER, Neuronale Netze. Grundlagen und Anwendungen, 2. Aufl., München/Wien 1993 (Neuronale Netze).

KRAUSE, CLEMENS, Kreditwürdigkeitsprüfung mit Neuronalen Netzen, Schriften des Instituts für Revisionswesen der Westfälischen Wilhelms-Universität Münster, hrsg. v. Baetge, Jörg, Düsseldorf 1993 (Kreditwürdigkeitsprüfung mit Neuronalen Netzen).

KRÜGER, MANFRED, Zukunft der Kreditkartensysteme. Eine Auswertung der Battelle-Studie, in: Sparkasse 1993, S. 12-18 (Zukunft der Kreditkartensysteme).

KRUSCHWITZ, LUTZ, Investitionsrechnung, 7. Aufl., München/Wien 1998 (Investitionsrechnung).

KSCHWENDT-MICHEL, ALFRED, Eurocard - ein weltweites Zahlungsmittel, in: Der Markt, Heft 89 1984, S. 28-31 (Eurocard - ein weltweites Zahlungsmittel).

KÜTING, KARLHEINZ/WEBER, CLAUS-PETER, Die Bilanzanalyse, 4. Aufl., Stuttgart 1999 (Die Bilanzanalyse).

LACHENBRUCH, PETER A./SNEERINGER, CHERYL/REVO, LAWRENCE T., Robustness of the Linear and Quadratic Discriminant Function to Certain Types of Non-Normality, in: Communications in Statistics 1973, S. 39-56 (Robustness of the Linear and Quadratic Discriminant Function).

LEKER, JENS, Fraktionierende Frühdiagnose von Unternehmenskrisen. Bilanzanalysen in unterschiedlichen Krisenstadien, Schriften zur Rechnungslegung, Wirtschaftsprüfung und Unternehmensberatung, Bd. 2, Köln 1993 (Fraktionierende Frühdiagnose von Unternehmenskrisen).

LEKER, JENS, Beurteilung von Ausfallrisiken im Firmenkundengeschäft. Leistungsfähigkeit und Defizite der aktuell diskutierten Verfahren, in: ÖBA 1994, S. 599-609 (Beurteilung von Ausfallrisiken im Firmenkundengeschäft).

LEKER, JENS, Fraktionierende Frühdiagnose von Unternehmenskrisen anhand von Jahresabschlüssen, in: ZfbF 1994, S. 732-750 (Fraktionierende Frühdiagnose von Unternehmenskrisen anhand von Jahresabschlüssen).

LINGENFELDER, MICHAEL, Einkaufen ohne Geld, in: WiSt 1988, S. 361-362 (Einkaufen ohne Geld).

LITTMANN, ANNETTE, Kreditkarten: Der Handel will Gebühren erheben. Poker mit Plastik, in: WirtschaftsWoche, Nr. 22 1991, S. 115-121 (Poker mit Plastik).

LOCKHART, EUGENE, Mastercard and the European Banks, in: cards Karten cartes, Heft 1 1996, S. 12-20 (Mastercard and the European Banks).

LOHRBACH, THOMAS, Einsatz von Künstlichen Neuronalen Netzen für ausgewählte betriebswirtschaftliche Aufgabenstellungen und Vergleich mit konventionellen Lösungsverfahren, Göttingen 1994 (Einsatz von Künstlichen Neuronalen Netzen für ausgewählte betriebswirtschaftliche Aufgabenstellungen).

LUFTHANSA AIRPLUS, Mit diesen Karten geben wir Ihnen das Beste, Produktbroschüre, hrsg. v. Lufthansa AirPlus Servicekarten GmbH, Neu-Isenburg 1997 (Mit diesen Karten geben wir Ihnen das Beste).

LUFTHANSA AIRPLUS, Geschäftsbericht 1997, hrsg. v. Lufthansa AirPlus Servicekarten GmbH, Neu-Isenburg 1997 (Geschäftsbericht 1997).

LUFTHANSA AIRPLUS, Ihr Service-Guide, Produktbroschüre, hrsg. v. Lufthansa AirPlus Servicekarten GmbH, Neu-Isenburg 1998 (Ihr Service-Guide).

LUFTHANSA AIRPLUS, Pressereport. Fakten & Zahlen 1990-97, http://www.airplus.de/news/pr/show_report.phtml?2000000003, Stand 11.02.1999 (Pressereport).

MANDELL, LEWIS, The Credit Card Industry. A History, Boston, Mass. 1990 (The Credit Card Industry).

MARKUS, MARTINA, Von der Rabatt- zur Kreditkarte, in: Dynamik im Handel, Heft 6 1997, S. 34-38 (Von der Rabatt- zur Kreditkarte).

MARTIN, LEE E./KÜPFER, RENÉ M., Künstliche Intelligenz: High-Tech Waffe gegen Kreditkartenbetrug, in: Banking & Finance, Heft 8 1993, S. 18-20 (Künstliche Intelligenz: High-Tech Waffe gegen Kreditkartenbetrug).

MASSFELLER, NORBERT M., Volkswagen/Audi Card: zwei Kreditkarten in einem System, in: cards Karten cartes, Heft 1 1995, S. 11-12 (Volkswagen/Audi Card: zwei Kreditkarten in einem System).

MERKLE, ERICH, Betriebswirtschaftliche Formeln und Kennzahlen und deren betriebswirtschaftliche Relevanz, in: WiSt 1982, S. 325-330 (Betriebswirtschaftliche Formeln und Kennzahlen).

METZLER, PETER, Cobranding mit einem dualen Konzept, in: cards Karten cartes, Heft 3 1996, S. 34-35 (Cobranding mit einem dualen Konzept).

MICROM, Unser Angebot im Überblick. Daten/ Software/ Support/ Consult, Produktprospekt, hrsg. v. microm Micromarketing-Systeme und Consult GmbH, Düsseldorf 1998 (Unser Angebot im Überblick).

MICROM, MOSAIC - Eine Einführung, Produktprospekt, hrsg. v. microm Micromarketing-Systeme und Consult GmbH, Düsseldorf 1998 (MOSAIC - Eine Einführung).

MORGAN, DONALD P./TOLL, IAN, Bad Debt Rising, in: Current Issues in Economics and Finance, Vol. 3, Nr. 4 1997, S. 1-6 (Bad Debt Rising).

MOZER, MICHAEL C./SMOLENSKY PAUL, Skeletonization: A Technique for Trimming the Fat from a Network via Relevance Assessment, in: Advances in Neural Information Processing Systems 1, hrsg. v. Touretzky, D. S., 1989, S. 107-115 (Skeletonization).

MÜLLER, ALFONS, Das neue Eurocard-Konzept der Sparkassenorganisation, in: Sparkasse 1989, S. 159-162 (Das neue Eurocard-Konzept der Sparkassenorganisation).

MÜLLER, ALFONS, Die aktuelle Entwicklung im Kreditkartengeschäft, in: Sparkasse 1990, S. 401-404 (Die aktuelle Entwicklung im Kreditkartengeschäft).

NAUCK, DETLEF/KLAWONN, FRANK/KRUSE, RUDOLF, Neuronale Netze und Fuzzy-Systeme, Braunschweig/Wiesbaden 1994 (Neuronale Netze und Fuzzy-Systeme).

NEURAL WARE INC. (Hrsg.), Using NeuralWorks, Pittsburgh 1993 (Using NeuralWorks).

NIEHAUS, HANS-JÜRGEN, Früherkennung von Unternehmenskrisen, Schriften des Instituts für Revisionswesen der Westfälischen Wilhelms-Universität Münster, hrsg. v. Baetge, Jörg, Düsseldorf 1987 (Früherkennung von Unternehmenskrisen).

NIGGEMANN, WALTER, Optimale Informationsprozesse in betriebswirtschaftlichen Entscheidungssituationen, Wiesbaden 1973 (Optimale Informationsprozesse in betriebswirtschaftlichen Entscheidungssituationen).

NIKLASCH, HANS-WERNER, Ein Stück Plastik erobert den Markt, in: B.Bl. 1992, S. 15-16 (Ein Stück Plastik erobert den Markt).

OBERHOFER, WALTER/ZIMMERER, THOMAS, Wie Künstliche Neuronale Netze lernen: Ein Blick in die Black Box der Backpropagation Netzwerke. Regensburger Diskussionsbeiträge Nr. 292, Regensburg 1996 (Wie Künstliche Neuronale Netze lernen).

o. V., Der bargeldlose Einkauf - eine Zukunft im Handel hat begonnen. Begleitende Überlegungen zu einem Versuchsprojekt, in: Dynamik im Handel, Heft 2 1984, S. 14-18 (Der bargeldlose Einkauf - eine Zukunft im Handel hat begonnen).

o. V., Selbstgemachte Fehlkalkulation, in: absatzwirtschaft, Heft 1 1988, S. 70-71 (Selbstgemachte Fehlkalkulation).

o. V., Was macht die CC-Bank im Visa-Kartengeschäft? Interview mit Bernd Harbaum, in: bank und markt, Heft 2 1988, S. 10-13 (Was macht die CC-Bank im Visa-Kartengeschäft?).

o. V., Eigenes Plastikgeld zahlt sich aus, in: handel heute, Heft 7/8 1989, S. 30-36 (Eigenes Plastikgeld zahlt sich aus).

o. V., Als die Plastikkarte noch aus Pappe war, in: à la card, Heft 4 1990, S. 26-41 (Als die Plastikkarte noch aus Pappe war).

o. V., Point of Sale. Immer noch ohne PIN: Peek & Cloppenburg, in: Karten, Heft 2 1991, S. 8 (Point of Sale. Immer noch ohne PIN: Peek & Cloppenburg).

o. V., Die Bahncard ab 1. Juli 1995 eine Visa-Karte, in: FAZ vom 08.12.1994, S. 21 (Die Bahncard ab 1. Juli 1995 eine Visa-Karte).

o. V., Frage an Gerd Schmidt: Was wünscht sich Diners Club für 1994?, in: cards Karten cartes, Heft 1 1994, S. 16-18 (Was wünscht sich Diners Club für 1994?).

o. V., Visa in Germany: Private Banks under Pressure, in: cards Karten cartes, Heft 2 1994, S. 14-15 (Visa in Germany: Private Banks under Pressure).

o. V., Credit and charge cards in Germany, in: EIU Marketing in Europe, Nr. 397 Dezember 1995, S. 68-85 (Credit and charge cards in Germany).

o. V., Kreditkarte als Marketinginstrument, in: Deutsche Sparkassenzeitung, Nr. 10 1995, S. 2 (Kreditkarte als Marketinginstrument).

o. V., GZS setzt auf Prävention bei Kampf gegen Karten-Mißbrauch, in: Deutsche Sparkassenzeitung, Nr. 55 1995, S. 5 (Kreditkarte als Marketinginstrument).

o. V., Kreditkarten. Das Ende einer Feindschaft, in: ZfgK 1995, S. 1010-1011 (Das Ende einer Feindschaft).

o. V., Bargeldloses Zahlen im Handel: „Es geht nicht um Abwehr der Systeme", in: cards Karten cartes, Heft 3 1996, S. 25-30 (Bargeldloses Zahlen im Handel).

o. V., edc/Maestro in Deutschland, in: Deutsche Sparkassenzeitung, Nr. 1 1996, S. 7 (edc/Maestro in Deutschland).

o. V., GeldKarte vor dem Start, in: Deutsche Sparkassenzeitung, Nr. 1 1996, S. 7 (GeldKarte vor dem Start).

o. V., Plastikgeld. 35 Kreditkarten im Vergleich, in: handwerk magazin, Heft 3 1996, S. 91-93 (35 Kreditkarten im Vergleich).

o. V., B+S Card Service wächst mit den Kunden, in: Dynamik im Handel Heft 6 1997, S. 38 (B+S Card Service wächst mit den Kunden).

o. V., Scheck verliert an Bedeutung, in Creditreform, Heft 3 1998, S. 5 (Scheck verliert an Bedeutung).

o. V., Mit hohem Kartenwachstum hält Lufthansa Air Plus den Marktanteil, in: FAZ vom 27.05.1998, S. 25 (Mit hohem Kartenwachstum hält Lufthansa Air Plus den Marktanteil).

o. V., Der Siegeszug des ec-Lastschriftverfahrens erfreut nicht jeden, in FAZ vom 28.09.1998, S. 24 (Der Siegeszug des ec-Lastschriftverfahrens erfreut nicht jeden).

PAULUHN, BURKHARDT, Kreditkarten in Deutschland, in: FLF 1992, S. 121-124 (Kreditkarten in Deutschland).

PIETRZAK, MICHAEL, Der Einsatz von Credit-Scoring-Verfahren im Ratenkreditgeschäft, in: KreditPraxis, Heft 5 1986, S. 18-22 (Der Einsatz von Credit-Scoring-Verfahren).

PIETRZAK, MICHAEL, Die Entwicklung eines auf Kontodaten basierenden Risikobeurteilungssystems zur Kreditlimitoptimierung und -steuerung im privaten Dispositionskreditgeschäft der Kreditinstitute, Dissertation, Universität Hohenheim 1992 (Die Entwicklung eines auf Kontodaten basierenden Risikobeurteilungssystems).

PILLER, ERNST, High-Tech-Zahlung für Mozartkugeln, in: Dynamik im Handel, Heft 12 1995, S. 2-7 (High-Tech-Zahlung für Mozartkugeln).

PRIEWASSER, ERICH, Bankbetriebslehre, 5. Aufl., München 1996 (Bankbetriebslehre).

PYTLIK, MARTIN, Diskriminanzanalyse und Künstliche Neuronale Netze zur Klassifizierung von Jahresabschlüssen. Ein empirischer Vergleich, Frankfurt a. M. 1995 (Diskriminanzanalyse und Künstliche Neuronale Netze zur Klassifizierung von Jahresabschlüssen).

RAAB, GERHARD, Kartengestützte Zahlungssysteme und Konsumentenverhalten. Eine theoretische und empirische Untersuchung, Beiträge zur Verhaltensforschung, Heft 34, Berlin 1998 (Kartengestützte Zahlungssysteme und Konsumentenverhalten).

RADERMACHER, FRANZ JOSEF, Biologische und künstliche neuronale Netze, in: io Management Zeitschrift, Nr. 9 1992, S. 59-63 (Biologische und künstliche neuronale Netze).

REED, RUSSELL, Pruning Algorithms - A Survey, in: IEEE Transactions on Neural Networks, Vol. 4, Heft 5 1993, S. 741-745 (Pruning Algorithms - A Survey).

REHKUGLER, HEINZ/KERLING, MATTHIAS, Einsatz Neuronaler Netze für Analyse- und Prognose-Zwecke, in: BFuP 1995, S. 306-324 (Einsatz Neuronaler Netze für Analyse- und Prognose-Zwecke).

REHKUGLER, HEINZ/PODDIG, THORSTEN, Anwendungsperspektiven und Anwendungsprobleme von Künstlichen Neuronalen Netzen, in: Information Management 1992, S. 50-58 (Anwendungsperspektiven und Anwendungsprobleme von Künstlichen Neuronalen Netzen).

REHKUGLER, HEINZ/PODDIG, THORSTEN, Klassifikation von Jahresabschlüssen mittels Multilayer-Perceptrons. Erste Ergebnisse und weiterführende Fragestellungen, Bamberger Betriebswirtschaftliche Beiträge, Nr. 87, Bamberg 1992 (Klassifikation von Jahresabschlüssen mittels Multilayer-Perceptrons).

REHKUGLER, HEINZ/PODDIG, THORSTEN, Neuronale Netze im Bankbetrieb, in: Die Bank 1992, S. 413-419 (Neuronale Netze im Bankbetrieb).

REHKUGLER, HEINZ/SCHMIDT-VON RHEIN, ANDREAS, Kreditwürdigkeitsanalyse und -prognose für Privatkundenkredite mittels statistischer Methoden und Künstlicher Neuronaler Netze. Eine empirisch-vergleichende Studie, Bamberg 1993 (Kreditwürdigkeitsanalyse und -prognose für Privatkundenkredite).

REHM, HANNES, Strategische Überlegungen zum Kartengeschäft der Sparkassenorganisation, in: Sparkasse 1993, S. 546-550 (Strategische Überlegungen zum Kartengeschäft der Sparkassenorganisation).

REUTER, ARNOLD/WELSCH, FRANZ, Wie sich frühzeitig Kreditrisiken erkennen lassen, in: B.Bl. 1993, S. 48-51 (Wie sich frühzeitig Kreditrisiken erkennen lassen).

RICHTER, BRUNO, Visa kämpft auf vielen Ebenen, in: cards Karten cartes, Heft 3 1994, S. 9-12 (Visa kämpft auf vielen Ebenen).

RIEDMILLER, M., Untersuchungen zu Konvergenz und Generalisierungsfähigkeit überwachter Lernverfahren mit dem SNNS, in: Workshop SNNS-93: Simulation Neuronaler Netze mit SNNS, Universität Stuttgart, Fakultät Informatik, Bericht Nr. 10/93, hrsg. v. Zell, Andreas, Stuttgart 1993, S. 107-116 (Untersuchungen zu Konvergenz und Generalisierungsfähigkeit).

RIEDMILLER, M./BRAUN, H., Rprop - a fast adaptive learning algorithm. Technical report, Universität Karlsruhe, Karlsruhe 1992 (Rprop - a fast adaptive learning algorithm).

RITTER, HELGE, Neuronale Netze - Möglichkeiten und Aussichten, in: Theorie und Praxis der Wirtschaftsinformatik, Heft 159 1991, S. 3-6 (Neuronale Netze - Möglichkeiten und Aussichten).

RITTER, HELGE/MARTINETZ, THOMAS/SCHULTEN, KLAUS, Neuronale Netze. Eine Einführung in die Neuroinformatik selbstorganisierender Netzwerke, 2. Aufl., Bonn u. a. O. 1991 (Neuronale Netze).

RODEWALD, BERND, Kartengeschäft in den Neunzigern: zunehmender Wettbewerb, in: cards Karten cartes, Heft 4 1995, S. 8-16 (Kartengeschäft in den Neunzigern: zunehmender Wettbewerb).

RODEWALD, BERND, Die Entwicklung der Zahlungsverkehrsprodukte der deutschen Kreditwirtschaft vor dem Hintergrund der Euro-Währung, in: ZfgK 1997, S. 627-632 (Die Entwicklung der Zahlungsverkehrsprodukte der deutschen Kreditwirtschaft vor dem Hintergrund der Euro-Währung).

ROJAS, RAÚL, Theorie der neuronalen Netze. Eine systematische Einführung, 4., korrigierter Nachdruck, Berlin u. a. O. 1996 (Theorie der neuronalen Netze).

ROSENHAGEN, KLAUS, Prüfung der Kreditwürdigkeit im Konsumentenkreditgeschäft mit Hilfe neuronaler Netze, Hannover 1996 (Prüfung der Kreditwürdigkeit im Konsumentenkreditgeschäft mit Hilfe neuronaler Netze).

RÖSNER, DIETMAR, Ohne Bargeld in die Zukunft?, in: Dynamik im Handel, Heft 12 1995, S. 8-12 (Ohne Bargeld in die Zukunft?).

RUMELHART, DAVID E./HINTON, GEOFFREY E./WILLIAMS, RONALD J., Learning Internal Representations by Error Propagation, in: Parallel Distributed Processing. Explorations in the Microstructure of Cognition, Volume 1: Foundations, hrsg. v. Rumelhart, David E./McClelland, James L./PDP Research Group, Cambridge, Mass. 1986, S. 318-362 (Learning Internal Representations by Error Propagation).

SACHS, LOTHAR, Angewandte Statistik, 8. Aufl., Berlin u. a. O. 1997 (Angewandte Statistik).

SALJE, PETER, Wettbewerbsprobleme im Kreditkartengeschäft, in: Wettbewerb in Recht und Praxis 1990, S. 807-811 (Wettbewerbsprobleme im Kreditkartengeschäft).

SANTOIEMMA, DOMENICO, Sicherheit durch On-line-Autorisierung. Rezepte gegen hohe Zahlungsausfälle im Kreditkartengeschäft, in: Dynamik im Handel, Heft 11 1993, S. 52-54 (Sicherheit durch On-line-Autorisierung).

SAUERBURGER, HEINZ, Grundlagen neuronaler Netze, in: Theorie und Praxis der Wirtschaftsinformatik, Heft 159 1991, S. 7-28 (Grundlagen neuronaler Netze).

SCHAPPER, CLAUS HENNING/DAUER, PETER, Die Neugestaltung des SCHUFA-Verfahrens, in: CR 1986, S. 319-325 (Die Neugestaltung des SCHUFA-Verfahrens).

SCHEER, AUGUST-WILHELM, Wirtschaftsinformatik. Referenzmodelle für industrielle Geschäftsprozesse, 6. Aufl., Berlin u. a. O. 1995 (Wirtschaftsinformatik).

SCHEER, AUGUST-WILHELM, ARIS - Modellierungsmethoden. Metamodelle. Anwendungen, 3. Aufl., Berlin u. a. O. 1998 (ARIS - Modellierungsmethoden).

SCHEER, AUGUST-WILHELM, ARIS - Vom Geschäftsprozeß zum Anwendungssystem, 3. Aufl., Berlin u. a. O. 1998 (ARIS - Vom Geschäftsprozeß zum Anwendungssystem).

SCHIERENBECK, HENNER, Ertragsorientiertes Bankmanagement, 5. Aufl., Wiesbaden 1997 (Ertragsorientiertes Bankmanagement).

SCHMIDT, OLIVER, Die Überschuldung privater Bankkunden. Ursachen der Zahlungsunfähigkeit und Schutzmaßnahmen bei Konsumentenkrediten, Berlin 1995 (Die Überschuldung privater Bankkunden).

SCHMIDT-VON RHEIN, ANDREAS/REHKUGLER, HEINZ, KNN zur Kreditwürdigkeitsprüfung bei Privatkundenkrediten, in: Neuronale Netze in der Ökonomie. Grundlagen und finanzwirtschaftliche Anwendungen, hrsg. v. Rehkugler, Heinz/Zimmermann, Hans Georg, München 1994, S. 491-545 (KNN zur Kreditwürdigkeitsprüfung bei Privatkundenkrediten).

SCHMINKE, LUTZ H., Kundenbindung durch Kreditkarten-Systeme, in: Marktforschung und Management 1992, S. 127-132 (Kundenbindung durch Kreditkarten-Systeme).

SCHMOLL, ANTON, Theorie und Praxis der Kreditprüfung unter besonderer Berücksichtigung der Klein- und Mittelbetriebe, 3. Aufl., Wien 1990 (Theorie und Praxis der Kreditprüfung).

SCHMOLL, ANTON, Frühwarnsignale für die Kreditüberwachung, in: bankkaufmann, Heft 10 1991, S. 41-44 (Frühwarnsignale für die Kreditüberwachung).

SCHNEEWEIß, CHRISTOPH, Kostenwirksamkeitsanalyse, Nutzwertanalyse und Multi-Attributive Nutzentheorie, in: WiSt 1990, S. 13-18 (Kostenwirksamkeitsanalyse, Nutzwertanalyse und Multi-Attributive Nutzentheorie).

SCHNEIDER, GÜNTER, Credit Scoring im Bereich des Konsumentenkredits, in: Teilzahlungswirtschaft 1980, S. 39-44 (Credit Scoring im Bereich des Konsumentenkredits).

SCHNURR, CHRISTOPH, Kreditwürdigkeitsprüfung mit Künstlichen Neuronalen Netzen. Anwendung im Konsumentenkreditgeschäft, Wiesbaden 1997 (Kreditwürdigkeitsprüfung mit Künstlichen Neuronalen Netzen).

SCHÖCHLE, SABINE, Kartengebundene Zahlungssysteme in Deutschland, 4. Aufl. 1993 (Kartengebundene Zahlungssysteme in Deutschland).

SCHÖNEBURG, EBERHARD/HANSEN, NIKOLAUS/GAWELCZYK, ANDREAS, Neuronale Netzwerke: Einführung, Überblick und Anwendungsmöglichkeiten, München 1990 (Neuronale Netzwerke).

SCHONER, W., Reaching the Generalization Maximum of Backpropagation Networks, in: Artificial Neural Networks, Bd. 2, hrsg. v. Aleksander, I./Taylor, J., 1992, S. 91-94 (Reaching the Generalization Maximum of Backpropagation Networks).

SCHUMANN, MATTHIAS/LOHRBACH, THOMAS/BÄHRS, PETER, Versuche zur Kreditwürdigkeitsprognose mit Künstlichen Neuronalen Netzen, Arbeitspapier Nr. 2 der Abteilung Wirtschaftsinformatik II, Georg-August-Universität-Göttingen, hrsg. v. Schuhmann, Matthias, Göttingen 1992 (Versuche zur Kreditwürdigkeitsprognose mit Künstlichen Neuronalen Netzen).

SCHÜRMANN, BERND/SCHÜTT, DIETER, Neuronale Netze - hochparallele, adaptive Modelle für die Informationsverarbeitung, in: Theorie und Praxis der Wirtschaftsinformatik, Heft 150 1989, S. 146-161 (Neuronale Netze - hochparallele, adaptive Modelle für die Informationsverarbeitung).

SCHWENKER, FRIEDHELM, Künstliche neuronale Netze: Ein Überblick über die theoretischen Grundlagen, in: Finanzmarktanalyse und -prognose mit innovativen quantitativen Verfahren. Ergebnisse des 5. Karlsruher Ökonometrie-Workshops, hrsg. v. Bol, Georg/Nakhaeizadeh, Gholamreza/Vollmer, Karl-Heinz, Heidelberg 1996, S. 1-14 (Künstliche neuronale Netze).

SEIPP, PETER, Sichere (Internet-) Transaktionen mit SET, in: B.Bl. 1998, S. 461-462 (Sichere (Internet-) Transaktionen mit SET).

SHARMA, Ravi, Kartenkriminalität: auch ein Wettbewerb der Emittenten, in: cards Karten cartes, Heft 2 1994, S. 28-29 (Kartenkriminalität: auch ein Wettbewerb der Emittenten).

SIENER, FRIEDRICH, Der Cash-Flow als Instrument der Bilanzanalyse. Praktische Bedeutung für die Beurteilung von Einzel- und Konzernabschluß, Schriften zur Bilanz- und Steuerlehre, hrsg. v. Küting, Karlheinz/Wöhe, Günter, Bd. 6, Stuttgart 1991 (Der Cash-Flow als Instrument der Bilanzanalyse).

SIMON, JÜRGEN, Schufa-Verfahren und neue Schufa-Klausel, in: CR 1988, S. 637-646 (Schufa-Verfahren und neue Schufa-Klausel).

SOURCE, Elektronische Zahlungs-Systeme in Deutschland, Berlin 1995 (Elektronische Zahlungs-Systeme in Deutschland).

SPANIER, HANS-DIETER, Wettbewerb um den Privatkunden: Financial Services, in: Die Bank 1985, S. 548-553 (Wettbewerb um den Privatkunden: Financial Services).

SPERBER, HERBERT/MÜHLENBRUCH, MARKUS, Die Praxis der Bonitätsanalyse, in: Die Bank 1995, S. 199-203 (Die Praxis der Bonitätsanalyse).

STAEHLE, WOLFGANG H., Kennzahlen und Kennzahlensysteme als Mittel der Organisation und Führung von Unternehmen, Wiesbaden 1969 (Kennzahlen und Kennzahlensysteme).

STARKE, WOLFGANG, Das Verhältnis von eurocheque zur Kreditkarte: Etappen der System-Konflikte, in: bank und markt, Heft 12 1990, S. 30-32 (Das Verhältnis von eurocheque zur Kreditkarte: Etappen der System-Konflikte).

STAUDER, BERND/WEISENSEE, GERD J., Das Kreditkartengeschäft, Frankfurt 1970 (Das Kreditkartengeschäft).

STAUDT, ERICH/GROETERS, ULRICH/HAFKESBRINK, JOACHIM/TREICHEL, HEINZ-REINER, Kennzahlen und Kennzahlensysteme. Grundlagen zur Entwicklung und Anwendung, Berlin 1985 (Kennzahlen und Kennzahlensysteme).

STAUDTE, WERNER, Akzeptanz wächst, in: Der Handel, Heft 2 1998, S. 64-65 (Akzeptanz wächst).

STEINER, MANFRED/WITTKEMPER, HANS-GEORG, Neuronale Netze. Ein Hilfsmittel für betriebswirtschaftliche Probleme, in: DBW 1993, S. 447-463 (Neuronale Netze).

STEURER, ELMAR, Prognose von 15 Zeitreihen der DGOR mit Neuronalen Netzen, in: OR Spektrum 1996, S. 117-125 (Prognose von 15 Zeitreihen der DGOR mit Neuronalen Netzen).

STRACK, HEINZ, Beurteilung des Kreditrisikos. Erweiterung der traditionellen Kreditbewertung durch prognoseorientierte Entscheidungshilfen, Berlin 1976 (Beurteilung des Kreditrisikos).

STROHMAYR, WERNER, Zwei Karten in einer Hand, die sich ergänzen, in: B.Bl. 1993, S. 182-185 (Zwei Karten in einer Hand).

STROHMAYR, WERNER, Dezentralität und Zentralität im Kartengeschäft, in: cards Karten cards, Heft 4 1996, S. 25-28 (Dezentralität und Zentralität im Kartengeschäft).

SÜCHTING, JOACHIM/PAUL, STEPHAN, Bankmanagement, 4. Aufl., Stuttgart 1998 (Bankmanagement).

TERRAHE, JÜRGEN, Kreditkarte als Schlüssel zum Kunden, in: Die Bank 1991, S. 188-190 (Kreditkarte als Schlüssel zum Kunden).

TERRAHE, JÜRGEN, Plastikgeld: Kein Luxusprodukt für Besserverdienende, in: WISU 1991, S. 549-550 (Plastikgeld: Kein Luxusprodukt für Besserverdienende).

THANNER, WALTER, Die Analyse der Kontokurrentverbindung als Instrument zur Risikofrüherkennung im Firmenkundengeschäft der Banken, Stuttgart 1986 (Die Analyse der Kontokurrentverbindung).

TUCEK, GEORG, Die Eurocard im Bankmarketing - am Beispiel der „Ersten" in Österreich, in: Karten, Heft 4 1991 (Die Eurocard im Bankmarketing).

UTHOFF, CARSTEN, Erfolgsoptimale Kreditwürdigkeitsprüfung auf der Basis von Jahresabschlüssen und Wirtschaftsauskünften mit Künstlichen Neuronalen Netzen, Stuttgart 1997 (Erfolgsoptimale Kreditwürdigkeitsprüfung).

VAN HOOVEN, ECKART, EUROCARD - eine neue Dienstleistung des deutschen Kreditgewerbes, in: Bank-Betrieb Heft 2 1976, S. 42-44 (EUROCARD - eine neue Dienstleistung des deutschen Kreditgewerbes).

VAN HOOVEN, E., Der Wettbewerb um den privaten Kunden, in: bank und markt, Heft 5 1985, S. 5-11 (Der Wettbewerb um den privaten Kunden).

VANNIER, JEAN-CLAUDE, Bankkarten in Frankreich und die Kartenstrategie von Crédit Lyonnais, in: Karten, Heft 2 1991, S. 16-18 (Bankkarten in Frankreich und die Kartenstrategie von Crédit Lyonnais).

VISA, Das Unternehmen Visa, http://www.visa.de/df/unternehmen.htm, Stand 11.02.1999 (Das Unternehmen Visa).

VISA, Inside. Was Sie über die VISA Karte wissen sollten, Informationsbroschüre, hrsg. v. VISA International, Frankfurt 1998 (Inside).

VISA, Visa in Kürze, Informationsblatt, hrsg. v. VISA International, Frankfurt 1998 (Visa in Kürze).

VON ALTROCK, CONSTANTIN, Neuronale Netze, in: WiSt 1991, S. 625-627 (Neuronale Netze).

VON STEIN, JOHANN HEINRICH, Früherkennung von Kreditrisiken mit quantitativen Methoden, in: B.Bl. 1983, S. 367-368 (Früherkennung von Kreditrisiken mit quantitativen Methoden).

VON STEIN, JOHANN HEINRICH, Kreditinformations- und Kreditüberwachungssystem, in: B.Bl. 1984, S. 218-222 (Kreditinformations- und Kreditüberwachungssystem).

WÄCHTERSHÄUSER, MANFRED, Kreditrisiko und Kreditentscheidung im Bankbetrieb. Zur Ökonomisierung des Kreditentscheidungsprozesses im Bankbetrieb, Wiesbaden 1971 (Kreditrisiko und Kreditentscheidung im Bankbetrieb).

WAGNER, INGVAR, Lufthansa Airplus: Reisekosten-Management von Anfang an, in: cards Karten cartes, Heft 1 1995, S. 13-14 (Lufthansa Airplus: Reisekosten-Management von Anfang an).

WALKHOFF, HENNER, An der Kasse mit Karte zahlen liegt im Trend, in: B.Bl. 1993, S. 162-164 (An der Kasse mit Karte zahlen liegt im Trend).

WARDENBACH, HORST, Die nationale Aufholjagd, in: Capital, Heft 12 1995, S. 173-177 (Die nationale Aufholjagd).

WEBER, AHREND, Bankauskunftsverfahren neu geregelt, in: Die Bank 1984, S. 530-534 (Bankauskunftsverfahren neu geregelt).

WEBER, MARTIN/KRAHNEN, JAN/WEBER, ADELHEID, Scoring-Verfahren - häufige Anwendungsfehler und ihre Vermeidung, in: DB 1995, S. 1621-1626 (Scoring-Verfahren - häufige Anwendungsfehler und ihre Vermeidung).

WEIL, FRIEDRICH, Nicht nur Zahlungsmittel, in: BetriebsWirtschaftsMagazin, Heft 5 1986, S. 31-36 (Nicht nur Zahlungsmittel).

WEIMER, DE'ANN, Put the comeback on my card, in: Business Week 1997, S. 74-75 (Put the comeback on my card).

WEINRICH, GÜNTER, Kreditwürdigkeitsprognosen. Steuerung des Kreditgeschäfts durch Risikoklassen, Schriftenreihe des Instituts für Kredit- und Finanzwirtschaft, hrsg. v. Süchting, Joachim, Bd. 6, Wiesbaden 1978 (Kreditwürdigkeitsprognosen).

WELLER, MICHAEL, Das Kreditkartenverfahren, Köln u. a. O. 1986 (Das Kreditkartenverfahren).

WERBOS, PAUL, Backpropagation: Past and Future, in: Proceedings of the International Conference on Neural Networks I, IEEE Press, New York 1988, S. 343-353 (Backpropagation: Past and Future).

WEYHER, GABRIELE, Mit Dialogmarketing auf Erfolgskurs. Citicorp Kartenservice Deutschland GmbH baut Marktposition im Kreditkartengeschäft aus, in: Direkt-Marketing, Heft 12 1995, S. 10-13 (Mit Dialogmarketing auf Erfolgskurs).

WILBERT, RÜDIGER, Kreditwürdigkeitsanalyse im Konsumentenkreditgeschäft auf der Basis Neuronaler Netze, in: ZfB 1991, S. 1377-1393 (Kreditwürdigkeitsanalyse im Konsumentenkreditgeschäft auf der Basis Neuronaler Netze).

WILBERT, RÜDIGER, Interpretation Neuronaler Netze in den Sozialwissenschaften, in: ZfB 1995, S. 769-783 (Interpretation Neuronaler Netze in den Sozialwissenschaften).

WITTBRODT, ECKHARD J., Die Kundenkarte. Für welche Ziele und Unternehmen ist sie sinnvoll einsetzbar, in: Direkt-Marketing, Heft 2 1996, S. 16-18 (Die Kundenkarte).

WITTENBERG, JÖRG H., Das Kreditkartengeschäft deutscher Banken. Strategische Möglichkeiten für das Marketing, 2. Aufl., Mölln 1997 (Das Kreditkartengeschäft deutscher Banken).

WOLDRICH, J. D./HUB, P. K., Kontomanagement im Kreditkarten-Bereich, in: Karten, Heft 4 1991, S. 28-29 (Kontomanagement im Kreditkarten-Bereich).

ZANGEMEISTER, CHRISTOF, Nutzwertanalyse von Projektalternativen, in: Industrielle Organisation 1971, S. 159-168 (Nutzwertanalyse von Projektalternativen).

ZELL, ANDREAS, Simulation Neuronaler Netze, 1. unveränderter Nachdruck, Bonn u. a. O. 1996 (Simulation Neuronaler Netze).

ZIMMERMANN, HANS GEORG, Neuronale Netze als Entscheidungskalkül, in: Neuronale Netze in der Ökonomie, hrsg. v. Rehkugler, Heinz/Zimmermann, Hans Georg, München 1994, S. 1-87 (Neuronale Netze als Entscheidungskalkül).

Stichwortverzeichnis

A

Ableitung der Fehlerfunktion ... 138
Acquirer ... 41
Acquiring Processing ... 41
Affinity-Karte ... 36, 47
Aktionspotential ... 130
Aktivierungsfunktion ... 132
Aktivierungszustand ... 131
Akzeptanzstellen ... 45
Alpha-Beta-Fehlerfunktion ... 163
Alpha-Fehler ... 155
American Express ... 11, 31
Analysestichprobe ... 122
Antragsdaten ... 62, 105
Antragsprüfungsprozeß ... 225
Antragsscoring ... 189
Anwendungsphase ... 201, 223
Anwendungsvoraussetzungen ... 72
a-posteriori Insolvenzwahrscheinlichkeit ... 217
a-posteriori Solvenzwahrscheinlichkeit ... 217
a-posteriori Wahrscheinlichkeit ... 220
a-priori Wahrscheinlichkeit ... 163, 217
Arbeitshypothese ... 116
Arithmetischer Mittelwert ... 105
Ausfallwahrscheinlichkeiten ... 215
Ausgabefunktion ... 134
Ausgabeschicht ... 129
Auslandsquote ... 122
Ausreißer ... 134
Auswahlkriterien für Kunden und Karten ... 83
Axon ... 130

B

Backpropagation-Algorithmus ... 135
Bankauskunft ... 59, 65
Bankkreditkarte ... 11
Bargeldquote ... 122
Bargeldversorgung ... 26

Batch-Verfahren ... 143
Bayes-Theorem ... 217
bedingte Wahrscheinlichkeit ... 227
Benchmarkobjekt ... 189
bestärkendes Lernen ... 135
Beta-Fehler ... 155
Beziehungszahlen ... 115
binäre Kodierung ... 109
biologisches Neuron ... 130
Black Box ... 73
Bonitätsindex ... 47
Bonitätsklassen ... 215
Bonitätsrisiko ... 51

C

Chargekarte ... 17
Chiptechnologie ... 21
Clearing ... 40
Cobranding ... 29

D

Datenaufbereitung ... 101
Datenbestand ... 96
Datenmaterial ... 82, 101
Debitkarte ... 20
Dendriten ... 130
Dichotomischer Klassifikationstest ... 203
Dichtefunktion ... 162
Diners Club ... 30
Disagio ... 42
Drei-Parteien-System ... 49

E

ec-Karte ... 20
Eingabemuster ... 77, 135
Eingabeschicht ... 129
electronic cash ... 20
electronic debit card ... 22

elektronisches Lastschriftverfahren ... 20
Endknoten ... 228
Entscheidungsbaum ... 227
Entscheidungskanten ... 228
Entscheidungsknoten ... 228
Entscheidungsmodell ... 227, 241
Entwicklungsphase ... 155, 223
Entwicklungszeit ... 75
Epoche ... 172
Ereignisbaum ... 228
Ereignisgesteuerte Prozeßketten ... 225, 240, 254
Ereigniskanten ... 227
Ereignisknoten ... 227
Erstantrag ... 83, 97
EURO Kartensysteme ... 38
Eurocard ... 12, 33, 37
eurocheque ... 14
Europay International ... 22

F

Fälschungsrisiko ... 54
Feedforward-Netze ... 130
Fehlerfläche ... 168
Fehlerfunktion ... 136
Fehlergebirge ... 143
Floorlimit ... 19
Funktionen von Kreditkarten ... 24
Funktionenkette ... 139

G

GeldKarte ... 23
Generalisierungsfähigkeit ... 73, 123
Gesamtfehler ... 163
Gesamtfehlerfunktion ... 140
Gewichtsvektor ... 136
Gliederungszahlen ... 115
Globale Sensitivitätsanalyse ... 74
Gradient ... 136
Gradientenabstiegsverfahren ... 136
Grafischer Mittelwertvergleich ... 201
Grundgesamtheit ... 81, 97, 221
Grundkennzahlen ... 250

Grundsätze der Kennzahlenbildung ... 114
gruppenspezifischer Mittelwert ... 106
GZS ... 38

H

Hypothese ... 100, 116
Hypothesenverstoß ... 117

I

Identitätsfunktion ... 134
Indexzahlen ... 116
Individuelle Sensitivitätsanalyse ... 74
Informationen ... 57
Informationsfluß ... 129
Informationsquelle ... 58, 64
Informationsverarbeitung ... 129
Insertion ... 174
Insertone-Algorithmus ... 174
Insertsort-Algorithmus ... 175
Insolvenz ... 84
Insolvenzrisiko ... 220
Insolvenzzeitpunkt ... 84
Interchange Fee ... 50
Intervallskala ... 113
Iso-Kostengeraden ... 161
Issuer ... 41
Issuing Processing ... 41

J

Jahreseinkommensausschöpfungsquote ... 120
Jahresgebühr ... 47

K

Kartenakzeptanten ... 42
Kartenemittenten ... 30
Kartenüberwachungsprozeß ... 241
Kennzahlen ... 107, 114
Kettenregel ... 139
Klassifikatoroptimierung ... 180
Kodierung ... 107
Konsumentenkredit ... 47

Kooperationspartner 35
Kostenminimierung 159
Kostenmodell 224, 235
Kreditfunktion 26
Kreditkarte i. e. S. 17
Kreditkarte i. w. S. 18
Kreditkarten 17
Kreditkartengesellschaften 30
Kreditkarteninhaber 45
kritische Kunden 85
Kundenkarten 34
Künstliche Neuronale Netzanalyse 68
Künstliches Neuron 131
Künstliches Neuronales Netz 129

L

Lastschrifteinzug 18, 84
Lernalgorithmen 135
Lernregel 136
Lifestyle-Karte 37
Limitausschöpfungsquote 121
Lineare Funktion 132
Lizenzgeber 37
Logistische Funktion 133
Lufthansa AirPlus Servicekarten GmbH 32
Lufthansa AirPlus-Doppel 36

M

Manhattan-Training 147
MasterCard 11
materielle Bonität 56
Median 105
Mehr-Parteien-System 48
Merkmalsspezifischer Mittelwert 103
Merkmalsvektor VI
Mikrogeografische Informationen 92
Mißbrauchsrisiko 52
Missing Value 81, 101
Mittelwert 103
Modus 105
Momentum-Term 147
Multivariate Diskriminanzanalyse 3

N

Netzfehler 136, 180, 215
Netzparameter 170, 185
Neuron 131
Nominalskala 113
Nutzwertanalyse 67
N-Wert-Skala 156, 183

O

Objektive Merkmalsauswahl 3
Offline-Verfahren 19
one-of-n Kodierung 108
Online-Autorisierung 19
Online-Lastschriftverfahren 20
Online-Verfahren 19
Opportunitätskosten 169, 164
Ordinalskala 113
Organisationsformen von Kreditkartengeschäften 48
Overtraining 123, 150, 180

P

personelle Bonität 56
persönliche Identifikationsnummer 20
Point of Sale 20
Point of Sale ohne Zahlungsgarantie 20
Prepaid-Karten 23
Processinggesellschaft 40
Propagierungsfunktion 131
Prozeß 159, 224
prozeßneutrale Entwicklung 160
prozeßspezifische Optimierung 160
Pruneone 176
Prunesort 176
Pruning 176
Punktbewertungsmodelle 67

R

Rationalisierung 78
Rechnungsperiode 17, 95, 99
Reizschwelle 131
Relevanz eines Merkmals 174

relevanzorientiertes Pruning 176
Repräsentation 72
Resilient-Propagation-Algorithmus 150
Risiken des Kreditkartengeschäftes 50
Risiko 50, 98, 217
Robustheit eines KNN 72
Rücklastschrift 84

S

Schätzer 106
Scheckgarantiesystem 13
SCHUFA 58
Scoring 67
Selbstauskünfte 60
Sensitivität 75, 173
Settlement 40
s-förmige Funktionen 134
Shake-Algorithmus 177
Shaking 177
Shortcut-Connections 171
Signal des Neurons 130
Skala 213
Skalenniveau 108
Sperrliste 19
statistische Voranalysen 201
Stichproben 122
Stopped-Training 180
Subjektivität 3
symmetry breaking 149
Synapsen 130

T

T&E-Kreditkarte 10
Tangens hyperbolicus 133
Teststichprobe 122
Transaktionsdaten 66
Transformation der Ausgabewerte 213
Transformation der Eingabewerte 133
Transmitterstoffe 131

Trennwert 155

U

überwachtes Lernen 70
Umsatzdurchschnittsveränderung 121
Umsatzveränderung 121
Universalkreditkarte 10
Untersuchungszeitraum 82
unüberwachtes Lernen 135

V

Validierungsstichprobe 123
Verbindungsgewichte 131
Verhältnisskala 113
Verhältniszahlen 115
verrauschte Daten 72
versteckte Schicht 129
Verteilung 184
Verteilungsfunktion 162
Vertragsunternehmen 42
Visa 37

W

weight decay 149
Wertkarten 23
Wissenserwerb 75

Z

Zahlungsfunktion 24
Zahlungsunfähigkeit 55
Zahlungsunwilligkeit 51, 56
Zellkörper 130
Zielkriterium 154
Zufallskanten 227
Zufallsknoten 227
Zurückpropagierter Fehler 141
Zusatzfunktionen 27
Zwei-Parteien-System 48

Aus unserem Verlagsprogramm:

> **Schriftenreihe Innovative Betriebswirtschaftliche Forschung und Praxis**

Xiaoming Ji
Planung und Bewertung von Investitionsobjekten
Umsetzbarkeit marktwirtschaftlicher Methoden in der Volksrepublik China
Hamburg 1999   /   200 Seiten   /   ISBN 3-86064-896-9

Martin Möhrle
Bilanzierung des derivativen Geschäftswertes im Licht der Investitionstheorie
Hamburg 1999   /   228 Seiten   /   ISBN 3-86064-935-3

Gösta Heelemann
Die Entwicklung ostdeutscher Kapitalgesellschaften unter besonderer Berücksichtigung spezifischer Transformationsaspekte
Hamburg 1999   /   441 Seiten   /   ISBN 3-86064-877-2

Jens-Peter Madrian
Interessengruppenorientierte Unternehmensführung
Eine organisationstheoretische Analyse am Beispiel großer Aktiengesellschaften
Hamburg 1998   /   290 Seiten   /   ISBN 3-86064-843-8

Matthias Menke
Planung der Unternehmernachfolge
Ein strategisches Konzept für Einzelunternehmer
Hamburg 1998   /   248 Seiten   /   ISBN 3-86064-830-6

Verlag Dr. Kovač - Postfach 50 08 47 - 22708 Hamburg - Fax: 040-39 88 80-55

Einfach Wohlfahrtsmarken helfen!